LE PROCÈS
D'OUSSAMA BEN LADEN

LE PROCÈS
D'OUSSAMA BEN LADEN

Jean Sénat Fleury

Library of Congress Control Number:		2019902038
ISBN:	Hardcover	978-1-7960-1732-8
	Softcover	978-1-7960-1731-1
	eBook	978-1-7960-1730-4

Print information available on the last page.

Rev. date: 02/21/2019

To order additional copies of this book, contact:
Xlibris
1-888-795-4274
www.Xlibris.com
Orders@Xlibris.com
790353

TABLE DES MATIÈRES

« Revisiter l'histoire : ce n'est ni le privilège de quelques-uns ou un droit négociable, chichement octroyé ou remis en cause par l'État. C'est d'abord une nécessité. C'est aussi le courant inéluctable apporté par les points de vue évolutifs des générations successives. C'est en même temps une démarche indispensable si l'on entend garder vivante la mémoire des Peuples. »

- *Jules Roy, Le Procès du Maréchal Pétain*

« Quant aux gens que j'accuse, je ne les connais pas, je ne les ai jamais vus, je n'ai contre eux ni rancune ni haine. Ils ne sont pour moi que des entités, des esprits de malfaisance sociale. Et l'acte que j'accomplis ici n'est qu'un moyen révolutionnaire pour hâter l'explosion de la vérité et de la justice. »

« Je n'ai qu'une passion, celle de la lumière, au nom de l'humanité qui a tant souffert et qui a droit au bonheur. Ma protestation enflammée n'est que le cri de mon âme. Qu'on ose donc me traduire en cour d'assises et que l'enquête ait lieu au grand jour ! J'attends. »

- *Émile Zola, J'accuse*

PRÉFACE

L a guerre menée par les États-Unis depuis les attentats du 11 septembre 2001 au Moyen-Orient était-elle dirigée dans la lutte pour combattre le terrorisme ou plutôt pour consolider la politique étrangère des Américains d'occuper l'Irak et d'autres pays de la région du Golfe possédant de ressources pétrolières ? Pour plusieurs spécialistes, les raisons officielles invoquées pour l'opération Iraqi Freedom, qui sont la lutte contre le terrorisme, la démocratisation et la pacification de l'Irak, ainsi que la lutte contre la prolifération d'armes de destruction massive, ne sont qu'une simple façade. Les experts évoquent d'autres raisons à l'origine de cette opération, en particulier le contrôle des ressources pétrolières, l'envoi d'un message direct à la Syrie et à l'Iran pour les menacer dans leur politique contestant la présence américaine dans la région et enfin pour mettre fin au régime de Saddam Hussein qui menaçait de remettre en cause l'hégémonie des États-Unis dans la zone.

Au dire de l'ancien secrétaire d'État au Trésor, Paul O'Neill, le président Bush annonça en privé son désir de renverser Saddam Hussein dès sa première réunion avec le Conseil national de sécurité en janvier 2001, une semaine à peine après son investiture. Lors de son discours sur l'état de l'Union du 29 janvier 2002, il parlait de sa guerre contre l'axe du mal : l'Iran, l'Irak et la Corée du Nord.

Le renversement de Saddam Hussein représentait quelques mois après le 11 septembre la principale préoccupation majeure du gouvernement américain qui espérait en y arrivant remodeler le Moyen-Orient. L'élimination de Saddam devrait garantir l'avènement de la démocratie au Moyen-Orient, neutraliser les alliés corrompus d'Égypte, d'Arabie saoudite ou du Pakistan, et ouvrirait un flanc pour mener une lutte plus active contre des adversaires comme la Syrie ou l'Iran. La stratégie consistait à éliminer Saddam tout en réduisant et en désarmant les forces armées irakiennes. Une grande partie du personnel proche du président partageait cette thèse radicale – Richard Perle, ancien président du Conseil consultative de défense, organe consultatif du Pentagone, le sous-secrétaire d'État à la Défense, Paul Wolfowitz, et bien sûr Dick Cheney – tous cultivaient avec Israël des liens très étroits, particulièrement avec la droite israélienne. Perle et Douglas Feith, numéro 3 à la Défense, avaient aidé en 1996 le Premier ministre israélien, Benjamin Netanyahu, à écrire un document décrivant l'éviction de Saddam comme « un objectif stratégique israélien de première importance » dans la mesure où « l'avenir de l'Irak risquait d'affecter en profondeur l'équilibre stratégique au Moyen-Orient ».

Richard Clarke, le coordinateur national pour la sécurité, la protection des infrastructures et le contre-terrorisme du Conseil de sécurité nationale des États-Unis, de 1998 à 2003, a témoigné le 24 mars 2004 devant la Commission d'enquête indépendante sur les évènements du 11 septembre. Ce témoignage, il l'a fait en octobre 2002, deux ans après avoir présenté sa démission. Clarke avait reproché au président Bush de donner au renversement de Saddam Hussein la priorité sur la poursuite de la lutte contre Al-Qaïda. « Si je mets tant de virulence à critiquer le président des États-Unis, c'est parce que sa décision d'envahir l'Irak a grandement nui à la guerre contre le terrorisme. »

Le même reproche est fait par plusieurs agences américaines qui affirment que la guerre en Irak a donné naissance à une nouvelle génération de radicaux islamistes et a nui à la lutte internationale contre le terrorisme. « Le mouvement islamiste radical s'est élargi du noyau d'Al-Qaïda et des groupes qui lui sont affiliés vers une nouvelle sorte de cellules "auto-engendrées" qui s'inspirent de la direction d'Al-Qaïda mais n'ont aucun lien direct avec Oussama Ben Laden ou ses principaux lieutenants », conclut la première évaluation du terrorisme international menée par seize agences américaines du renseignement. Ce document, baptisé National Intelligence Estimate (NIE), souligne que « l'idéologie du jihad armé s'est propagée à une vitesse accélérée dans le monde entier et que l'invasion militaire d'Irak, en mars 2003, en est une des explications. »

"L'Irak devient une machine à produire du terrorisme », indique Hans Blix, l'ancien chef des inspecteurs en désarmement des Nations Unies. « George W. Bush, qui a inscrit cette guerre dans le cadre de la lutte antiterroriste, a donc obtenu le résultat inverse de celui recherché », a-t-il affirmé. L'Irak au lieu d'être un facteur de stabilisation de la région est devenu une puissante source d'instabilité au cœur du Moyen-Orient.

À la mi-août 2003, il y avait 139,000 américains et 21,000 alliés dont 11,000 britanniques sur le territoire irakien. Les troupes américaines déployées dans le pays sont confrontées à la montée des attentats terroristes et à l'intensification d'une guérilla urbaine. Bien vite, des poches de résistance contre l'occupation étrangère s'organisent. Anciens cadres du parti Baath, sunnites qui détiennent des villes comme Falloujah, islamistes d'Al-Qaïda, puis à partir de 2006, l'État islamique, chiites autour de l'armée du Mahdi de Moqtada-al-Sadr qui contrôlent la banlieue chiite de Bagdad, et des villes comme Najaf ou Kufa. Tous ces groupes convergent leurs actions vers un objectif unique : combattre les forces d'occupation, particulièrement les Américains.

Les attentats se multiplient : le 19 août 2003, le quartier général de l'ONU est ciblé à Bagdad, et le 29 août, des attentats ont lieu dans la ville de Najaf. Les opérations de 2003 qui ont conduit à la chute de Saddam Hussein ont couté 53 milliards de dollars et la guerre sur le terrain pour contrôler les forces de l'opposition aurait coûté plus de 140 milliards. Cette guerre est impopulaire en France, en Allemagne, en Russie l'Espagne quitte la coalition en 2004, et l'ONU retire son support quelques temps après. Les élections de 2005 sont marquées par une intensification de la violence à partir de la guérilla urbaine. En 2006, une guerre civile se déclare entre les chiites et sunnites à la suite de l'attentat contre le sanctuaire Al-Askari à Samarrah.

Deux ans avant l'Irak, le 7 octobre 2001, les troupes américaines et celles de l'OTAN envahissent l'Afghanistan. Le régime des talibans s'effondre deux mois plus tard. Les troupes américaines contrôlent le territoire aux côtés de 8,000 agents de l'OTAN. Elles luttent contre Al-Qaïda et contre l'organisation État islamique (EI) pour les empêcher de développer leur présence dans l'est et le nord du pays. En décembre 2001, à Berlin, les nations occidentales (États-Unis, France, Allemagne, Angleterre...) sous la couverture de l'ONU, nomment Hamid Karzaï à la tête d'un gouvernement de transition. Après dix- huit ans d'occupation (2001-2019), quel est le bilan ? L'intervention militaire américaine en Afghanistan a eu le même résultat négatif que celle déclenchée deux ans après, soit le 20 mars 2003, en Irak. Loin de diminuer les attaques terroristes au Moyen-Orient, elle a plutôt encouragé la naissance d'autres groupes extrémistes, comme Al-Shabaab, Front al-Nosra, Al-Mourabitoune, Brigades Abdullah Azzam, qui vont tous devenir des cellules d'Al-Qaïda. Les troupes américaines envahissent l'Afghanistan en représailles aux attaques contre le World Trade Center et le Pentagone. Donner la chasse à Ben Laden pour le trouver et ensuite le conduire devant la justice, tel est l'objectif majeur de la mission américaine. Non seulement Ben Laden a échappé à la justice, mais cette invasion plonge le Moyen-Orient dans une période de guerres ininterrompues. Des combats se poursuivent pendant des années en Irak, en Syrie et en Libye. L'autre objectif est de redresser l'économie et l'infrastructure industrielle de l'Afghanistan afin que le pays atteigne une prospérité économique.

Que devient l'Afghanistan après l'intervention américaine ? En 2001, le mollah Omar (chef des talibans à l'époque) interdit la culture du pavot. Sa production en 2001 a atteint 30,400 tonnes, elle est passée à 30,600 tonnes en 2003, 40,000 tonnes en 2004, 40,100 tonnes en 2005, et elle ne cesse de croître d'année en année. En ce qui concerne le redressement de l'économie afghane, l'administration américaine parle d'une intervention pour libérer le peuple afghan pris en otage par les talibans et pour aider à reconstruire les installations industrielles. À date, plus de la moitié de la population vit sous le seuil de la pauvreté. Les violences continuent de compromettre la garantie des moyens de subsistance et d'avoir une incidence sur l'activité économique dans le pays. L'Afghanistan est l'un des pays les plus pauvres du monde, avec un PIB par habitant de 585,85 $ US par an. La population souffre de chômage, de mauvaises conditions sanitaires, de la faiblesse des infrastructures de base (santé, approvisionnement en eau et en électricité) et d'insécurité. L'industrie manufacturière est le seul secteur qui emploie une main-d'œuvre majoritairement féminine (65% des ouvriers de l'industrie manufacturière sont des femmes), ce qui ne représente que 21% de la population active totale. L'industrie ne représente que 21% du PIB et emploie 8% de la main-d'œuvre masculine et 24% de la main-d'œuvre féminine (Source : Export Entreprises SA). La confiance des entreprises demeure faible et le nombre d'enregistrements de nouvelles firmes reste stable en 2018. Selon le FMI, la croissance a atteint 2,5% en 2017 et elle garde la même performance en 2018.

Avec une croissance de la population de presque 3%, un tel niveau de croissance économique occasionne en 2018 un déclin du revenu par habitant. Maintenant avec les cultures de pavot qui deviennent moins productives, la croissance à coup sûr sera beaucoup plus faible en 2019. Cette industrie représente 90% de la production mondiale et a généré 2 milliards de dollars US de recettes annuelles pour le pays. L'inflation aujourd'hui est de 5% en moyenne. Le secteur agricole représente 22% du PIB. Le secteur industriel est encore faible et contribue seulement à 22% du PIB, tandis que les services comptent pour 56% de celui-ci. Depuis les quatre dernières années, il y a certains progrès dans la consolidation des finances publiques avec la collecte de l'impôt qui s'améliore après la chute brutale des recettes observée en 2014. Les déficits commerciaux et budgétaires importants sont financés par les subventions de donateurs, permettant aux réserves de devises étrangères de rester à des niveaux satisfaisants. En mars 2018, le FMI prolonge pour la troisième année consécutive le contrat de facilité de crédit accordé à l'Afghanistan, reconnaissant ainsi les engagements et les réalisations du gouvernement afghan en termes de stabilité macroéconomique et financière, de lutte contre la corruption et de marché du travail.

Presque vingt années après l'occupation du pays par les troupes américaines, la situation ne parvenait pas à se stabiliser. L'insécurité perdurait dans des régions hors de contrôle du gouvernement et les attentats contre les troupes occidentales, américaines, et afghanes augmentent. De nombreuses tentatives d'assassinats ont été enregistrées contre les dirigeants politiques du pays. Le retour des talibans dans certaines régions depuis 2005 a développé un contexte de guérilla avec des attaques qui ont fait de nombreux morts.

Depuis la fin de la mission de l'OTAN en Afghanistan en 2014, le pays est plongé dans une crise encore plus aiguë que celle qu'il a vécue durant la longue période d'occupation. 20% du territoire afghan est sous le contrôle des insurgés et seulement 56% sous celui du gouvernement, le pire chiffre depuis 2001. Après des élections controversées, Ashraf Ghani devient chef de l'État en 2014 et forme un gouvernement d'unité nationale. Selon un rapport publié par l'Inspecteur général spécial pour la reconstruction de l'Afghanistan (SIGAR), le gouvernement afghan contrôle ou exerce une influence sur 57% des 407 provinces du pays. L'année 2017 a été une année meurtrière pour l'Afghanistan, avec 605 morts et près de 1,700 blessés, le plus lourd bilan jamais enregistré sur le territoire. Après avoir initialement annoncé leur départ du pays, les États-Unis déclarent en août 2017 qu'ils excluent tout retrait de leurs troupes pour éviter de créer un vide favorable au terrorisme. L'année 2018 fut une nouvelle année noire pour l'Afghanistan, visé par de nombreuses attaques de l'organisation État islamique et des talibans, qui ont lancé depuis les premiers jours leur « offensive de printemps ». Le 9 mai 2018, des attaques kamikazes et des hommes armés font plusieurs victimes dans deux commissariats de Kaboul. Le 15 mai, un double attentat-suicide dans la capitale afghane cause la mort d'au moins vingt-cinq personnes, dont le chef photographe de l'AFP Shah Marai et huit autres journalistes. Les attaques des terroristes talibans, anciens alliés de Ben Laden, visent particulièrement les forces afghanes de sécurité et les lieux de rassemblement chiites.

Plus de 25,000 soldats et policiers afghans ont été tués depuis que les forces de l'OTAN ont annoncé la fin de leurs opérations de combat en 2014. Au moins 8,050 civils ont, par ailleurs, été victimes de cette guerre au cours des neuf premiers mois de 2018, selon l'ONU, dont 313 morts imputables aux frappes américano-afghanes, soit une augmentation de 39% par rapport à 2017.

En mars 2018, après des années de guerre, le président Ashraf Ghani propose aux talibans des pourparlers de paix « sans conditions préalables ». Tandis que du côté américain, le Pentagone prévoit de retirer en été 2019 jusqu'à la moitié des quelque 14,000 troupes américaines présentes en Afghanistan. L'annonce de ce retrait intervient juste après la décision du président Trump de retirer les quelque 2,000 forces américaines stationnées dans le nord-est de la Syrie, et quelques heures après la démission du secrétaire à la défense, James Mattis. Le président Ghani a affirmé qu'un retrait n'aurait pas d'impact sur la sécurité du pays, sur laquelle l'armée afghane exerce déjà son contrôle.

Aujourd'hui, on est toujours dans l'attente des résultats des discussions sur l'accord de réconciliation nationale ; mais en attendant l'ouverture des pourparlers entre le gouvernement afghan et les talibans, seul le futur dira si l'esprit de Ben Laden, même dans l'au-delà, va continuer à jeter le deuil au Moyen-Orient et dans d'autres régions du monde, ou si l'esprit de l'ex-chef d'Al-Qaïda est définitivement enchaîné par les forces du bien pour l'empêcher de commettre d'autres attentats abominables comme ceux contre les ambassades américaines à Nairobi et en Tanzanie, contre l'USS Cole à Yémen, ou enfin contre les tours jumelles à New York et le Pentagone à Washington.

INTRODUCTION

« **V**ous êtes-vous posé la question de savoir pourquoi ce n'est pas la Suède que nous avons attaquée ? »

Oussama Ben Laden, message au peuple américain, 2004.

Le 11 septembre 2001, l'Amérique tremblait. Des terroristes d'Al-Qaïda ont alors frappé les États-Unis au cœur même de leur centre économique et financier. Le drame a eu lieu à Manhattan mondialement célèbre pour ses gratte-ciels et son activité trépidante. Manhattan, le centre culturel de New York, avec ses musées, l'Empire State Building, la 5e Avenue, le Rockefeller Center, la statue de la Liberté, Times Square, et Central Park. Entre 8h45 et 10h30 du matin, ce 11 septembre, les tours jumelles du World Trade Center se sont effondrées comme un château de cartes pour disparaître de la surface de la terre. Dix-neuf terroristes ont détourné quatre avions, pour ensuite les faire s'écraser sur les deux tours, le Pentagone et sur un terrain vide à Shanksville. Le WTC 7 détruit lors des attentats abritait les services secrets US (étages 9 et 10), le DOD et la CIA (étage 25), le centre d'archivage de la Security & Exchange Commission, ainsi que les services d'urgence de la ville de New York (étage 23) qui remplissaient deux missions essentielles : d'une part, le contrôle des communications des services de sécurité et de secours (pompiers et policiers), et, d'autre part, la planification ainsi que l'exécution d'exercices pour améliorer la réaction des services d'urgence face aux situations de crise, notamment les actes terroristes.

Environ 3,000 personnes ont trouvé la mort lors de ces attaques perpétrées par des terroristes sous les ordres d'Oussama Ben Laden. Ce fut l'attentat le plus meurtrier de l'histoire américaine.

Ce 11 septembre 2001, le vol AA11 de l'American Airlines et le vol UA175 de l'United Airlines s'écrasaient respectivement sur la façade nord et sud des tours, tandis que le vol AA77 s'écrasait à près de 800km/h sur le Pentagone, le bâtiment du département de la Défense américaine : 189 personnes ont trouvé la mort dans cette dernière attaque. Les dégâts causés par le Boeing 757 sur le Pentagone ont été majeurs. Un quatrième avion, le vol UA93, s'est écrasé ce même jour dans la commune de Shanksville en Pennsylvanie. L'appareil se dirigeait vers Washington et 44 personnes présentes dans l'avion sont décédées dans le crash.

D'après les conclusions de l'enquête officielle, après une demi-heure de vol, cinq pirates ont détourné le vol AA11 de l'American Airlines, au cours du trajet Boston-Los Angeles. Ils sont entrés de force dans le cockpit, maîtrisant le commandant de bord et le premier officier, et blessant plusieurs membres d'équipage et des passagers. Marwan al-Shehhi, un membre d'Al-Qaïda, et pilote entraîné, prit le contrôle du Boeing. Le vol UA175 s'écrasa contre la tour sud du World Trade Center à 9h03 du matin, 17 minutes après le crash du vol AA11. L'impact qui en résulta causa l'effondrement du bâtiment, 56 minutes après le crash, ce qui a augmenté par centaines le nombre des victimes. Plusieurs équipes de pompiers ainsi que des personnes bloquées aux étages supérieurs furent tuées.

Les attentats du 11 septembre 2001 considérés comme la suite de l'attentat-suicide ayant tué le commandant Ahmed Chah Massoud, le 9 septembre 2001, à Takhâr en Afghanistan, furent exécutés vraisemblablement dans le cadre de *l'opération Bojinka*, un plan d'attaques terroristes sur des avions de lignes américains découvert en janvier 1995. Ces attentats restent jusqu'à maintenant les assauts les plus meurtriers jamais perpétrés sur le sol américain. 6,291 personnes furent blessées lors de ces attaques qui causèrent la mort de 2,977 personnes, originaires de 93 pays. Le 17 octobre 2001, Mary Robinson, chargée du Haut-Commissariat des Nations Unies aux droits de l'homme, qualifia ces attentats de crimes contre l'humanité. La Commission nationale d'enquête sur les attaques terroristes contre les États-Unis créée en 2002, dans son rapport publié à la fin d'août 2004, établissait la responsabilité du réseau Al-Qaïda, en affirmant que les dix-neuf terroristes, auteurs de ces attentats-suicides, en étaient membres et que le commanditaire était Oussama Ben Laden. Ce dernier, dans un enregistrement, quelques mois plus tard en Afghanistan, revendiquait la responsabilité des attaques.

Les terroristes identifiés étaient : Mohamed Atta, Nawaf al-Hazni, Khalid al-Mihdhar, Satam M. al Suqami, Waleed M. Alshehri, Wail M. Alshehri, Marwan Alsshehri, Majed Moqed, Hanza al-Ghamdi, Ahmed Alghamdi, Ziad Samir Jarrah, Ahmed al-Nami, Hani Hanjour, Salem al-Hazmi, Abdulaziz Alomari, Fayez Rashid, Saeed Alghamdi, Ahmad Ibrahim A. al-Haznawi. Quinze des comploteurs étaient originaires d'Arabie saoudite, deux des Émirats arabes unis, un originaire d'Égypte, et le dernier était originaire du Liban.

Les attentats du 11 septembre 2001 ont provoqué un choc psychologique considérable sur des centaines de millions de téléspectateurs qui regardaient l'évènement en direct à la télé. Oussama Ben Laden, l'auteur des attentats, âgé de 54 ans, fut finalement repéré à Bilal, dans la périphérie d'Abbottabad, au Pakistan, à environ 120 kilomètres au nord d'Islamabad, et tué par un commando américain le 2 mai 2011.

Le 16 juin 2011, le procureur adjoint des États-Unis, Nicholas J. Lewin, a signé une requête mettant fin aux procédures judiciaires contre Ben Laden en raison du décès du chef d'Al-Qaïda. Les éléments cités en annexe de cette demande expliquant la conclusion de la CIA selon laquelle Ben Laden a été tué lors du raid d'Abbottabad sont :

- La comparaison d'échantillons d'ADN du corps avec un profil ADN de Ben Laden dérivé de l'ADN de multiples membres de sa famille ; la probabilité d'identification erronée est estimée à une chance sur $11,8 \times 10^{15}$;
- Une analyse de la reconnaissance faciale du corps avec d'anciennes photos de Ben Laden ;
- La déclaration d'une des épouses de Ben Laden qui se trouvait avec lui dans le complexe d'Abbottabad ;
- Des éléments dans le complexe dont du courrier et une vidéo non diffusée de Ben Laden.

Le 17 juin 2011, le juge Lewis A. Kaplan ferma le dossier des charges contre Ben Laden, abandonnant ainsi toutes les poursuites contre lui à la suite de son décès.

En révisant tous les faits, je fus fort étonné de constater qu'entre les deux dates, le 11 septembre 2001, le jour des attentats de New York et de Washington, et le 2 mai 2011, date de la mort de Ben Laden, il n'y avait jamais eu un procès contre ce dernier. Le pire dans les différentes poursuites devant les tribunaux américains à l'encontre des terroristes arrêtés comme membres d'Al-Qaïda et alliés de Ben Laden, je cite Khaled Cheikh Mohammed et Moustapha Ahmed al-Hawsawi, spécialistes confirmés des questions financières d'Al-Qaïda ; Omar Saeed Sheikh, le terroriste britannique d'origine pakistanaise, qui a opéré un transfert de 100,000 dollars à Mohammed Atta dans le cadre du financement des attentats du 11 septembre ; le leader religieux yéménite, Mohammed Ali Hassan al-Moayad, arrêté à Francfort, en Allemagne, en même temps que son jeune assistant, les deux furent extradés vers les États-Unis, et mis en accusation à Brooklyn, dans l'État de New York, en novembre 2003 ; dans tous ces cas, la justice américaine a toujours évité de charger ces terroristes pour les crimes du 11 septembre. Ils furent condamnés dans le cadre d'autres affaires certainement liées aux activités terroristes, mais jamais comme complices dans les attentats du 11 septembre. Par exemple, le 10 juin 1998, un jury d'accusation, à partir des révélations de Jamal Ahmed Mohamad al-Fadl, prononça une inculpation en bonne et due forme contre Ben Laden. À ce moment, bien sûr, il se trouva déjà hors d'atteinte en Afghanistan où il était retourné depuis deux ans. Un dossier criminel était ouvert certes par le parquet de New York contre Ben Laden mais le procureur n'a jamais entamé une procédure de jugement par contumace sous prétexte que cette procédure n'est pas prévue dans le droit américain. À bien réfléchir, la raison en était simple. Entre le juger ou l'exécuter, l'administration américaine a décidé d'exécuter le leader d'Al-Qaïda au lieu de l'arrêter pour le traduire en justice.

En effet, le gouvernement américain manquait de preuves suffisantes pour justifier l'arrestation de Ben Laden au Pakistan comme derrière les attentats du 11 septembre et exiger son transfert aux États-Unis. Washington ne serait pas en mesure de démontrer devant un tribunal que Ben Laden était l'instigateur des attentats du 11 septembre vu qu'il n'a jamais mis les pieds sur le territoire américain et que donc il s'était rendu coupable de crimes envers des citoyens américains ou des intérêts américains ce jour-là. Le choix d'exécuter Ben Laden au lieu de l'arrêter est fort simple à comprendre. Un jugement public de Ben Laden aurait dévoilé des informations qualifiées « top secret » et compromettantes pour les États-Unis. Ce procès qui n'a pas eu lieu est monté dans cet ouvrage.

CHAPITRE I

POURQUOI LE JUGEMENT DE BEN LADEN ?

L e premier message envoyé après les attentats du 11 septembre 2001, c'est la répudiation internationale du terrorisme à travers l'engagement d'une coopération entre les États pour combattre ce fléau. Cette condamnation est unanime et elle est symbolisée par la résolution 1368 du Conseil de sécurité laquelle, le lendemain des attaques contre le World Trade Center et le Pentagone, les condamna de la façon la plus ferme, les qualifiant de menace à la paix et à la sécurité internationale.

Le 28 septembre 2001, le Conseil de sécurité adopta à l'unanimité la résolution 1373, véritable plan d'action obligeant les États membres à prendre un certain nombre de mesures de lutte contre le terrorisme. Chaque État doit empêcher les activités terroristes, en criminaliser les diverses formes, aider et promouvoir la coopération entre pays, puis adhérer aux instruments antiterroristes internationaux. Les États sont dans l'obligation de rendre régulièrement compte au Comité contre le terrorisme des mesures prises aux termes de cette résolution, premier cas de législation internationale édictée par le Conseil de sécurité et mise en œuvre par les États sous son contrôle.

Au sein de l'Union Européenne (UE), du G7/G8, et de l'Organisation de coopération et de développement économiques (OCDE), des actes bilatéraux ou de formats variables ont été créés pour faciliter l'échange d'informations et la coopération entre services de police et de renseignements. Ce consensus international a donné lieu, à des degrés divers, à la coopération d'acteurs inattendus tels que la Russie, l'Iran, l'Autorité palestinienne, la Syrie et le Pakistan avec les États-Unis dans la lutte contre Al-Qaïda.

L'isolement international d'Al-Qaïda devient l'une des causes de son affaiblissement. L'action antiterroriste qui a suivi le 11 septembre a sérieusement affaibli le noyau central de cette organisation, et en particulier la campagne d'Afghanistan, qui a dispersé l'état-major du groupe, dont une partie a pris la fuite en Iran, l'autre au Pakistan. La mort de Mohammed Atef, chef militaire d'Al-Qaïda, le 16 novembre 2001, lors du bombardement américain du sud de Kaboul, et l'arrestation de Khaled Cheikh Mohammed, le 1er mars 2003, principal commandant opérationnel et concepteur des attaques du 11 septembre, ont grandement diminué la capacité d'action de l'organisation. Sans mentionner la disparition de Ben Laden de la vie publique bien des années avant le 11 septembre.

L'action des forces américaines en Afghanistan, en Irak, en Syrie et dans d'autres parties du Moyen-Orient, a affaibli les groupes terroristes dans la région. En 2015, *Daech* a commencé à reculer en Irak et en Syrie. À la fin de 2018, l'organisation ne contrôlait plus aucune ville. La perte des revenus tirés des gisements d'hydrocarbures conjugués à la perte des territoires a causé un arrêt du flux de combattants terroristes étrangers engagés comme mercenaires. Malgré tout, la menace terroriste reste bien réelle : des tensions encore vives règnent dans le Sahel. Dans le nord de la péninsule du Sinaï, en Égypte, le groupe armé Wilayat Sinaï, qui a prêté allégeance à *Daech* en novembre 2014, cible les forces de sécurité, ainsi que les intérêts étrangers. Le Yémen est quant à lui, sous la menace constante du groupe d'Al-Qaïda dans la péninsule Arabique (AQPA).

En Asie, plusieurs groupes ont prêté allégeance à *Daech* tandis qu'Al-Qaïda et ses affiliés demeurent une menace importante pour la région. La situation est particulièrement fragile en Afghanistan, au Pakistan et au Bengladesh. Depuis 2013, le Bengladesh a connu une augmentation des attaques islamistes sur les minorités et les laïcs. Dans la nuit du 1er juillet 2016, cinq assaillants ont ouvert le feu sur la *Holley Artisan Bakery* dans le quartier de Gulsham à Dacca. Ils ont lancé des bombes, pris plusieurs dizaines d'otages et tué un agent de police.

Inde : le 2 janvier 2016, une base militaire est attaquée près de la frontière avec le Pakistan, à Pathankot. Les assaillants du groupe islamiste Jaish-e-Mohammed tuent au moins 11 personnes avant d'être neutralisés.

Nigeria : le 5 janvier 2016, une attaque de Boko Haram dans le nord-est du Nigeria fait au moins sept morts.

Libye : le 7 janvier 2016, attentat à Zliten, contre un centre de formation des garde-côtes, tuant au moins 65 personnes. Cette attaque est revendiquée par l'État islamique en Libye.

Irak : le 11 janvier 2016, prise d'otages, voiture piégée et fusillade dans un centre commercial à Bagdad faisant 12 morts et 14 blessés. L'attentat est revendiqué par l'État islamique. Le même jour, à Mouqdadiyah, 20 personnes sont tuées par un double attentat dans un café.

Turquie : le 12 janvier 2016, un attentat-suicide dans le centre d'Istanbul fait 10 morts et au moins 15 blessés. Le Premier ministre de Turquie annonce que l'État islamique en est responsable.

Pakistan : le 13 janvier 2016, attentat contre un centre de vaccination à Quetta tuant 15 personnes dont 12 policiers.

Indonésie : le 14 janvier 2016, attentat de Jakarta organisé par l'État islamique faisant 4 morts.

Burkina Faso : le 15 janvier 2016, attentats à Ouagadougou faisant 30 morts. Ces attaques terroristes sont revendiquées par Al-Qaïda au Maghreb islamique (AQMI).

Afghanistan : le 17 janvier 2016, un attentat-suicide perpétré par l'État islamique à Jalalabad a tué 14 personnes.

Pakistan : le 19 janvier 2016, un terroriste se fait exploser près de Peshawar et fait au moins 11 morts.

Pakistan : le 20 janvier 2016, attaque de l'Université de Charsadda, menée par des talibans, faisant 21 morts.

Afghanistan : le 20 janvier 2016, un terroriste se fait exploser près de l'ambassade de la Russie, causant au moins 7 morts.

Somalie : le 20 janvier 2016, un attentat à la voiture piégée et une fusillade dans un restaurant à Mogadiscio font au moins 20 morts. L'attaque est revendiquée par les islamistes shebabs.

Égypte : le 22 janvier 2016, l'État islamique revendique un attentat à la bombe au Caire qui fait 9 morts dont 8 policiers.

Le président français, en déplacement à Bruxelles pour le sommet des dirigeants européens, s'est exprimé le 23 mars 2018 sur la prise d'otages dans un supermarché du sud de la France. « La menace terroriste demeure élevée », a déclaré Emmanuel Macron. Selon RIA News, l'une des principales agences de presse de Russie, plusieurs attaques terroristes ont été déjouées lors de la Coupe du monde 2018. Une déclaration confirmée par Alexander Bortnikov, directeur du service fédéral de sécurité russe (FSB). Le 3 avril 2017, à Saint-Pétersbourg, un attentat-suicide a fait 13 morts. Dans une autre ville du sud de la Russie, Rostov-sur-le-Don (à un millier de kilomètres au sud de Moscou), un criminel a déposé le 6 avril 2017 une bombe près d'une école dans le centre-ville. L'agent de propriété du quartier, ramassa le sac qui explosa entre ses mains. « Nous constatons une montée en puissance de l'activité de la clandestinité extrémiste », a déclaré Serguei Gontcharov, président de l'Association des anciens combattants de la section antiterroriste Alpha. Selon lui, ce sont « les membres de Daech et d'autres groupes islamistes qui se vengent pour leurs défaites en Syrie ».

La menace terroriste a bondi de façon expectaculaire en Angleterre a déclaré le chef du MI5, le service de renseignements britanniques. Quelques 379 personnes liées au terrorisme ont été arrêtées entre juin 2016 et juin 2017. Le 22 mars 2016, 32 personnes ont été tuées et 340 blessées lors des attentats dans le métro et à l'aéroport de Bruxelles. Le premier ministre belge Charles Michel a dénoncé une « violence lâche et aveugle » des extrémistes liés à des organisations terroristes mondiales. Le Canada dressait en 2017 un bilan sans équivoque des dangers que pose le terrorisme pour le pays. La principale menace provient, d'après le Service canadien du renseignement de sécurité, d'extrémistes violents motivés par des groupes terroristes, comme Daech et Al-Qaïda.

Au regard de cette vaste analyse, il est certain que le terrorisme représente une menace constante pour la paix et la sécurité dans le monde. Il faut continuer le combat pour éradiquer ce fléau, et ceci pour le mieux-être de la présente génération et des générations futures. Dans le cadre de la lutte contre le terrorisme, des moyens supplémentaires devront être alloués aux services judiciaires car la justice est appelée à jouer un rôle central dans cette lutte. Juriste de profession, voici le message que je véhicule à travers l'ouvrage *Le Procès d'Oussama Ben Laden.*

Inventer le procès de Ben Laden, et, plus exactement, présenter une simulation de ce qui pourrait être un débat contradictoire dans un jugement par contumace du leader d'Al-Qaïda, c'est une façon d'honorer la mémoire des milliers d'innocentes victimes lors des attaques du 11 septembre 2001, et c'est également une démarche qui entre dans le cadre de mon projet de juger les grands criminels dans l'histoire qui ont échappé à la justice. J'ai débuté la démarche en jugeant Napoléon Bonaparte et plusieurs autres dignitaires de la monarchie et de l'Empire français dans l'ouvrage *Toussaint Louverture : Le Procès de la Traite des Noirs*. J'ai continué la série avec un second livre : *Adolf Hitler : Jugé par contumace à Nuremberg*. Ce troisième ouvrage sur les attentats du 11 septembre couvre une plaidoirie simulée du jugement par contumace contre Ben Laden tout en effleurant des réponses à certaines questions.

Par exemple, comment Ben Laden est-il devenu le terroriste le plus recherché de la planète pour des crimes commis bien souvent sur des civils innocents qui n'ont rien avoir avec sa cause ?

Le 27 décembre 1979, quarante mille soldats russes envahirent l'Afghanistan. Le but de l'invasion était de supporter le gouvernement procommuniste de Babrak Karmal victime d'un coup d'État et en exil à Prague. Karmal, retourné au pays sous la protection des Russes, dans un discours préenregistré, se proclama président et annonça la fin du règne de Hafizullah Amin. Accusé d'être à la solde des Américains, Hafizullah est arrêté et exécuté sur-le-champ.

Les États-Unis et le Pakistan, en réponse aux Russes, encouragèrent puis financèrent le jihad afghan pour en faire une grande armée avec quelque 35,000 intégristes musulmans en provenance de quarante pays islamiques menant la guerre autour du slogan « chasser les infidèles » sur la terre d'islam. Avec le temps, plus de 100,000 intégristes musulmans vinrent s'impliquer dans le combat mené par le jihad afghan. C'est là que commença le parcours de Ben Laden engagé comme mercenaire dans le rang des moudjahidines.

Le jihad islamique était appuyé par les États-Unis et l'Arabie saoudite, qui financèrent en grande partie leurs opérations. Le reste du financement provenait du commerce de la drogue et des dons collectés auprès des riches Arabes du Golfe qui détestaient la présence des Russes sur leur territoire. En mars 1985, le président Reagan signait la directive de sécurité nationale n° 166, qui autorisait une aide militaire secrète aux moudjahidines. Une aide annuelle régulière équivalente, en 1987, à 65,000 tonnes d'armes, fut allouée aux combattants afghans. Des spécialistes de la CIA et du Pentagone furent dépêchés secrètement sur le terrain pour aider dans les opérations. Les Services de renseignement pakistanais – Inter- Services Intelligence (ISI) – furent utilisés comme intermédiaire. Par l'entremise de l'ISI, la CIA faisait parvenir son appui aux moudjahidines. Au Centre Al-Aram d'études stratégiques du Caire, Ben Laden et les Arabes afghans avaient reçu, par l'entremise de la CIA, un entraînement militaire très sophistiqué et spécialisé dans différents domaines militaires.

Après dix ans d'occupation (1979-1989) l'Empire soviétique a été mis en déroute. Sous la direction du colonel-général Boris Gromov le retrait des troupes soviétiques commença le 15 mai 1988 et prit fin le 15 février 1989. Ce retrait mit fin à la guerre d'Afghanistan. En vertu des accords de Genève du 15 avril 1988, dans la première période de trois mois, 50, 183 soldats russes se sont retirés et 50,100 autres ont quitté entre août 1988 et février 1989. Après un an et demi de paix dans la région, le 2 août 1990, Saddam Hussein envahit le Koweït et procéda à son annexion. Bien vite, les troupes de Saddam étaient aux frontières de l'Arabie saoudite, le pays était bel et bien menacé. Le principal souci du royaume a toujours été de contrebalancer l'influence de l'Iran et de l'Irak, ses deux voisins les plus peuplés, les plus puissants et les plus agressifs. Les Saoudiens savaient que Saddam en voulait à la famille royale qui le pressait pour le remboursement des milliards de dollars qui lui avaient été avancés pendant la guerre contre l'Iran. En effet, en 1980, après que Saddam eût déclaré la guerre à l'Iran, affaibli financièrement, le régime irakien avait eu recours aux prêts consentis par l'Arabie saoudite et les autres émirats qui ont alors versé des milliards de dollars pour permettre à l'Irak de survivre aux difficultés du conflit. Après la guerre, Saddam Hussein, financièrement ruiné, refusait de rembourser les prêts.

Face à la menace imminente des troupes irakiennes, il fallait vite trouver une réponse. C'est alors que Ben Laden, sautant sur l'occasion, grâce aux relations de sa famille, parvint à obtenir un rendez-vous avec le prince Sultan ben Abdelaziz Al Saoud, ministre saoudien de la Défense.

« Le royaume pouvait se passer des Américains pour assurer sa défense et libérer le Koweït », commença Ben Laden en développant des idées inspirées par son expérience du jihad en Afghanistan. Tout en traçant des schémas sur une carte de la région, il continua : « Je pouvais me charger de cette tâche avec mes anciens camarades de combat. J'ai à ma disposition 100,000 hommes et parmi ces anciens combattants d'Afghanistan, il y a des formateurs qui pourraient entraîner les autres Saoudiens. »

Le prince écouta Ben Laden avec beaucoup d'attention mais sans grande conviction sachant à l'avance que l'idée de voir des dizaines de milliers d'islamistes radicaux déferler sur le royaume était une démarche qui ne serait jamais acceptée par la famille royale. La proposition d'Oussama rejetée, le 6 août 1990, la carte américaine est jetée. Le secrétaire à la Défense, Dick Cheney, arriva à Riyad à la tête d'une délégation et délivra au roi Fahd et aux princes le message du président Bush : « Nous sommes prêts à déployer nos forces pour défendre le royaume d'Arabie saoudite. Nous viendrons si vous nous le demandez. Nous ne cherchons pas à établir des bases permanentes. Et quand vous nous demanderez de partir, nous partirons. »

Le choix à faire n'était pas facile. Le général Herbert Norman Schwarzkopf Jr., qui commandait la coalition emmenée par les Américains pour libérer le Koweït, résuma ainsi le dilemme auquel le roi Fahd était confronté : « S'il ne faisait rien, il risquait de perdre son royaume au profit de l'Irak. Mais s'il invitait les Américains, même avec l'assurance présidentielle que nous respecterions la souveraineté saoudienne, Saddam et autres dirigeants arabes l'accuseraient d'être à la botte de l'Occident. Autrement dit, il risquait de saper sa propre autorité. Il y avait de grands risques à faire venir une armée d'étrangère dans un royaume xénophobe férocement attaché à la pureté de sa culture et de sa religion. »

Réalisant « des deux côtés le mal est infini », le roi Fahd et ses princes acceptèrent l'offre du président des États-Unis. Le roi avait pris cette décision après avoir prévenu le cheikh Abdulaziz Ibn Baz, la plus haute autorité religieuse saoudienne, qui a édicté à contrecœur une fatwa destinée à couvrir l'opération : « Bien que les Américains d'un point de vue religieux traditionnel, soient comparables à des infidèles, puisqu'ils ne sont pas musulmans, ils méritent notre soutien puisqu'ils sont ici pour défendre l'islam."

Oussama était en rage contre cette décision. Il appuyait sa position au nom des derniers mots du Prophète à l'instant de sa mort : « Ne permettez pas qu'il y ait deux religions en Arabie. » Pendant dix ans et plus, le leader d'Al-Qaïda allait jeter sur le monde le fléau des plus abominables crimes jamais enregistrés dans l'histoire de l'humanité. Son attitude radicale a été décrite de la façon suivante par le prince Turki, témoin de la rencontre que Ben Laden a eue avec le prince Sultan. « L'individu calme, paisible, aimable et désireux d'aider les musulmans qu'il était, avait fait place à un homme qui se croyait capable de rassembler et de commander une armée pour libérer le Koweït. Il ne cachait pas sa morgue et son arrogance. »

« D'abord, il se croyait capable de mettre une armée sur pied pour s'opposer aux troupes de Saddam, ajouta le prince. Ensuite, il s'opposait à la décision du royaume de faire appel à des troupes alliées. Ce faisant, il désobéissait au souverain et violait la fatwa des vénérables religieux musulmans, qui avaient souscrit à ce projet parce qu'ils y voyaient une action essentielle pour combattre l'injustice et l'agression. »

Oussama était furieux. À ses yeux, aucune entente n'était possible avec les Américains qui étaient en train de saper le pouvoir de la dynastie saoudienne en affaiblissant le wahhabisme. Il s'en prit tout d'abord aux princes et aux oulémas trop complaisants vis-à-vis de la loi islamique, en commençant par le chef religieux wahhabite aveugle, Abdulaziz Ibn Baz, qui avait édicté une fatwa pour donner au roi Fahd son aval à la présence des troupes américaines sur le territoire. Son but était fixé. Il fallait châtier les Américains partout où ils se trouvaient dans le monde par le fait qu'ils étaient venus blasphémer la « terre sainte » de l'islam. Même pendant le jihad antisoviétique en Afghanistan, Ben Laden avait toujours fait connaître qu'en dépit de son alliance de circonstance, l'Américain restait pour lui l'ennemi de l'islam.

Le 26 février 1991, la coalition a libéré le Koweït. Le 5 mars 1991, Saddam Hussein a annoncé publiquement le retrait de ses troupes. Washington, comme promis, retirait le demi-million de soldats présents sur le territoire saoudien. Cette décision, loin de calmer la rage de Ben Laden, l'aggravait plutôt car quelque 5,000 hommes de l'US Air Force restaient dans le royaume. Ils furent d'abord stationnés à Khobar sur le Golfe, puis, après la mort de dix-neuf soldats dans un attentat à la bombe, le 25 juin 1996, ils se stationnèrent à la base aéronavale de Prince-Sultan à Al Kharj, située en plein désert du Nedjd à une centaine de kilomètres de Riyad, où ils étaient pratiquement hors de vue.

Alors Ben Laden, qui était demeuré dans un silence inquiétant pendant une longue période de temps, a refait surface. Tout d'abord, dans un message, il a félicité les auteurs de l'attentat des tours de Khobar. Malgré certains soupçons quant à la responsabilité d'Al-Qaïda, des individus identifiés comme membres du Hezbollah Al-Hejaz ainsi que l'État iranien étaient accusés par les États-Unis. William Perry, secrétaire à la Défense des États-Unis au moment des évènements, annonça dans une entrevue accordée en 2007 : « Je pense désormais qu'Al-Qaïda plutôt que l'Iran était responsable de l'attentat au camion piégé de 1996 visant la base américaine. » Le prince saoudien Nayef, à la tête du ministère de l'Intérieur et à la tête de la commission chargée de l'enquête, lui aussi disculpera l'Iran de toute implication dans l'attentat. Ben Laden à travers Al-Qaïda selon lui était derrière l'attaque.

Nous disons très rapidement pour éviter toute équivoque, malgré tous ces détails, que ce livre n'est pas un ouvrage d'histoire mais un roman fictif avec un débat simulé dans le cadre d'un procès pénal contre Ben Laden. Dans l'ouvrage, je ne fais pas une analyse sur le double jeu pakistanais dans le dossier de Ben Laden. Je me pose cependant cette question : comment accepter la version que le gouvernement pakistanais ignorait la présence de Ben Laden sur son territoire ? Soupçonné d'habiter dans les zones tribales en Afghanistan, le chef d'Al-Qaïda vivait pourtant à Abbottabad. Située sur les contreforts de l'Himalaya, Abbottabad est une ville garnison. Les officiers à la retraite y ont leurs villas et elle abrite la prestigieuse Académie militaire du Pakistan. Cette ville est devenue une plaque tournante du terrorisme national et international. C'est là qu'on arrêta Omar Pate, un Indonésien membre d'Al-Qaïda, accusé d'avoir participé à un attentat dans une discothèque à Bali en 2002. Plus de 200 personnes ont perdu la vie lors de cette tragédie.

L'ex-chef de l'Inter-Services Intelligence (ISI, Services secrets) Hamid Gul, admet volontiers qu'il est « un peu bizarre » que Ben Laden ait pu vivre si longtemps à Abbottābād à la barbe et au nez des autorités. La secrétaire d'État américaine d'alors, Hillary Clinton, avait annoncé, peu après le raid, qu'il n'y avait « absolument aucune preuve que quiconque au plus haut niveau du gouvernement pakistanais savait ». En janvier 2012, le secrétaire d'État à la Défense, Leon Panetta, estimait que « quelqu'un devait être au courant » au sein des autorités pakistanaises. L'explication la plus fiable est la suivante : Ben Laden a été capturé il y a cinq ou six ans avant sa mort et secrètement mis en prison par le gouvernement pakistanais dans ce bâtiment monté comme une forteresse à Bilal. C'est la seule explication possible de sa présence à cet endroit. Car, comment Ben Laden aurait-il pu se cacher pendant des années à Abbottabad sans la connaissance de sa présence par les officiels pakistanais ? Le fait qu'Oussama Ben Laden se soit caché au Pakistan pendant cinq ans prouve que l'armée pakistanaise était complice ou incompétente. Quels que soient les moyens employés, le président pakistanais Asif Ali Zardari se réjouissait que Ben Laden soit exécuté par le commando-Seal. Car un gouvernement qui aurait livré Oussama aux Américains signerait forcement son arrêt de mort. Même la présence renforcée d'agents du FBI et de la CIA à Islamabad était mal perçue.

Ce livre n'ouvre pas un débat critique sur l'acquittement au tribunal d'Amman en Jordanie d'Abu Qatada. Proche d'Al-Qaïda et expulsé d'Angleterre, le prédicateur radical islamiste, longtemps établi à Londres, recrutait des jeunes pour le jihad. Il fut accusé de complot en vue de commettre des actes terroristes. Il fut condamné par la cour jordanienne de sûreté de l'État à deux reprises, en 1998 et 2000, à quinze ans de travaux forcés, pour « financement d'un groupe interdit » et « liens avec Al-Qaïda », ainsi que pour la « préparation d'attentats visant des objectifs américains et juifs et des visiteurs chrétiens en Terre sainte lors du Jubilé 2000 ».

Qualifié en mars 2004 par la Commission d'appel spécial des affaires d'immigration (SIAC) de Londres d'individu réellement dangereux pour activités terroristes au Royaume-Uni associées à Al-Qaïda, il introduisit un recours, faisant valoir qu'en cas d'expulsion vers la Jordanie, il craignait d'être torturé ou maltraité. Il fut arrêté en août 2005 par la police britannique après les attentats du 7 juillet 2005 à Londres. Il a été libéré le 17 juin 2008 de la prison de Long Lartin sur décision d'une commission spéciale. Il fut à nouveau arrêté par la suite, et Al-Qaïda, au pays du Maghreb islamique, enleva en janvier 2009, quatre touristes britanniques au Mali pour obtenir sa libération. Le gouvernement du Royaume-Uni a finalement décidé de l'extrader vers la Jordanie. Dans un jugement rendu le 17 janvier 2012, la Cour européenne des droits de l'homme s'opposa à cette extradition qui violait le droit fondamental à un procès équitable, car des aveux obtenus sous la torture auraient retenu comme preuve. Le 6 février, il est placé en liberté conditionnelle, assigné à résidence et soumis à un contrôle des visites. La secrétaire d'État à l'Intérieur, Theresa May, s'opposa à cette libération qu'elle estimait dangereuse pour la sécurité du Royaume-Uni. Il fut expulsé, le 7 juillet 2013, vers la Jordanie.

Un jury populaire de la Cour de sûreté jordanienne, estimant que les preuves rassemblées contre Qatada étaient insuffisantes, il fut innocenté des charges de terrorisme et il a été libéré le 24 septembre 2014. Les autorités britanniques le soupçonnaient d'avoir entretenu des liens avec Zacarias Moussaoui, le Français condamné à la prison à vie pour sa participation aux attentats du 11 septembre 2001, et Richard Reid, l'homme qui a tenté de faire exploser un vol Paris-Miami en dissimulant des explosifs dans ses chaussures en 2001. Toujours considéré comme une menace à la sécurité nationale, il ne pourra pas retourner en Grande-Bretagne, et il demeure interdit de voyager par les Nations Unies. Qatada a été décrit par le juge espagnol Baltasar Garzón comme étant le bras droit de Ben Laden en Europe. Son nom fut inscrit sur la liste des individus liés avec Al-Qaïda par le comité 1267 du Conseil de sécurité des Nations Unies.

Ce n'est pas un livre d'enquêtes sur les attentats du 11 septembre, même si des questions pertinentes sont posées dans l'ouvrage, comme par exemple, pourquoi et comment le terroriste le plus recherché de l'histoire a pu échapper pendant dix ans aux recherches des services secrets américains ?

Les États-Unis ont tenté à diverses reprises de capturer ou d'exécuter Ben Laden. La question troublante est pourquoi toutes les tentatives ont échoué malgré des plans bien définis pour assurer leur succès ? Déjà à l'été 1998, après les attentats contre les ambassades des États-Unis au Kenya et en Tanzanie, les Américains cherchèrent à tuer Ben Laden. Deux ans auparavant, l'administration Clinton avait décliné une offre faite à Washington par le chef des services secrets soudanais, dépêché par le président Omar Hassan Ahmad al-Bachir. Le Soudan voulait négocier la remise de Ben Laden aux Américains, mais l'administration Clinton a refusé la proposition. Pourquoi ce refus par les Américains qui reconnaissaient Ben Laden comme l'ennemi irréductible de leur présence au Moyen-Orient ? À l'époque, Ben Laden réunissait déjà autour de lui toute une équipe de jihadistes, dont le médecin égyptien Ayman Mohammed Rabie al-Zawahiri, l'un des membres du complot d'assassinat du président Anwar

Sadate en 1981. Dans un rapport publié en 1995, le département d'État avait décrit Ben Laden comme l'un des terroristes les plus dangereux au monde. Les rapports des services de recherche du Congrès ont décrit Ben Laden et son règne de terreur comme l'une des plus grandes menaces pour l'Amérique.

Un acte d'accusation lancé contre Ben Laden par la Cour fédérale du district de Manhattan le 10 juin 1998, et renouvelé au fil des années, a été utilisé contre Ahmed Khalfan Ghailani, le premier détenu à Guantanamo à être jugé par un tribunal civil, et Ayman al-Zawahri, deuxième commandant en chef d'Al-Qaïda. Cette action judiciaire « montre que des personnes au gouvernement connaissaient l'existence de Ben Laden avant le 11 septembre et étaient disposées à faire quelque chose à ce sujet », a déclaré Daniel J. Coleman, qui en 1996 était le premier FBI agent détaché auprès de la CIA pour enquêter sur Ben Laden. « Il y avait un manque de volonté politique de faire quoi que ce soit », a ajouté M. Coleman.

Le 7 août 1998, alors que deux ambassades américaines étaient attaquées simultanément et qu'une douzaine d'Américains ont perdu la vie, pourquoi Bill Clinton à cette époque n'avait-t-il pas mobilisé le public et le Congrès pour lutter contre Ben Laden et détruire Al-Qaïda ? De nombreux analystes du renseignement et professionnels de l'application des lois aux États-Unis estimaient qu'Al-Qaïda et Ben Laden étaient à l'origine de l'attaque de juin 1996 contre la caserne de l'armée de l'air américaine à Dhahran, en Arabie saoudite. Les principaux organes de presse, dont Time, Reader's Digest, CNN, Fox News et ABC News, ont consacré beaucoup d'espace à Ben Laden. Le titre d'un article de couverture publié par le Reader's Digest en 1998 et portant sur Ben Laden était : « Cet homme veut votre mort. » Le sénateur Richard Shelby, ancien vice-président du Comité du renseignement du Sénat, a déclaré : « L'administration Clinton a donné plus que le bout des lèvres à la lutte contre le terrorisme, en particulier contre Oussama Ben Laden, mais l'effort n'a jamais été soutenu. Je ne pense pas que cet effort n'ait jamais été considéré comme une action audacieuse, telle que l'administration [Bush] l'emploie maintenant. »

Indésirable au Soudan, Ben Laden a alors déménagé avec son équipe à Jalalabad, où il fut accueilli par un groupe de moudjahidines afghans qu'il avait financés durant la guerre contre l'Union soviétique. Après les attentats au Kenya et en Tanzanie, Clinton ordonna à l'US Navy de bombarder à coups de missiles Tomahawk tous les camps d'entraînement d'Al-Qaïda dans les montagnes de l'Hindu Kush. Les missiles ont manqué Ben Laden qui avait quitté le camp une heure plus tôt, averti par les services secrets pakistanais. En effet, l'ISI entretenait une relation étroite avec Al-Qaïda. Au milieu des années 90, l'ISI entraîna ses volontaires dans les camps où Ben Laden formait ses propres recrues venues de tout le monde musulman. Ces recrues pakistanaises pour la conquête du Cachemire constituèrent le plus grand nombre de victimes des missiles de croisière américains, occasionnant la mort des centaines de soldats de l'ISI dans les camps d'entraînement partagés avec Al-Qaïda, en Afghanistan, en 1998. Les officiers de l'ISI, notamment les colonels, passaient de temps à autre dans ces camps remplissant la fonction d'agents de liaison auprès des principaux cadres d'Al-Qaïda. Cette collaboration permettait une circulation permanente d'informations entre l'ISI et Al-Qaïda. L'ambassadeur pakistanais à Kaboul dans un entretien en 2000 avec le journaliste Jonathan Randal, l'auteur du livre *Oussama, la fabrication d'un terroriste*, ne cachait pas la présence des agents de l'ISI sur l'ensemble du territoire contrôlé par les talibans, qui englobait alors 95% de l'Afghanistan.

Quelques mois après, les Américains manquèrent une nouvelle occasion de tuer Ben Laden. Un convoi de ses véhicules 4x4 avait été repéré le transportant hors de Kandahar, fief du sud de l'Afghanistan, où résidait son ami le mollah Omar, chef de l'émirat islamique des talibans. Le temps de remonter la chaîne hiérarchique du Pentagone pour obtenir l'autorisation d'ouvrir le feu le convoi avait disparu.

Après les attentats du 11 septembre, le mot d'ordre de l'administration américaine était quiconque ayant Ben Laden dans son viseur devait l'abattre immédiatement. Seymour Hersh, emblème du journalisme d'investigation américain, dans un article publié dans *London Review,* le 11 Mai 2015, a discrédité la thèse officielle de l'administration Obama sur la mort d'Oussama Ben Laden. Le journaliste a affirmé que « le cerveau des attentats de 2001 ne se cachait pas à Abbottābād (le lieu où il a été tué) mais y était, en réalité, emprisonné par le Pakistan ». Il soutient que la mise à mort du chef terroriste n'a pu être actionnée qu'après de longues négociations avec le Pakistan. En août 2010, un ancien officier des services secrets pakistanais a approché Jonathan Bank, alors chef du bureau de la CIA à l'ambassade américaine d'Islamabad, et il propose de dire à la CIA où trouver Ben Laden en échange de la récompense que Washington avait offerte en 2001. La Maison-Blanche a rejeté en bloc cette révélation. « Il y a trop d'inexactitudes et d'affirmations sans fondement dans cet article pour répondre point par point », a affirmé Ned Price, porte-parole du Conseil de sécurité nationale (NSC).

Ce livre n'est pas non plus un livre pour remettre en question le rapport de la Commission nationale d'enquête sur le 11 septembre, même si plusieurs questions importantes n'ont pas trouvé de réponses dans ce rapport. Par exemple, comment les terroristes ont pu pénétrer dans les cockpits des avions ? Le rapport de la Commission nationale d'enquête sur le 9/11, publié en 2004, déclare que personne ne peut déterminer comment les terroristes ont pu arriver jusqu'aux pilotes pour prendre le contrôle des appareils. Les seules indications sur les agissements des pirates de l'air proviennent de certains passagers qui ont utilisé leurs portables pour alerter des parents ou amis. Par exemple, l'une des passagères du vol AA77, Barbara Olson, la femme de Theodore Olson, "42ème solliciteur général des États-Unis" sous l'administration de Georges W. Bush, appela son mari pour lui dire que l'avion avait été détourné, et que cinq pirates de l'air armés de couteaux avaient pris le contrôle de l'appareil. L'avion s'écrasa sur le Pentagone à 9h37. Soixante-neuf personnes périrent à bord : soixante-quatre passagers, y compris les membres de l'équipage, et les cinq terroristes.

On était en face du même scénario pour le vol AA11 qui s'écrasa sur la façade nord des tours jumelles à 8h46. Tous les quatre-vingt-un passagers, y compris les cinq pirates de l'air, et les neuf membres de l'équipage, trouvèrent la mort dans cette tragédie.

Une autre question toute aussi pertinente n'a pas obtenu de réponse. Le World Trade Center avait été l'objet d'une attaque terroriste le 26 février 1993. Une voiture piégée par Ramzi Yousef explosa dans le garage de l'un des bâtiments. Un total de six personnes trouva la mort lors de cet attentat et plus d'un millier d'individus furent blessés. Yousef déclara aux enquêteurs du FBI, après son arrestation à Islamabad au Pakistan, le 7 février 1995, qu'il espérait tuer au moins 250,000 personnes ce jour-là. Le 24 décembre 1994, des islamistes algériens s'emparèrent d'un Airbus d'Air-France à l'aéroport d'Alger et menacèrent de le faire écraser sur la tour Eiffel. En 1999, un rapport de 131 pages, publié par la Bibliothèque du Congrès, évoquait des scénarios du même genre, avec détournement d'avions chargés d'explosifs contre le Pentagone, la Maison Blanche ou le siège de la CIA. Pourquoi, malgré toutes ces informations, ce manque de vigilance sur les activités des dix-neuf terroristes qui ont détourné les quatre vols (AA11, UA175, AA77, UA93) ? Il était clair que ces individus étaient des membres d'Al-Qaïda et certains d'entre eux étaient sur la liste noire des services secrets américains.

Le peu de passagers à bord des quatre avions, qui a facilité le travail des pirates de l'air, paraît tout aussi inquiétant. Le vol AA11 faisant le trajet Boston-Los Angeles avait un total de 81 passagers à bord pour une capacité de 158 personnes. Le vol UA175 assurant le même trajet Boston-Los Angeles avait 56 passagers à bord pour une capacité de 168 personnes. Le vol AA77 assurant le trajet Los-Angeles-Washington avait 58 passagers à bord pour une capacité de 176 personnes. Enfin le vol UA93 assurant le trajet Newark, N.J.-San Francisco avait seulement 37 passagers à bord soit à peu près 20% de la capacité de l'avion. C'est le seul vol qui a manqué sa cible. Au lieu d'atterrir sur le Capitole, l'appareil s'est écrasé sur un terrain vide à Shanksville en Pennsylvanie.

Comment un avion commercial pouvait-il pénétrer à l'intérieur de l'espace aérien du Pentagone sans être détruit par un missile de barrage, a déclaré l'écrivain français Thierry Meyssan dans son livre *9/11 : The Big Lie.* L'attaque du 11 septembre, a-t-il conclu, était une opération planifiée à l'intérieur même de l'administration américaine.

La même remarque est faite par David Ray Griffin, un professeur de théologie et de religion au *Claremont School of Theology* en Californie. Griffin a écrit une dizaine de livres sur les attentats du 11 septembre 2001. D'après lui, les attentats du 11 septembre, au regard de l'analyse des faits, montrent clairement que c'était une affaire montée par des leaders politiques et militaires américains.

Plusieurs personnalités militaires et scientifiques arrivaient à la même conclusion, à savoir l'impossibilité pour un Boeing 757 de faire s'effondrer comme un château de cartes les tours jumelles sans un lot d'explosifs placés à l'intérieur des bâtiments. Ils se demandaient comment une tour conçue pour résister à des tremblements de terre et des ouragans avait pu s'affaisser d'un seul coup, sans qu'à aucun moment elle ne tangue ? Ils trouvaient non fondée la version des faits à propos du crash d'un avion s'écrasant sur le Pentagone malgré des missiles en place pour défendre le bâtiment. Pourquoi la défense anti-aérienne américaine n'avait pas intercepté les avions détournés ? Pendant une heure et demi, les avions détournés ont volé dans le ciel américain sans être inquiétés. Le ministère de la Défense américaine est pourtant une zone méticuleusement surveillée. À seize kilomètres du Pentagone la base de Saint-Andrews surveille en permanence l'édifice. D'après un expert de l'armée de l'air, il ne faut pas plus de dix minutes à un avion de chasse pour décoller dès qu'une alerte est donnée.

L'autre question est : comment expliquer ce mystère de l'effondrement des tours jumelles de manière verticale ? C'est la première fois dans l'histoire qu'un gratte-ciel s'effondre verticalement à la suite d'un incendie. Parmi les sceptiques, on peut citer le lieutenant-colonel Karen Kwiatkowski, un ancien pilote de l'air, qui était présent au Pentagone au moment des attaques ; le lieutenant-colonel Jeff Latas, un ingénieur aéronautique, ancien pilote de l'air, et président du comité « Air Force accident board » ; le colonel George Nelson, un militaire retraité et pilote commercial ; Joel Hirschhorn, un ingénieur et à la fois professeur, qui plusieurs fois a témoigné comme expert devant le comité du Congrès ; Larry Erickson, un ingénieur travaillant dans les recherches spéciales pour la NASA ; David Griscom, un physicien s'adonnant aux recherches pour l'institut « Naval Research Laboratory » ; Robert Naser, un ingénieur et chercheur ; Morgan Reynolds, chef économiste au département du Travail sous le gouvernement de George Bush ; le capitaine Daniel Davis, qui travaillait au bureau de « Air défense Command » avant de devenir le directeur général de « General Electric Turbine [jet] Engine Division ». Tous ces experts avaient un certain doute sur la version des faits relatés dans le rapport de la commission nationale d'enquête sur les attaques terroristes contre les États-Unis publié le 22 juillet 2004.

Ces sceptiques, des théoriciens du complot, sont persuadés que le gouvernement américain a des choses à cacher et que ces attaques n'auraient pas pu passer sous le radar des services secrets. Ils soutiennent que les tours jumelles ont notamment été démolies à l'aide d'explosifs et que le Pentagone n'a pas été frappé par un avion mais par un missile. Le président iranien Mahmoud Ahmadinejad expliquait à l'ONU que le 11 septembre était un complot interne américain, qu'aucun avion ne s'était écrasé sur le Pentagone, que les tours n'avaient pas pu tomber de telle manière.

Parlant du 11 septembre, plusieurs questions demeurent en suspens. La CIA aurait-elle pu empêcher les attentats ? L'administration américaine savait-elle les préparatifs du 11 septembre et avait-elle décidé de laisser faire pour justifier l'invasion de l'Irak ? Depuis décembre 1999, l'agence centrale de renseignement américaine surveillait deux des pirates de l'air, les Saoudiens Khalid al-Mihdhar et Nawef al-Hazmi. Elle savait que les deux hommes étaient des terroristes affiliés à Al-Qaïda. Pourtant, à aucun moment, la CIA n'a transmis ces informations au FBI. La question que plusieurs se posent : lorsque les 19 terroristes ont détourné quatre avions de ligne américains et les ont ensuite utilisés comme missiles guidés pour attaquer le World Trade Center et tenter de toucher plusieurs cibles à Washington, leur plan meurtrier a nécessité une planification minutieuse, des millions de dollars de financement, et un effort de recrutement et de formation qui ont pris des années. Comment est-il possible que les services secrets américains n'aient pas arrêté les attaques avant qu'elles ne se soient produites ?

Certes, dix-huit ans après, les recherches n'ont pas révélé la moindre trace de complot. Plusieurs ingénieurs ou professeurs d'université, tels que Hyman Brown ou Richard Ebeltoft, pensent que les incendies ayant dégagé une chaleur intense (proche de 1500°C) avaient fait fondre l'acier des structures. La même thèse est reprise dans un article du New Scientist publié un mois après les attentats du 11 septembre. La chaleur dégagée par le "feu infernal" a causé l'effondrement des tours jumelles. Dans un autre article paru dans une revue technique de référence, le Journal Engineering Mechanics ASCE, *Pourquoi le WTC s'est-il effondré ?* l'auteur Zdeněk Pavel Bažant a déclaré que « les tours furent vouées à l'effondrement lorsque la majorité des colonnes de soutien d'un même étage se trouvèrent chauffées à 800°C, perdant alors leur capacité à tenir leur charge. C'est la théorie de l'effondrement progressif des étages détruits en cascade par la chute des blocs d'étages situés au-dessus des impacts ».

"Mais les incendies se déclenchent. Ce sont eux les véritables responsables de l'effondrement », déclare Cécile Dumas dans un article publié le 12 septembre 2011 dans la revue *Sciences et Avenir*. « En plus, dans les étages où les Boeing sont venus s'abattre, les protections contre le feu qui recouvraient la structure en acier ont été détruites pour tout ou partie. Les poutres et les colonnes encore en place se sont donc retrouvées souvent à nu, directement exposées aux flammes, explique Jérôme Quirant, chercheur au Laboratoire de mécanique et génie civil de l'université de Montpellier. Or, l'acier monte très vite en température et perd ses propriétés mécaniques tout aussi vite. » D'où une faiblesse accrue. Quant à l'effondrement de la tour 7 qui, elle, n'a pas été touchée par les avions, mais bel et bien éventrée et incendiée par des débris de la tour 1, « Les études scientifiques, menées par les spécialistes du NIST, ont clairement montré que son effondrement était dû à la fois à un feu non maîtrisé et à une mauvaise conception structurale », explique Jérôme Quirant, qui a consacré deux ouvrages au démontage scientifique de la thèse du complot. Dans un rapport préliminaire, le National Institute of Standards and Technology (NIST), une agence fédérale, a établi que la tour du WTC 7 s'était effondrée à partir d'une défaillance dans une colonne centrale située non loin du 13ᵉ étage.

Jon Magnusson, le directeur de la firme qui a conçu le World Trade Center a déclaré : « C'est la force de gravitation qui a finalement vaincu la résistance de la structure. Lorsque les derniers morceaux ont commencé à s'effondrer, ils ont brutalement pesé sur les niveaux directement intérieurs, ajoutant la force de l'impact à leur propre poids. Il s'est ensuivi une véritable réaction en chaîne, dans laquelle non seulement le poids, mais aussi la vitesse augmentait rapidement. Aucune structure ne pouvait résister à cela, aussi robuste soit-elle. Mais c'est le feu qui a permis à la gravité de finalement l'emporter contre la résistance intrinsèque des deux tours. »

L'équipe d'évaluation du comportement des immeubles (BPAT), intitulé WTC building Performance Study, a publié en mai 2002, le résultat du rapport commandé par la FEMA. Elle présente une explication de l'effondrement des tours jumelles par l'intensité des incendies, lesquels avaient fini par affaiblir et déformer la structure métallique d'un étage au point qu'il rompit ses attaches aux structures porteuses, entraînant sa chute laquelle provoqua successivement celle des étages inférieurs. Quant aux structures porteuses, elles auraient été incapables de se maintenir, privées du support apporté par les étages. Dr. Christian Julius Simensen, un chercheur norvégien, expert en matériaux auprès du SINTEF, une organisation indépendante de recherche en Scandinavie, a présenté en septembre 2001, une théorie selon laquelle de grandes quantités d'aluminium provenant des carlingues des avions seraient entrées en fusion sous l'effet de la chaleur provoquée par les incendies. Le contact de cet aluminium fondu avec l'eau projetée dans les étages par le système anti-incendie aurait provoqué une « déflagration assez puissante pour souffler toute une section de la tour, les étages supérieurs s'effondrant pour emporter ceux d'en dessous, comme un château de cartes ».

En revanche, les défaillances techniques dans le dispositif global de la sécurité américaine sont toujours l'objet de critiques et, d'après les experts, ces défaillances ont facilité la tragédie du 11 septembre. Répondant aux questions de France culture, sur la problématique, « Y a-t-il un complot derrière le 11 septembre ? » Rudy Reichstadt, directeur de Conspiracy Watch, l'Observatoire du conspirationnisme et des théories du complot, a déclaré :

« Aujourd'hui on n'a pas une seule preuve du moindre complot interne américain pour les attentats du 11 septembre. La version communément admise selon laquelle c'est bien Al-Qaïda, comme Ben Laden l'a revendiqué plusieurs fois, qui a commis ces attentats, est très largement corroborée, prouvée par un nombre incroyable d'éléments matériels et de témoignages. »

Le président Obama lors de la déclaration officielle sur la mort du chef d'Al-Qaïda, le 2 mai 2011, a déclaré : « Ce soir, je suis en mesure d'annoncer aux Américains et au monde que les États-Unis ont mené une opération qui a tué Oussama Ben Laden, le chef d'Al-Qaïda, un terroriste responsable du meurtre des milliers d'innocents. Cela fait presque dix ans qu'un beau jour de septembre a été assombri par la pire attaque de notre histoire. Les images du 11 septembre sont marquées au fer rouge dans notre mémoire nationale : des avions détournés qui traversent un ciel sans nuage, les tours jumelles qui s'effondrent, de la fumée noire qui s'élève du Pentagone, et l'épave du vol 93 à Shanksville en Pennsylvanie, où des actes d'héroïsme ont empêché encore davantage de chagrin et de destruction ».

« Et nous savons aussi que les pires images sont celles qui n'ont pas été vues par le monde entier. La chaise vide au dîner. Les enfants qui ont dû grandir sans leur mère ou leur père. Les parents qui ne pourront plus jamais tenir leurs enfants dans leurs bras. Près de 3 000 concitoyens nous ont été arrachés, nous laissant un vide terrible dans le cœur. Le 11 septembre 2001, nous avons aussi été unis dans notre résolution à protéger notre pays et à traduire en justice ceux qui avaient commis ces attentats haineux. Et nous sommes donc entrés en guerre contre Al-Qaïda pour protéger nos ressortissants, nos amis et nos alliés. »

« Et pourtant Oussama Ben Laden a évité une capture et a réussi à s'échapper d'Afghanistan au Pakistan. Dans le même temps, Al-Qaïda a continué à agir le long de cette frontière, et à travers ses branches, dans le monde entier. Et peu après avoir pris mes fonctions (en janvier 2009), j'ai demandé à Léon Panetta, le directeur de la CIA, de faire de l'élimination ou de la capture de Ben Laden, la priorité de notre guerre contre Al-Qaïda, alors même que nous continuons à mener des opérations pour détruire, démanteler et vaincre son réseau. »

« Et au mois d'août dernier, après des années de travail de fourmi de nos services de renseignements, j'ai été informé de l'existence d'une possible piste vers Ben Laden. Il a fallu plusieurs mois pour remonter ce fil. J'ai rencontré mon équipe de sécurité nationale à de nombreuses reprises pour réunir davantage de renseignements relatifs à une localisation de Ben Laden dans un complexe de bâtiments en plein cœur du Pakistan. »

« Et finalement, la semaine dernière, j'ai déterminé que nous avons suffisamment de renseignements pour agir, et j'ai autorisé une opération destinée à capturer Oussama Ben Laden et à le présenter devant la justice. Aujourd'hui, les États-Unis ont lancé une opération ciblée contre ce complexe. Une petite équipe d'Américains l'a menée avec un courage et une habileté extraordinaire. Aucun Américain n'a été blessé. »

« L'opération menée par les forces spéciales des Navy SEALs US au Pakistan était une opération planifiée de longue date. Nous avons fait très attention pour éviter des pertes civiles. Après des échanges de tirs, les forces spéciales des Navy SEALs ont abattu Ben Laden et ont récupéré son corps. Le cadavre a été transporté hors du Pakistan par le commando du SEAL, et a été inhumé en plein mer. »

« La mort de Ben Laden constitue la réussite la plus importante jusqu'ici dans les opérations de notre pays pour vaincre Al-Qaïda. Toutefois, sa mort ne marque pas la fin de nos efforts. Il n'y a aucun doute sur le fait qu'Al-Qaïda va continuer à essayer de s'en prendre à nous. Il nous faut rester vigilant dans notre pays et à l'étranger, et nous le resterons. »

« Nous devons répéter que les États-Unis ne sont pas en guerre contre l'islam et ne le seront jamais. Ben Laden n'était pas un dirigeant musulman. Il a tué énormément de musulmans. Sa fin devrait être saluée par tous ceux qui croient en la paix et la dignité humaine. Il est important de noter que notre coopération dans l'antiterrorisme avec le Pakistan nous a aidés à parvenir à Ben Laden et au complexe dans lequel il se cachait. »

« Ce soir, j'ai appelé le président pakistanais Asif Ali Zardari ( ) c'est un grand jour, une journée historique pour nos deux pays. Les Américains n'ont pas choisi ce combat. Il est venu vers nous et a commencé avec le massacre insensé de nos compatriotes. Après presque 10 ans de service, de lutte et de sacrifice, nous connaissons bien le coût de la guerre. »

« Mais ( ) nous ne tolérons jamais que notre sécurité soit menacée, et ne resterons pas inertes lorsque nos ressortissants sont tués ( ). Nous respecterons les valeurs qui nous définissent. Et en un soir comme celui-ci, nous pouvons dire aux familles qui ont perdu des êtres chers à cause du terrorisme d'Al-Qaïda : justice est faite. »

« Justice est faite », a commenté le président américain en ce dimanche. Une analyse ADN a permis de confirmer définitivement la mort du leader d'Al-Qaïda. Selon un responsable américain s'exprimant sous le couvert de l'anonymat, « l'ADN correspond à celui de plusieurs membres de la famille de Ben Laden. La probabilité que l'ADN (du corps) soit celui de Ben Laden est d'au moins 99% ».

D'après une déclaration anonyme d'un officiel au Washington Post, les USA voulaient éviter la création d'un lieu de pèlerinage pour l'ex-leader d'Al-Qaïda et organisateur supposé des attentats du 11 septembre. « Nous ne voulons pas que tout un tas de gens se rende indéfiniment sur un lieu de pèlerinage », a indiqué de façon anonyme cet officiel.

Dans un article publié par le New York Times, le 28 octobre 2015, Charlie Savage a déclaré : « Quelques semaines avant que le président Obama donne son feu vert pour le raid dans le bâtiment où habite Ben Laden, quatre avocats de l'administration ont élaboré des justifications destinées à surmonter tout obstacle juridique et rendant presque inévitable que les Navy SEALs tuent le dirigeant fugitif d'Al-Qaïda et ne le capturent pas. » Quelques jours avant le raid, a déclaré Savage, les avocats - M. Preston, Mary B. DeRosa, le conseiller juridique du Conseil de sécurité nationale, Jeh C Johnson, l'avocat général du Pentagone, puis James W. Crawford III, conseiller juridique de l'état-major interarmées - ont rédigé cinq mémos secrets de sorte que, s'ils étaient pressés plus tard, ils puissent corroborer les motifs. « Nous devrions corroborer nos motifs, car nous pourrions être appelés à expliquer nos conclusions juridiques, en particulier si l'opération se déroule terriblement mal », a déclaré Stephen W. Preston, avocat général de la CIA.

D'autres arguments avancés ont fait savoir que des Américains ont préféré exécuter Ben Laden au lieu de le capturer vivant. Car le prendre vivant pour le juger à New York aurait provoqué des risques d'attentat pour les intérêts américains. Les membres d'Al-Qaïda auraient tenté de le faire libérer en kidnappant des citoyens et auraient utilisé ces otages en vue de négocier sa libération. Le risque de voir des attaques régulières sur le sol américain était une option réelle à prendre en compte. Juger Ben Laden à New York cette décision aurait ouvert la question sur la collaboration secrète de la CIA avec le leader d'Al-Qaïda à l'époque de la guerre des talibans contre les occupants russes. C'est pourquoi, il est probable, que Washington l'ait préféré mort plutôt que le déféré devant un tribunal américain où ses interminables témoignages auraient dévoilé des informations secrètes.

Tous ces arguments ont leur part de vérité. Cependant, notre position comme légaliste, nous oblige à prendre notre distance face à cette action. Oussama Ben Laden aurait dû être arrêté et jugé par une juridiction pénale au lieu d'être exécuté. Car toutes les personnes soupçonnées de crimes ont droit à une justice équitable. Ben Laden, il ne fait aucun doute, est l'auteur de crimes horribles, et on l'aurait sûrement condamné à mort une fois jugé coupable.

N'aurait-il pas mieux valu pour les États-Unis, et particulièrement pour les parents des victimes des attentats du 11 septembre 2001, que Ben Laden soit capturé et jugé ? Juger Ben Laden au lieu de l'exécuter, cette décision aurait évité d'en faire du leader d'Al-Qaïda une figure de martyr chez les sympathisants, c'est-à-dire pour ceux qui pensent qu'il était un vrai musulman qui a lutté jusqu'à sa mort pour le jihad.

Arrêter Ben Laden pour le juger, cette décision aurait été dans les intérêts des États-Unis, et ils auraient aidé d'autres pays en quête d'informations sur les réseaux terroristes qui opèrent dans le monde et qui sont presque tous affiliés à Al-Qaïda. La question est : pourquoi les Américains qui tenaient Ben Laden entre leurs mains ont-ils décidé de l'éliminer au lieu d'utiliser une méthode pour le maîtriser et ensuite le traduire devant la justice américaine ?

Le lundi 17 décembre 2018, le président américain Donald Trump a déclaré qu'il « avait souligné » Oussama Ben Laden avant les attentats du World Trade Center de 2001 dans l'un de ses livres et avait reproché à l'ancien président Bill Clinton d'avoir « raté son coup » en ordonnant le meurtre du leader d'Al-Qaïda.

« Bien sûr, nous aurions dû capturer Oussama Ben Laden bien avant. Je l'ai signalé dans mon livre juste avant l'attaque du World Trade Center. » Le président Clinton a raté son coup, a écrit le président sur Twitter. « Nous avons payé des milliards de dollars au Pakistan et ils ne nous ont jamais dit que Ben Laden vivait sur leur territoire. »

Un rapport de la Commission des affaires étrangères du Sénat américain, rendu public en novembre 2009, révèle que l'armée américaine aurait pu capturer Oussama Ben Laden à la fin de l'année 2001, alors que celui-ci se cachait dans la région montagneuse de Tora-Bora, en Afghanistan. Selon le document, commandé par le sénateur démocrate John Kerry, l'armée américaine aurait pu mobiliser plusieurs milliers d'hommes pour attaquer le leader islamiste, qui était à ce moment-là particulièrement vulnérable.

Mais plutôt qu'envoyer des milliers de soldats à leur disposition, les responsables militaires américains ont privilégié une approche moins « agressive », ils ont rejeté une demande de renforts déposée par les officiers américains responsables sur le terrain, envoyant en plus de frappes aériennes ciblées, un commando d'une centaine d'hommes aidés par des miliciens afghans.

« Les multiples atouts de la puissance militaire américaine ont été laissés de côté », résume le document. Se basant sur des documents déclassifiés, des entretiens et des archives, les auteurs du rapport affirment que ces informations « lèvent tout doute à ce sujet et montrent clairement qu'Oussama Ben Laden était à notre portée à Tora-Bora aux alentours du 16 décembre 2001 ». Au début de 2004, le général de corps d'armée David W. Barno, nommé au commandement des forces de coalition regroupant 12,000 hommes déclara : « Nous avons recueilli de nombreuses informations, et nous sommes certains d'arrêter dans l'année en cours Oussama Ben Laden et le mollah Omar. »

"Éliminer le leader d'Al-Qaïda du champ de bataille n'aurait pas éliminé la menace terroriste pesant sur le monde », explique le document. Mais les décisions prises par l'ancien président George W. Bush, son secrétaire d'État,

Donald Rumsfeld, et le responsable des armées de l'époque, Tommy Franks, « ont permis à Ben Laden d'apparaître comme une figure symbolique qui continue d'attirer des fonds et d'inspirer des fanatiques dans le monde entier ». D'après le rapport, le fait d'avoir laissé Oussama Ben Laden en liberté a contribué « au renouveau taliban en Afghanistan, tout en attirant les tensions au Pakistan voisin ».

L'Amérique est en guerre contre Al-Qaïda. Elle est en guerre contre Oussama Ben Laden, un ancien allié qu'elle a rendu puissant lors de la guerre des talibans en Afghanistan contre les Soviétiques. On sait comment, pour contrer, à partir de 1979, la poussée soviétique en Afghanistan, la CIA s'impliqua, depuis le territoire pakistanais, dans la mobilisation de ceux que les médias occidentaux nommaient alors les « combattants de la foi ». En effet, envahi en 1979, l'Afghanistan devenait aux yeux de Reagan le dernier haut lieu de la lutte contre l'Empire soviétique, surnommé par les Américains l'empire du mal. Retourner les moudjahidines contre la gangrène communiste, c'était la stratégie géniale de l'administration américaine qui voulait infliger à travers les Afghans un sanglant Vietnam à l'URSS. Sur le terrain, la coopération entre les Occidentaux – humanitaires, journalistes, diplomates, agents secrets – et les militants musulmans, malgré un abîme de méfiance entre les deux camps, fonctionnait tant bien que mal. L'opposition afghane, à l'époque, était soutenue par trois pays les États-Unis, l'Arabie saoudite et le Pakistan. Elle s'acharnait dans une guerre meurtrière contre les occupants russes. Les deux premiers finançaient, le dernier se chargeait de recruter des volontaires pour le jihad et en plus réceptionnait et gérait armes et combattants.

Si les trois gouvernements - américains, saoudiens, pakistanais - soutenaient les talibans afghans sur le terrain lors de la guerre contre les occupants soviétiques, il faut dire que Washington, Riyad et Islamabad, avaient chacun un agenda différent à exécuter. L'ennemi des Américains était l'URSS, celui de l'Arabie saoudite était l'Iran. Il semblait vital pour le gouvernement saoudien de ne pas laisser aux ayatollahs le monopole de la cause islamique. Khomeini ne cachait pas ses critiques envers le roi Fahd qu'il traitait de « faux musulman » tout en déclarant que le Coran ne reconnaissait aucune royauté. Ainsi, la seule façon pour la dynastie wahhabite de contrer l'émergence de plus en plus grandissante de l'Iran chiite, c'était d'encourager un fondamentalisme sunnite concurrent. Pour atteindre cet objectif, le royaume a financé tout groupe radical qui pouvait être son allié dans son combat contre le régime chiite. Les combattants afghans représentent l'arme idéale contre le mal iranien. Pour le Pakistan, son obsession c'était l'Inde. Comme a reconnu le politologue Ursula Gauthier, spécialiste de l'Afghanistan, auteur d'un ouvrage qui fait autorité, *l'Afghanistan : islam et modernité*, « conscient de sa fragilité, de son identité exclusivement fondée sur l'islam, le Pakistan surveille jalousement son voisin afghan, soucieux d'éviter à tout prix l'avènement à Kaboul d'un gouvernement nationaliste laïque susceptible de s'allier avec New Delhi. D'où un soutien sans faille aux plus islamistes des Afghans provoquant une implication massive aux côtés des moudjahidines hier, des talibans aujourd'hui ».

Le problème, c'est que nous ignorons en donnant des armes aux Afghans pour lutter contre les Russes, un beau jour les mêmes armes allaient se retourner contre nous. Tout comme, en entraînant des troupes rebelles en Afghanistan pour combattre l'invasion soviétique (1979-1989), nous oublions que les mêmes rebelles allaient utiliser nos connaissances pour nous frapper. Voilà, l'explication du 11 septembre.

Après le retrait de L'URSS d'Afghanistan et son effondrement sur la scène régionale et mondiale, ces évènements vont créer un vide, et Ben Laden va utiliser ce vide pour fonder Al-Qaïda et lancer une guérilla mondiale contre les États-Unis. En effet, après avoir financé les mobilisations jihadistes antisoviétiques, les États occidentaux, particulièrement les États-Unis ont, dès 1990, commencé à s'en démarquer et à mettre en œuvre une stratégie vigoureuse pour réduire ou même éliminer la présence des talibans armés en Afghanistan. Cette politique américaine a facilité la tâche de Ben Laden dans le recrutement des militants pour fonder Al-Qaïda. Ainsi, les engagements des jeunes kamikazes du 11 septembre sont le produit de cette conjoncture politique créée par les Américains eux-mêmes. Année après année, les politiques appliquées par la CIA au Moyen-Orient contribuent à renforcer la radicalisation de la mouvance politique d'Al-Qaïda qu'elles prétendent combattre.

Le recours aux ressources radicales de la mobilisation religieuse figure dans la panoplie des outils de politique de Ben Laden qui fonde un discours de recrutement basé sur l'arrogance d'un ordre américain totalement impérialiste, du conflit israélo-arabe et du soutien des États-Unis à l'État juif, enfin de l'occupation militaire des terres pétrolières du Moyen-Orient. L'hypothèse générale que nous avons découverte dans nos recherches est que plus les États-Unis s'impliquaient dans les conflits politiques de la région du Golfe, plus forte a été la propension au rejet de la présence occidentale sur les « terres saintes » par les courants islamistes afghans et yéménites, rendant plus important le potentiel de la mobilisation d'Al-Qaïda. Au fil d'une étude historique plus avancée, nous découvrons que les courants islamistes yéménites et saoudiens représentent la toute première force oppositionnelle à la présence américaine dans la région. Ces deux pays sont devenus d'importants « producteurs » d'islamistes locaux, fournissant le plus grand nombre de membres aux commandos du 11 septembre.

L'irruption de l'État hébreu et des puissances occidentales dans le jeu politique interne au Moyen-Orient tient une place essentielle dans la violence qui a nourri les groupes extrémistes dans cette zone. Cette violence a nourri la pensée de Qutb, vingt ans plus tard, la radicalisation de Ben Laden, et trente ans plus tard, celle de Mohammed Atta. Une étude scientifique révèle les vrais ressorts de cette radicalisation, qui sont plus politiques que sectaires. Masqués par le travail des intellectuels occidentaux qui lient la radicalisation des militants d'Al-Qaïda uniquement à un « lavage de cerveau » via les sociaux médias, il est bien regrettable que les ressorts humains et politiques de cette radicalisation aient rarement été mis en lumière pour cerner un autre volet de la problématique, en l'occurrence le conflit israélo-arabe.

Quand Israël a envahi le Liban en juin 1982, l'objectif était de détruire les forces de l'Organisation de libération de la Palestine (OLP) basées dans ce pays. Ainsi, lorsque l'État juif a achevé son retrait du Sud-Liban le 22 mai 2000, environ 10,000 personnes auraient été tuées et 10,000 autres blessées. Pendant l'occupation, des alliés israéliens, des miliciens chrétiens phalangistes, ont massacré des Palestiniens dans les camps de réfugiés de Sabra et de Chatila à Beyrouth sous occupation israélienne, et les forces israéliennes n'ont fait aucun effort pour les en empêcher. Entre 3,000 et 3,500 personnes ont été tuées, y compris des femmes et des enfants. Dans son enquête sur le massacre, publiée au printemps 1983, la commission israélienne Kahan avait conclu que le ministre de la Défense, Ariel Sharon, futur Premier ministre d'Israël, portait la "responsabilité indirecte du massacre", et recommandait qu'il soit démis de ses fonctions et qu'il ne devrait plus jamais occuper de fonction publique. Sharon aurait dû être jugé en Belgique pour crimes de guerre, plus particulièrement après la mort de centaines de Palestiniens à Beyrouth, dans les camps de Sabra et de Chatila en 1982. En 2002, un tribunal belge annonça que la loi qui avait permis de condamner des Rwandais pour génocide ne s'appliquait pas à Sharon.

Le 28 septembre 2000, Ariel Sharon, alors chef de l'opposition au parlement israélien, s'est rendu au Haram as-Sharif (mont du Temple) à Jérusalem, site du Dôme du Rocher et de la mosquée Al-Aqsa, accompagné de plusieurs centaines de policiers israéliens et a déclaré que le complexe resterait sous domination israélienne à perpétuité. Une violation directe de la Conférence de Madrid (30 octobre-1er novembre 1991), coparrainée par les États-Unis et l'URSS, laquelle visait à lancer un processus de paix au Moyen-Orient.

Dans un rapport de l'Unesco publié en 2017, Alava Séraphin développe des recherches portant sur les processus de radicalisation. Il examine les modalités de construction d'une radicalité cognitive et les modalités de basculement de ces radicalités dans la violence. Il aborde alors les effets des mondes numériques et des réseaux sociaux dans cette procédure. Il cherche à comprendre les effets d'une éducation négative et sombre qui conduit les jeunes à adhérer à des pratiques criminelles et terroristes. D'après les intellectuels qui ont collaboré à la rédaction de ce rapport, à savoir les universitaires Frau-Meigs Divina, Hassan Ghayda et Hussein Hasna, les médias sociaux représentent les instruments de la radicalisation conduisant vers l'extrémisme violent des jeunes.

D'après une pensée commune rencontrée chez presque tous les intellectuels occidentaux, le développement de la technologie a facilité la distribution des messages via internet en vue de recruter et ensuite de radicaliser les militants terroristes. C'est en partie la vérité. Mais ce qu'il faut également retenir, c'est parce qu'ils sont confrontés avant tout aux mêmes dénis de représentation et aux mêmes dysfonctionnements politiques nationaux et régionaux que les militants d'Al-Qaïda et d'autres groupes extrémistes ont choisi la voie radicale pour mener la bataille contre l'Occident et aussi bien contre Israël.

Ben Laden qui se prenait pour le défenseur de l'Islam n'a jamais oublié l'humiliation des pays arabes lors de la guerre de Six jours en 1967, gagnée haut la main par Israël. Il a expliqué que c'est en contemplant les images de l'artillerie israélienne canonnant les tours du sud de Beyrouth en 1982 qu'il conçut le projet de frapper un jour de manière semblable l'état hébreu et son soutien immédiat les États-Unis. La répression, assortie de tortures, les alliances entre les puissances étrangères pour exploiter avidement les ressources pétrolières dans la région du Golfe, sont, en dernière instance, l'un des facteurs ultimes de la radicalisation des membres d'Al-Qaïda à la fois sectaire et politique, théologique et stratégique.

C'est la résolution de rétablir la suprématie de la loi musulmane, expression de volonté « divine », sur la loi démocratique, expression d'une volonté seulement « humaine », qui pousse toute une génération de l'islamisme radical, y compris Ben Laden, à discréditer les puissances occidentales comme les pouvoirs musulmans qui s'associent à ces puissances. C'est le reproche fait par Aïman al-Dhawahiri à Hosni Moubarak, ce que Ben Laden aussi reprochait depuis 1995 au roi Fahd, gouverner avec d'autres lois que celles que Dieu a révélées aux hommes via le prophète Mahomet.

En Irak, même avant l'invasion américaine, Ben Laden avait appelé les jihadistes à la résistance, non pour défendre le régime de Saddam Hussein dont la politique laïque lui apparaissait comme une abomination aux croyances musulmanes, mais pour protéger Bagdad, siège du califat écrasé par les conquérants mongols en 1258.

Malgré cette réflexion, ce livre n'est pas une analyse sur la théologie de guerre ou les fondements politiques d'Al-Qaïda. Dans mes notes, j'ai effleuré certes cette question importante : d'où vient la radicalisation des militants d'Al-Qaïda ? Nombres d'Arabes afghans se sont radicalisés parce qu'ils ne pouvaient pas rentrer dans leur pays et avaient dû chercher un refuge précaire au Soudan, au Yémen, en Bosnie et en Tchétchénie. Cette étude brève, je l'ai faite uniquement dans le but de préparer les lecteurs aux arguments contradictoires entre l'accusation et la défense dans le procès fictif monté contre Ben Laden.

Ce livre n'est pas destiné non plus à dresser une chronologie des poursuites judiciaires contre les auteurs matériels et intellectuels des attentats du 11 septembre 2001, ni contre les complices. Malgré une référence à la loi « Jasta », l'ouvrage ne commente pas les avantages ou les faiblesses de cette loi. La référence a été faite parce que c'est dans l'esprit de cette loi votée en 2016 par le Congrès des États-Unis que le procureur de New York a demandé dans son réquisitoire la condamnation du gouvernement saoudien comme complice d'Al-Qaïda dans la perpétration des attentats du 11 septembre 2001.

Adoptée au Sénat américain sans opposition en mai 2016 et, en septembre 2016, adoptée à l'unanimité par la Chambre des Représentants, la loi « Jasta » autorise des poursuites judiciaires contre l'Arabie saoudite, concernant les attentats du 11 septembre 2001. Cette loi permet aux citoyens américains d'attaquer en justice le personnel, les institutions, ainsi que les gouvernements étrangers, pour leur rôle présumé dans le fait de soutenir ou de faciliter les actes de terrorisme contre les citoyens des États-Unis. Auparavant, les citoyens américains avaient le droit de poursuivre en justice un État étranger, s'il avait été considéré par le département d'État des États-Unis comme un pays soutenant le terrorisme, et si des citoyens américains avaient été lésés par le soutien de ce pays au terrorisme international.

La loi « Jasta » modifie la loi sur l'immunité souveraine des États étrangers (Foreign Sovereign Immunities Act) ainsi que la loi sur la lutte contre le terrorisme et l'application effective de la peine capitale (Anti-Terrorism and Effective Death Penalty Act), en ce qui concerne les poursuites civiles contre un État étranger, pour blessures, mort ou dommages causés par un acte de terrorisme international. Cette loi autorise les cours fédérales à exercer leur juridiction personnelle sur tout soutien d'un pays étranger à un acte de terrorisme international contre un citoyen ou des biens américains, indépendamment du fait que ce pays soit ou non considéré comme soutenant le terrorisme.

Dans le livre, je ne questionne pas la coïncidence entre les attentats du 11 septembre et les activités militaires intenses ce jour-là dans le ciel de New York. En effet, Le 11 septembre 2001, les équipes de la FEMA, l'Agence fédérale de réponse aux situations d'urgence, se préparaient pour Tripod II, une simulation d'attaque bactériologique prévue pour le 12 septembre 2001 sur le quai 92, aux pieds des tours jumelles. À cette occasion, une activité intense se déployait dans les états-majors civils et militaires des principaux organismes de sécurité étasuniens, du NORAD à la FEMA, en passant par le WTC7 et les forces du Pentagone.

Divers exercices militaires se déroulaient dans les airs ce jour-là. Le NEADS, la branche du NORAD responsable de la surveillance et de la défense du secteur nord-est de l'espace aérien où se produisirent les quatre détournements, était saturé par de nombreux services de simulation : Global Guardian, Vigilant Guardian, Northern Vigilance, Amalgam Warrior. Cette liste non-exhaustive des exercices en cours dans le ciel américain provoquait une grande confusion dans les centres de contrôle de la FAA et du NORAD.

Auditionné le 19 mai 2004 par la Commission d'enquête sur les attentats du 11 septembre 2001, Rudolph Guiliani, l'ancien maire de New York, évoquera la raison du choix du centre Pier 92 dans l'opération Tripod II : « *La raison pour laquelle le centre Pier 92 a été choisi, est que le jour suivant, le 12 septembre, devait se dérouler un exercice de simulation. Des centaines de personnes se trouvaient là-bas, de la FEMA, du gouvernement fédéral, (...) et tous s'apprêtaient à participer à une simulation d'attaque biologique. C'était précisément l'endroit où devait avoir lieu l'exercice. Les équipements étaient déjà en place, et cela nous a permis d'y installer en quelques jours un centre de commandement ...* »

À 40 kilomètres du Pentagone, le National Reconnaissance Office (NRO) conduisait le 11 septembre 2001 un exercice destiné à explorer les réponses aux situations d'urgence créées par un avion frappant un bâtiment.

Le NRO est une agence fédérale en charge de la conception, de la fabrication et de la gestion des satellites espions en orbite autour de la terre. Basée à Chantilly, en Virginie, elle est considérée comme l'une des agences les plus secrètes du renseignement américain.

Ben Laden et la direction politique d'Al-Qaïda ont-ils planifié les attentats contre les tours jumelles en tenant compte du calendrier des jeux de guerre de l'Air Force ?

Une autre question importante est la suivante : pourquoi ce n'est que huit mois après le 11 septembre 2001, les services secrets américains réalisèrent que Khaled Sheikh Mohammed a coordonné pour Al-Qaïda les attaques de New York et de Washington, mais aussi les attentats du 7 août 1998 sur les ambassades américaines à Nairobi (Kenya) et Dar es Salaam (Tanzanie) et enfin l'attaque contre l'USS Cole ? C'est en août 2002 seulement que son nom est apparu sur la liste des 22 cadres d'Al-Qaïda les plus recherchés. Le FBI avait promis une récompense de 2 millions de dollars en échange de sa capture. La prime passa à 25 millions de dollars, un montant équivalent à la somme offerte pour la capture de Ben Laden. Sa collaboration avec son neveu Ramzi Yousef, l'auteur en 1993 du premier attentat du World Trade Center s'était révélée seulement après l'arrestation de Yousef le 7 février 1995 par l'ISI au Pakistan. Ce dernier, extradé vers les États-Unis, a caché le nom de KSM (le nom donné à Khaled par les experts de l'antiterrorisme américain) lors de son jugement devant le tribunal du district Sud de New York. Ainsi, les services secrets américains n'avaient aucune information courante sur KSM jusqu'au moment de son arrestation suivie de son interrogatoire.

Un chef de la CIA longtemps en poste en Afghanistan a déclaré : « Avant le 11 septembre 2001 nous disposions en Afghanistan d'agents datant de l'époque du jihad antisoviétique ; nous leur avons fait reprendre du service, mais aucun ne se trouvait dans l'intimité de Ben Laden ou du mollah Omar. On comprend donc pourquoi qu'il ait fallu parfois si longtemps pour reconstruire le puzzle à partir de données qui semblaient pourtant évidentes. »

Mohammed a été capturé le 1er mars 2003 dans la ville pakistanaise de Rawalpindi par une opération conjointe de la CIA et du service de renseignement pakistanais Inter-Services Intelligence (ISI). Immédiatement après sa capture, Mohammed a été incarcéré dans des prisons secrètes de la CIA en Afghanistan, puis en Pologne, où il a été interrogé par des agents américains. En décembre 2006, il a été transféré sous la garde de l'armée militaire au camp de détention de Guantanamo. En mars 2007, après d'importants interrogatoires, Mohammed a avoué avoir organisé les attentats du 11 septembre, la tentative de bombardement de Richard Reid sur un avion de ligne, le bombardement d'une discothèque à Bali en Indonésie, le bombardement du World Trade Center en 1993, le meurtre de Daniel Pearl et diverses attaques déjouées, ainsi que de nombreux autres crimes. En février 2008, il a été accusé de crimes de guerre et de meurtre par une commission militaire américaine au camp de détention de Guantanamo.

L'autre question restée sans réponse jusqu'à maintenant est la suivante : quel est le rôle des Saoudiens dans le 11 septembre ? L'implication du royaume a bien été soupçonnée dans les attentats contre le World Trade

Center et le Pentagone. Les enquêteurs de la CIA et du FBI, dit-on, auraient trouvé des preuves incontestables de l'assistance donnée par les Saoudiens à deux des pirates de l'air qui étaient installés à San Diégo. On a mentionné également une série d'appels téléphoniques avant le 11 septembre entre un intermédiaire à l'ambassade d'Arabie saoudite à Washington avec l'un des pirates et un transfert de 130 000 dollars envoyé à partir d'un compte du prince Bandar Ban Sultan, l'ambassadeur saoudien à Washington, à un Saoudien proche des pirates de l'air à San Diego.

Le gouvernement saoudien a démenti certes ces allégations les qualifiant de fantaisistes. Mais pourquoi le gouvernement américain a-t-il censuré dans le rapport de la Commission nationale d'enquête « 28 pages » impliquant le gouvernement saoudien dans le 11 septembre ? Étrangement, le rapport de la Commission sur le 11 septembre a placé le nom du prince Bandar dans les notes en bas de page et n'a pas fait mention de l'arrestation d'Anwar al-Awlaki, le conseiller spirituel des pirates de l'air, détenu en 2002 pour fraude de passeport à l'aéroport JFK à New York. Libéré et retourné vivre au Yémen, Anwar devint le premier citoyen américain tué le 30 septembre 2011 dans une attaque de drone ordonnée par le président Obama. Il fut jugé par contumace en novembre 2010 par le gouvernement yéménite qui lui reprocha d'avoir organisé des complots en vue d'assassiner des touristes et d'être un membre influent d'Al-Qaïda.

L'Arabie saoudite a apporté aide et assistance financière aux terroristes des attaques du 11 septembre 2001 et il y a des preuves incontestables qui le démontrent, a déclaré l'avocat de la famille des victimes qui a en outre qualifié de « honte » le refus de Riyad d'entamer un dialogue à ce sujet. Sur CNN, le 16 avril 2016, l'ancien sénateur démocrate de Floride et co-président de l'enquête du Congrès sur le 11 septembre, Bob Graham, a déclaré : « les Saoudiens savent ce qu'ils ont fait le 11 septembre, et ils savent que nous savons ce qu'ils ont fait, du moins aux plus hauts niveaux du gouvernement américain ».

Le terroriste Zacarias Moussaoui, un Français d'origine de Montpellier, qui purge actuellement une peine de prison à vie dans un centre pénitencier au Colorado pour sa participation à la préparation du 11 septembre, avait fait des aveux à une équipe de magistrats d'une cour fédérale de New York, qui l'interrogeaient dans le cadre d'une plainte contre l'Arabie saoudite, déposée par certaines familles des victimes du 11 septembre.

Selon sa déposition, les responsables d'Al-Qaïda lui ont demandé en 1998 de constituer une base de données permettant de tenir une comptabilité précise des financements de l'organisation par différentes personnalités saoudiennes. Il se souvient avoir enregistré dans cette base les contributions du prince Turki Al-Fayçal, le chef des services secrets du royaume, du prince Bandar Ben Sultan, l'ambassadeur saoudien à Washington, ou encore du prince Al-Walid Ben Talal, un investisseur proche de la famille royale.

Dans cette déposition d'une centaine de pages, Zacarias a déclaré « c'est dans un camp d'entraînement en Afghanistan que j'ai reçu une formation spéciale dans le cadre de la préparation des attentats d'août 1998 contre les ambassades américaines au Kenya et en Tanzanie ». Seulement à Nairobi l'attaque a fait au moins 213 morts.

Le livre n'aborde pas en détails la tension qui régnait au sein de l'administration d'Obama sur la décision de lancer la dernière attaque qui a tué Ben Laden. Mais il a ouvert seulement une fenêtre sur les différents échanges. James Clapper, directeur du Renseignement national, a déclaré : « C'est la chance la plus convaincante que nous avons depuis dix ans. Et bien sûr, il aurait été bien d'avoir quelqu'un à l'intérieur du bâtiment - la femme de ménage ou le cuisinier que nous aurions pu recruter - quelqu'un qui pourrait dire : "Ouais, c'est lui et c'est bien Ben Laden qui est là". Et bien, nous n'avons pas ça. »

De nombreux hauts responsables américains, tels que le secrétaire à la Défense, Robert Gates, ont confirmé des doutes quant à la présence de Ben Laden dans la forteresse. Gates a déclaré : « Je pense que notre équipe de renseignements sur place a fait un travail vraiment exceptionnel, et je trouve leur analyse très convaincante. » En d'autres termes, ils étaient persuadés que Ben Laden pourrait ne pas vivre dans l'enceinte d'Abbottabad, mais qu'il y avait une mince chance qu'il s'y trouve. Gates a ajouté : « Il y a un degré de risque associé à l'option de raid avec lequel je suis mal à l'aise. Une option de frappe de précision, je serais plus à l'aise avec cela. »

Le directeur de la CIA, Leon Panetta, qui avait été le chef de cabinet de Bill Clinton, était plus positif et plus déterminé. Il a déclaré : « Lorsque vous réunissez tous ces éléments, nous disposons des meilleures preuves depuis Tora Bora, ce qui montre clairement que nous avons l'obligation d'agir. Si retarder cette mission pourrait nous donner le temps pour avoir de meilleurs renseignements, ce serait une bonne chose, mais à cause de la nature de la sécurité sur le site, nous sommes probablement au point où nous avons les meilleurs renseignements que nous pouvons obtenir. Il est maintenant temps de prendre une décision, non pas sur la question de savoir si nous devrions ou non faire quelque chose, mais sur ce qu'il faut faire. Nous sommes venus si loin. Il n'y a pas de retour en arrière. Nous avons suffisamment d'informations pour que le peuple américain veuille que nous agissions. »

Panetta a présenté un argument politique persuasif en faveur du raid et sur l'obligation de le faire dès que possible. « J'ai toujours utilisé le test, Monsieur le Président, comme si vous occupiez un poste public : que dirait l'Américain moyen s'il savait de quoi on parlait ? Et je pense que si vous dites à l'Américain moyen que nous possédons les meilleures informations dont nous disposons depuis Tora Bora, nous avons la chance d'avoir le terroriste numéro un au monde qui nous a attaqués le 11 septembre - je pense qu'il dira : on doit y aller. »

Joe Biden, élu au Sénat américain depuis plus de trois décennies et président du Comité des relations extérieures du Sénat avant de devenir vice-président, s'inquiétait de l'échec de l'opération, il a déclaré : « Nous avons besoin de plus de certitude que Ben Laden est là. Les risques de compliquer nos relations diplomatiques avec le Pakistan sont tels que nous devons en savoir plus avant d'agir. » Redoutant une possible fusillade avec les Pakistanais ou d'un incident à l'ambassade américaine à Islamabad, il a déclaré : « Monsieur le Président, ma suggestion est la suivante : n'y allez pas. »

Gates et Biden ont souligné qu'un raid à Abbottābād entraînerait probablement une rupture permanente des relations entre l'Amérique et le Pakistan, ce serait la fermeture des deux corridors aériens terrestres au Pakistan qui sont essentiels au réapprovisionnement des 100,000 soldats américains en Afghanistan. Cela signifierait également la fin de l'acceptation par le Pakistan que l'on utilise son territoire pour lancer des frappes de drones contre les troupes d'Al-Qaïda dans les régions tribales du Pakistan.

Le conseiller militaire en chef d'Obama, l'amiral Michael Glenn Mullen, était un partisan du raid. Mullen a déclaré : « J'avais assisté à la répétition complète du raid et à mon avis "l'équipe de Bill [McRaven] peut accomplir la mission". Le général James Cartwright était en faveur du déploiement d'un drone muni de minuscules munitions pour éliminer Ben Laden. Hillary Clinton, après une longue présentation examinant à la fois les avantages et les inconvénients du raid, a conclu : « C'est un appel très serré, mais je dirais : faites le raid. »

Michael E. Leiter, directeur du Centre national de lutte contre le terrorisme des États-Unis (NCTC), après avoir servi dans l'administration Bush et maintenu à son poste par Obama, a déclaré à son tour : « Monsieur le Président, mon premier choix serait que nous attendions et collections davantage [de renseignements], mais les opérateurs me disent que rien ne peut plus être collecté sans risque excessif. C'est pourquoi je suis d'accord pour le raid. »

John Brennan, le conseiller en chef d'Obama en matière de lutte contre le terrorisme, était un fervent partisan du raid. Il a déclaré que les responsables de la CIA qui avaient développé les renseignements sur Abbottabad étaient « ceux qui suivent Ben Laden depuis quinze ans. C'est le travail de leur vie, et pour eux il n'y a aucun doute que Ben Laden soit dans le bâtiment. Je partage leur opinion ».

Denis McDonough, conseiller adjoint à la sécurité nationale, et son chef, Thomas E. Donilon, ont également soutenu le raid. Ben Rhodes, Michèle Flournoy, Anthony Blinken, Michael G. Vickers, Robert Cardillo et Nicholas Rasmussen ont tous approuvé le raid.

Le vendredi 29 avril 2011 à 8h20, dans la salle de réception diplomatique de la Maison Blanche, Obama a réuni Donilon, McDonough, Brennan et le chef d'équipe de la Maison Blanche William M. Daley autour de lui. Le président a simplement déclaré : « J'ai réfléchi à la décision : je donne mon feu vert. »

VAINCRE AL-QAÏDA

Dans sa guerre contre les États-Unis, Al-Qaïda a envoyé en Somalie certains des meilleurs entraîneurs de sa base au Soudan pour former les militants somaliens qui combattaient les Américains afin de détruire au mieux les hélicoptères en utilisant des RPG. Au début d'octobre 1993, à Mogadiscio, en Somalie, une opération menée de jour par des pilotes du régiment Spécial Operations Air et des éléments de la Delta Force, du SEAL Team 6 et du 75th Rangers, s'est transformée en un fiasco dans lequel deux hélicoptères Black Hawk ont été abattus par des grenades propulsées par fusée (RPG), et dix-huit Américains ont été tués.

Après la tragédie, le président Bill Clinton a demandé au Pentagone de déployer les unités d'élite du JSOC en Afghanistan pour éliminer Ben Laden. La question qui se pose est la suivante : pourquoi les unités du JSOC n'ont pas été déployées pour frapper Al-Qaïda avant les attaques contre New York et Washington ? C'est après les attentats contre le World Trade Center et le Pentagone, que Donald Rumsfeld, secrétaire à la Défense, avait poussé les opérations spéciales au nom de la « guerre mondiale contre le terrorisme ». À l'été 2003, il avait décidé de demander au général Schoomaker de sortir de sa retraite pour devenir le président des Joint Chiefs. Le 6 septembre 2003, Rumsfeld a signé une ordonnance de quatre-vingt pages autorisant le JSOC à chasser Al-Qaïda dans quinze pays.

Opérant sous le titre 10 du code américain, qui énonce les règles selon lesquelles l'armée américaine opère, contrairement à la CIA, qui agissait sous le titre 50 et qui était tenue d'informer le Congrès chaque fois qu'elle conduisait des opérations secrètes à l'étranger, le JSOC n'aurait pas à informer le Congrès sur ses actions dans ces quinze pays. Dans la décennie suivant le 11 septembre, le JSOC est passé de 1,800 à 4,000 hommes. Il avait ses propres drones, ses propres forces aériennes (connues sous le nom de forces aériennes confédérées) et ses propres opérations de renseignement. La JSOC est passée d'une demi-douzaine d'opérations par mois en Irak au printemps 2004 à trois cent par mois à l'été 2006. Résultat de ce travail, Ben Laden a été repéré au Pakistan, et exécuté par un commando américain.

La dernière question est la suivante : quand les Soudanais, en 1997, se déclaraient en possession d'un dossier complet avec des photographies et des informations détaillées sur Ben Laden et ses investissements au Soudan, pourquoi l'administration américaine ne fit rien pour le vérifier ? La diplomatie américaine en Afrique à l'époque dirigée par Susan Rice, en tête du bureau des Affaires africaines, au lieu de collaborer avec le pouvoir du FNI, appuyait les ennemis de Khartoum en Erythrée, en Ethiopie et en Ouganda, sans oublier les forces d'opposition du sud du pays. Les Soudanais furent contactés pour leur dossier par l'administration Clinton jusqu'en 2000. C'est seulement alors que le FBI et la CIA décidèrent de prendre au sérieux l'offre de renseignements des Soudanais, en enquêtant sur les activités de Ben Laden, d'Al-Qaïda et les autres islamistes radicaux pendant la première année des années 90. Avec un tel retard, les fiches de renseignement qui auraient pu en leur temps s'avérer utiles avaient sans doute perdu beaucoup de leur intérêt.

Pourquoi, en août 1998, l'administration Clinton refusa-t-elle l'offre de coopération du Soudan ? Au début du mois d'août 1998, les Soudanais arrêtèrent deux suspects dont les passeports pakistanais avaient attiré l'attention des services de l'immigration de l'aéroport de Khartoum à leur arrivée sur un vol en provenance de Nairobi le 4 août. Trois jours plus tard, 11 Américains et 238 Africains trouvaient la mort dans l'attentat à la bombe qui détruisit l'ambassade des États-Unis au Kenya, et dans un autre attentat au camion piégé à l'ambassade américaine de Dar es-Salaam en Tanzanie.

Les Soudanais déclarèrent que ces hommes avaient avoué leur participation à la préparation de l'attentat de Nairobi. Ils étaient disposés à livrer les suspects aux enquêteurs américains. Faisant preuve d'une arrogance quasi impériale, les Américains n'ont pas exigé d'interroger les deux hommes sur-le-champ. Les informations obtenues un peu plus tard grâce à ces deux prisonniers permirent à l'enquête de la CIA de faire de réels progrès et d'établir la responsabilité d'Al-Qaïda, de manière incontestable, dans les attaques en Afrique de l'Est.

L'ambassadeur Carney, en poste pendant plusieurs années au Soudan, a déclaré : « Il n'y avait pas, du côté américain, la moindre volonté de renouer avec le Soudan, de créer le minimum de confiance qui aurait pu – et je pèse mes mots – nous ouvrir à temps l'accès à des documents clés du renseignement soudanais pour empêcher la série d'opérations lancées par Ben Laden contre des cibles américaines. »

Les États-Unis pouvaient-ils légitimement abattre Ben Laden plutôt que de l'arrêter et le juger ? Dans une entrevue au journal l'Express le 4 mai 2011, Me Philippe Currat, un avocat suisse, spécialiste du droit pénal international, a déclaré : « Si l'opération avait eu lieu en Afghanistan ou dans les zones tribales pakistanaises contrôlées par Al-Qaïda, considérées comme des régions en conflit, les forces d'élite américaines auraient pu abattre Ben Laden en tant que combattant ennemi. Au Pakistan, pays qui n'est pas en guerre contre les États-Unis, il est plus difficile de parler d'un acte de guerre au sens du droit international. »

Dans son discours télévisé, le président Barack Obama, a soutenu que « l'opération était destinée à capturer Ben Laden et à le présenter devant la justice ». Pourquoi dans ce cas l'exécution sommaire ou extrajudiciaire du chef d'Al-Qaïda ? Si Ben Laden avait des hommes armés pour assurer sa sécurité ou s'il a résisté ou essayé de s'enfuir, l'usage de la force par les soldats américains était légal. On peut présumer que les forces spéciales américaines auraient essuyé des coups de feu avant de tuer le leader d'Al-Qaïda, qui lui-même n'était pas armé, comme a révélé Jay Carney, le porte-parole de la Maison Blanche.

« Justice est faite », a déclaré le président américain. Nous disons non. Justice n'a pas été faite. On était dans une opération de police qui a pour mandat d'interpeller et remettre à la justice Oussama Ben Laden. Certains disent qu'il est un criminel de guerre, et il est mort au combat. C'est bien la vérité, Ben Laden était en guerre contre les États-Unis. Pour Al-Qaïda, l'ennemi numéro 1 est le peuple américain. Pour cette organisation terroriste, les États occidentaux, et en premier lieu les États-Unis, interfèrent trop dans les affaires des autres pays et veulent dominer le reste du monde. Sous le leadership de Ben Laden, Al-Qaïda a organisé plus de 100 attentats meurtriers dans le monde. Delà, il n'y a aucun doute que le groupe fondé en 1987 par Ben Laden est une organisation criminelle terroriste. Toutefois on doit dire que même les criminels de guerre nazis ont eu droit à un procès. Même lorsque l'on est en guerre il y a des lois et des règles. Ben Laden, l'homme le plus recherché de la planète aurait dû être appréhendé et jugé. Alors, là, on pourrait accepter, après sa condamnation, suite à un procès contradictoire et équitable, que « Justice est faite.

Pour dire toute la vérité, ceci n'est pas un livre d'histoire. C'est un roman écrit à la base de l'imagination avec des faits historiques certes, mais tiré de l'analyse d'un juriste qui traîne derrière lui une longue carrière comme procureur et magistrat instructeur, et qui estime qu'il y avait beaucoup de mérite à juger Oussama Ben Laden à New York après les attentats du 11 septembre 2001. Par le jeu de la fiction, je joue le rôle du procureur général de New York pour porter les charges de l'accusation et demander la condamnation à mort du chef d'Al-Qaïda, Oussama Ben Laden, l'un des plus grands terroristes que la planète ait connu.

LE PROCÈS

CHAPITRE II

L'OUVERTURE DE L'AUDIENCE

L e dossier d'Oussama Ben Laden fut introduit devant le juge du district de New York, Lewis Vance Kaplan, avec des charges d'assassinats, d'actions terroristes, et de crimes contre les propriétés, pour le rôle joué par l'accusé dans les attentats du 11 septembre 2001. C'est au sein d'un tribunal secoué par une vive émotion que le procureur général Cyrus Roberts demande la parole pour présenter son réquisitoire.

Le président

— Vous l'avez.

Le procureur

— Honorable président, divers éléments qui seront soumis dans ce jugement à votre délibération sont d'une importance capitale et le résultat de recherches minutieuses entreprises au cours des enquêtes sur le 11 septembre 2001, un acte de barbarie et d'atrocités qui n'a pas d'égal dans l'histoire de l'Amérique. Des milliers d'innocents ont trouvé la mort à la suite de ces attentats. Un nombre encore plus élevé d'employés, de touristes, et de passants ont été victimes de ces attaques criminelles. Des pertes matérielles énormes ont été enregistrées, et le pire, ce fut le choc psychologique qui a secoué des centaines de millions de personnes qui regardaient le drame en direct à la télé.

Selon une étude du « New England Journal of Medicine », près de la moitié des Américains ont signalé des symptômes de stress et de dépression après les attaques du 11 septembre. Des milliers de personnes ont perdu un être cher ce jour-là. Des millions d'autres qui ont regardé les photographies déchirantes dans les journaux et écouté des entrevues de pompiers et de survivants estimaient qu'elles étaient aussi des victimes.

Ce fut un jour très triste pour l'Amérique, honorable président. Jusqu'à maintenant, pour beaucoup, le choc et l'horreur de ce jour restent douloureusement frais dans leur mémoire. Des citoyens de 93 pays sont morts lors des attaques et des personnes du monde entier ont pleuré leurs parents, leurs amis, ou voisins perdus. Ils ont tenu des veillées aux chandelles. Les fleurs se sont accumulées devant toutes les ambassades américaines à travers le monde. Le 11 septembre 2001, le journal français Le Monde annonçait : « Nous sommes tous des Américains. » C'est la façon la plus réelle de décrire ce qui s'était passé lors des attaques sur le World Trade Center et le Pentagone. Car ces attentats du 11 septembre ont été ressentis dans le monde entier et ont provoqué une expression de choc, d'horreur, de solidarité et de sympathie pour les victimes et leurs familles.

C'est un devoir moral et patriotique de présenter le dossier de Ben Laden devant la justice américaine afin de juger et condamner le leader du groupe terroriste d'Al-Qaïda pour les crimes du 11 septembre.

Honorable président, dans son discours du 20 septembre 2001, le président George Bush a demandé aux Américains d'être « calmes et résolus, même face à une menace permanente », et a promis que les États-Unis triompheraient du terrorisme. « Arrêtez-le, éliminez-le, détruisez-le là où il se développe », a déclaré le président. Les dirigeants du Congrès ont adopté une semaine après un projet de loi de secours aux sinistrés s'élevant à 40 milliards de dollars et des lois d'immigration plus strictes.

Les dirigeants de presque tous les pays du monde ont exprimé leur solidarité. Le président russe Vladimir Poutine a qualifié de très grave la tragédie, « un défi flagrant à l'humanité », disait-il, tandis que le chancelier allemand Gerhard Schroeder a déclaré que les événements étaient « non seulement des attaques contre le peuple américain, nos amis d'Amérique, mais aussi contre l'ensemble du monde civilisé, contre notre propre liberté, contre nos propres valeurs, des valeurs communes au peuple américain ». Il a ajouté : « Nous ne laisserons pas ces valeurs être détruites par des extrémistes. » Le Premier ministre canadien Jean Chrétien a dénoncé les attaques comme « une action lâche et dépravée ». Il a renforcé la sécurité le long de la frontière canado-américaine et fait en sorte que des centaines d'avions en destination des États-Unis atterrissent dans les aéroports canadiens.

Même les dirigeants des pays qui ne partagent pas nos valeurs et nos convictions démocratiques ont exprimé leur tristesse et leur consternation. Le ministre cubain des Affaires étrangères a offert son espace aérien aux avions américains. Les autorités chinoises et iraniennes ont adressé leurs condoléances à notre peuple. Le dirigeant palestinien Yasser Arafat a déclaré à la presse à Gaza : « Nous condamnons totalement ces attaques très dangereuses », et il a présenté ses condoléances au peuple américain, au président américain et à l'administration américaine.

Le 12 septembre 2001, les dix-neuf ambassadeurs de l'Organisation du traité de l'Atlantique Nord (OTAN) ont déclaré que l'attaque contre les États-Unis était une attaque contre tous les pays membres. Ce jour-là, le Conseil de sécurité des Nations Unies a appelé toutes les nations à « redoubler d'efforts » pour contrecarrer et poursuivre les terroristes. Deux semaines plus tard, les membres ont adopté une autre résolution invitant les États à « supprimer le financement du terrorisme et à participer à toute campagne antiterroriste ». Près de trente pays ont promis un soutien militaire aux États-Unis et la plupart ont convenu que la bataille contre le terrorisme était un combat mondial.

Honorable président, tous ces faits mentionnés, pertes de vies humaines, pertes matérielles, destructions des matériels de l'État, soutien de la communauté internationale et renforcement de nos lois, font partie de mon dossier de plaidoirie. Cependant, avant de développer les détails dans l'acte d'accusation, il est important que je développe mes arguments qui pourraient vous montrer pourquoi Oussama Ben Laden est l'auteur intellectuel des attentats du 11 septembre 2001 à New York et Washington, et pourquoi il doit être condamné par votre tribunal. En effet, ils sont nombreux, honorable président, impliqués dans ces attentats commis par l'organisation criminelle et terroriste nommée Al-Qaïda. Cependant, je ne fixerai vos regards que sur un seul accusé, Oussama Ben Laden.

Le procureur prend une pause, avale sa salive, puis continue :

Honorable président, comment un seul homme peut-il menacer l'équilibre de la planète ? C'est la question à laquelle le journaliste Jonathan Randal répond dans son ouvrage : *Oussama, la fabrication d'un terroriste*. Cette même question, j'y réponds d'une façon plus concise et directe dans mon réquisitoire.

De l'attentat de Khobar le 25 juin 1996 à l'attentat contre l'USS Cole dans le port d'Aden le 12 octobre 2000, on a assisté, mois après mois, années après années, à un déchaînement de violence d'Al-Qaïda sous la direction de Ben Laden. Le 29 février 1993, Al-Qaïda a commis le premier attentat à l'explosif au World Trade Center de New York. Le 29 juin 1995, en Éthiopie, le président égyptien Hosni Moubarak fut l'objet d'une tentative d'assassinat lors du trente-et-unième sommet de l'OUA à Addis-Abeba. L'attentat a été commis par les membres du Gamaa al-Islamiya (un groupe islamique égyptien) aidés par le Soudan et Ben Laden. Le 19 novembre 1995, au Pakistan, un attentat à la voiture piégée commis par le jihad islamique égyptien, dirigé par Ayman al-Zawahiri contre l'ambassade d'Égypte à Islamabad, a causé la mort de dix-sept personnes. Les autorités égyptiennes ont accusé Ben Laden d'être impliqué. Le 7 août 1998, ce furent les attentats contre les ambassades américaines au Kenya et en Tanzanie. Ces attaques-suicides, dont les auteurs étaient liés à des membres locaux d'Al-Qaïda, apportèrent à Oussama une attention particulière, notamment de la part des États-Unis qui le placèrent dans la liste des dix fugitifs les plus recherchés par le FBI.

Honorable président, l'attentat du World Trade Center de 1993, l'attentat des tours de Khobar en Arabie saoudite, l'attentat contre l'USS Cole au Yémen, les attaques des ambassades américaines à Nairobi, au Kenya, et à Dar es Salaam, en Tanzanie, font partie des attentats antiaméricains les plus importants qui précédèrent ceux du 11 septembre 2001. Le commanditaire de toutes ces attaques à un nom : Oussama Ben Laden.

En 2007, Ben Laden a appelé à des attaques contre l'État pakistanais. Le Pakistan a eu plus de cinquante attaques suicide cette année-là. Environ sept cents extrémistes étaient en détention en Arabie saoudite - des hommes qui avaient été arrêtés au cours de la décennie qui a suivi le 11 septembre - la majorité d'entre eux ont cité Ben Laden comme leur principal modèle.

Pendant l'été 2006, Al-Qaïda a tenté de faire exploser plusieurs avions commerciaux en provenance du Royaume-Uni et qui se dirigeaient vers les États-Unis et le Canada. Le groupe terroriste a recruté une demi-douzaine de citoyens britanniques pour exécuter ce plan. Le chef du complot, Ahmed Abdullah Ali, âgé de 25 ans, a réalisé une vidéo dans laquelle il déclarait : « Le cheikh Oussama vous a avertis à plusieurs reprises de quitter nos terres ou vous serez détruits. Le moment est venu de vous détruire. » La police britannique a découvert le complot et les conspirateurs ont été arrêtés.

Maintenant posons-nous la question : qui est Ben Laden ?

Né le 10 mars 1957, à Riyad, en Arabie saoudite, Oussama est le fils du milliardaire Mohammed Awad Ben Laden et de la dixième épouse de Mohammed, Alia Ghanem. Oussama est le fondateur et le leader du groupe terroriste Al-Qaïda. Il est le septième des cinquante enfants de Muhammad Ben Laden, mais le seul enfant issu de son mariage avec Alia Ghanem.

Le père de Ben Laden a commencé sa vie professionnelle dans les années 1930 dans une relative pauvreté en travaillant comme porteur à Djeddah, en Arabie saoudite. Dans les années 1960, Mohammed avait réussi à décrocher plusieurs contrats importants avec le gouvernement saoudien pour construire des extensions sur les mosquées de La Mecque, de la Médina et d'al-aqsa. Il est devenu une figure très influente à Djedda. Il est décédé quand Oussama avait treize ans. Ben Laden a complété ses études primaires et secondaires à Djeddah. Il fait des études commerciales et techniques à l'université du roi Abdul-aziz, toujours à Djeddah, de 1974 à 1978, et quand il atteint dix-sept ans, il s'est marié avec une Syrienne, laquelle est un membre de sa famille.

Lorsque l'Union soviétique envahit l'Afghanistan en 1979, Ben Laden rejoignit la résistance afghane. L'armée soviétique s'étant retirée du territoire afghan, Oussama retourna chez lui. Comme de nombreux autres Saoudiens, il est indigné par l'appel lancé par le pouvoir saoudien à l'armée américaine pour protéger le royaume contre les velléités expansionnistes du dictateur irakien, Saddam Hussein, qui, en 1990, envahit le Koweït.

Oussama proposa de lever une armée de militants islamistes pour défendre le royaume et en préserver la pureté musulmane. Il se voit opposer une fin de non-recevoir. Son radicalisme inquiète les autorités qui lui interdisent de quitter le royaume. Grâce à ses contacts, il réussit tout de même à partir pour le Pakistan. À Peshawar, au Pakistan, il rencontra

Abdullah Yusuf Azzam, un érudit palestinien, membre de l'Association des Frères musulmans qui exerça sur lui une grande influence. Ancien professeur de jurisprudence musulmane en Jordanie, en Arabie saoudite, au Pakistan et en Afghanistan, Azzam s'est engagé auprès des moudjahidines, dont il fut l'un des conseillers, et auprès desquels il développa la théorie de la violence, pour défendre la terre d'islam. Il fonda « Maktab-Al-Khadamat » (Bureau des Services) qui prit en charge les combattants musulmans de toutes nationalités en partance pour l'Afghanistan. Il devint un mentor pour Ben Laden, et ensemble ils ont fondé Al-Qaïda en 1988 en Afghanistan. Azzam fut tué dans un attentat à la bombe, en novembre 1989.

Après la mort d'Azzam, Oussama se rendit au Soudan, dirigé depuis 1989 par une junte islamiste. Là, il continua son combat. Il condamna la présence en Arabie saoudite des troupes américaines chargées d'évincer l'armée irakienne du Koweït en 1991. Il restait attacher à l'idée que le monde musulman est victime d'un terrorisme international organisé par l'Amérique. Selon différents récits, la mort en 1988 de son demi-frère Salem, contribua à sa radicalisation. Accueilli en 1991, par le gouvernement islamiste en Soudan, le 5 mars 1994, il fut déchu de sa nationalité. Un bref communiqué fut publié par le gouvernement saoudien faisant état de son « comportement irresponsable » et de son refus d'obéir aux ordres ». Il s'était rendu coupable du crime de lèse-majesté. Ses comptes en banque et ses avoirs financiers dans le royaume furent gelés. Sa famille prit des distances avec ce rejeton incontrôlable. Bahr, le plus âgé des frères encore en vie, patron du Saoudi Ben Laden Group, entreprise familiale prospère aux multiples ramifications, après le 11 septembre, réagit par une déclaration de deux lignes exprimant « regret, dénonciation et condamnation des actes qu'Oussama avait pu commettre, auxquels nous ne nous sommes pas associés et que nous rejetons ».

Ben Laden fut expulsé au Soudan en 1995, un an après qu'il fut déchu de sa nationalité par son pays d'origine. Il émigra en Afghanistan peu avant l'arrivée au pouvoir des talibans, ses nouveaux alliés. Là, il rencontra l'Égyptien Ayman Al-Zawahiri, dirigeant du jihad islamique dans son pays et qui a mis ses connaissances de médecin au service de la guérilla musulmane anticommuniste. Zawahiri est considéré comme le numéro deux et l'idéologue d'Al-Qaïda après que son groupe eut rejoint Ben Laden en 1998.

Honorable président, je dois mentionner que Ben Laden est tenu comme le principal suspect des attentats à la bombe qui visaient les soldats américains en Arabie en 1995 et 1996. Après le double attentat d'août 1998 contre les ambassades des États-Unis au Kenya et en Tanzanie, qui ont fait plus de 200 morts, l'administration américaine le désigna comme le cerveau de l'opération. Le FBI l'a placé à partir de juin 1999 sur sa liste des dix criminels les plus recherchés à la suite des attentats contre des ambassades américaines au Kenya et en Tanzanie, offrant 25 millions de dollars américains pour tout renseignement permettant sa capture, somme portée à 50 millions par le Sénat en 2007. Fondateur du mouvement islamiste Al-Qaïda, Ben Laden est considéré dans le monde occidental comme l'une des figures de proue du terrorisme international. En février 1998, il a lancé un appel à attaquer les intérêts américains partout dans le monde.

LE TERRORISME : UNE MENACE MONDIALE

Honorable président, le terrorisme représente à l'heure actuelle le premier problème de sécurité dans le monde. La menace terroriste est logiquement devenue l'une des préoccupations majeures des Américains comme des Européens. D'Al-Qaïda en passant par les talibans ou le Hamas, la menace terroriste tant en Amérique, en Europe, en Afrique, qu'en Asie est quotidienne. Cette menace passe par des attentats meurtriers visant les forces de l'ordre autant que les populations civiles : attaques suicides de kamikazes, bombes, véhicules piégés ou fusillades, la recette des groupes extrémistes consiste à semer la peur, souvent à des fins religieuses ou idéologiques. Plus de 10,000 attentats ont eu lieu en 2004, selon le rapport annuel du renseignement américain. Ils ont fait 25,000 victimes, dont plus d'un tiers est attribuable à l'État islamique, et la plupart ont frappé l'Irak, l'Afghanistan, le Nigeria, mais aussi la Syrie, le Pakistan

C'est pourquoi, il est nécessaire de combattre le mal du terrorisme à la racine. Parmi les diverses mesures les plus urgentes pour combattre ce fléau, il faut mener une lutte active contre le financement des groupes terroristes, et contre les racines du terrorisme et de la radicalisation. Il faut également le renforcement du contrôle des frontières des pays les plus visés

: les États-Unis, la France, l'Angleterre, l'Espagne, la Belgique, l'Italie, la Russie, le Canada, etc.

Le fait important à mentionner, honorable président, c'est la filiation de presque tous les groupes terroristes à un seul homme : Oussama Ben Laden.

Ce qui « passionne » Oussama, écrit le journaliste américain Jonathan Randal, l'auteur d'une biographie sur le leader d'Al-Qaïda, ce n'est ni l'Afghanistan, ni la Grande Mosquée, ni « cette cause favorite qu'est la Palestine » pour tout Arabe et musulman, mais « l'impitoyable campagne de terreur orchestrée par les Frères musulmans qui faillit renverser le régime alaouite en Syrie », et qui se soldera, trois ans plus tard, par une terrible répression, dont de 10 à 15,000 personnes seront victimes.

Plusieurs biographes font de l'invasion soviétique de l'Afghanistan la clef du basculement de Ben Laden dans la violence au nom de l'islam. Lui-même, dans ses messages, déclare qu'il mène son combat contre « toutes les guerres » occidentales dont sont victimes, selon lui, les peuples musulmans de la Somalie jusqu'aux populations immigrées en Occident. En décembre 2004, après avoir rappelé que son combat ne visait pas encore, à ce jour, les dirigeants saoudiens, mais seulement les occupants américains, il a rappelé en ces termes la logique de son combat : « Ce qui se passe maintenant est tout juste une extension de la guerre contre la coalition des croisés, dirigée par l'Amérique, qui mène partout la guerre contre nous. Nous agissons donc de même et cela inclut le pays des deux saintes mosquées. Nous avons l'intention de les expulser de là, si Dieu veut. »

Honorable président, l'accusation en se référant à Al-Qaïda parle de radicalisation. Qu'est-ce que la radicalisation ? C'est le recours à la violence ou à la lutte armée pour résoudre des conflits ou des différents au détriment des négociations politiques ou des transactions diplomatiques. Pour Al-Qaïda, c'est un repli défensif et intransigeant derrière les frontières nationales, ethniques ou religieuses. Ce groupe terroriste fondé par Oussama Ben Laden est principalement caractérisé par son organisation internationale en réseaux. Et comme une organisation terroriste internationale, elle défend une vision manichéenne du monde et fait de l'ultra violence un moyen de maintenir un climat de terreur. Les États-Unis et divers autres pays occidentaux sont menacés par ce terrorisme inspiré d'un courant fondamentaliste et intégriste de l'islam. Ce terrorisme est incarné par

Al-Qaïda dont l'objectif est d'imposer une idéologie totalitaire par des moyens violents.

Le procureur consulte ses notes, puis poursuit :

– Nous continuons notre plaidoirie avec la liste des attentats à l'actif de Ben Laden perpétrés par Al-Qaïda ou une organisation affiliée.

LES ATTENTATS CONTRE LES AMBASSADES AMÉRICAINES AU KENYA ET EN TANZANIE

Les attaques terroristes en Afrique du 7 août 1998 se déroulèrent en début de matinée à Nairobi et à Dar es Salaam prenant pour cibles les ambassades américaines. Ces attaques-suicide avaient comme auteurs des membres locaux d'Al-Qaïda liés à Oussama Ben Laden. Honorable président, l'attaque à la voiture piégée, contre l'ambassade de Nairobi, a tué au moins 213 personnes dont 12 Américains, parmi lesquels 2 employés de la CIA, de 4,000 à 5,000 personnes furent blessées, et plusieurs grands immeubles situés en plein centre-ville furent détruits. L'ambassadrice américaine au Kenya Prudence Bushnell a été légèrement blessée.

Les terroristes ont utilisé la même stratégie dans l'attentat contre l'ambassade américaine à Dar es Salaam en Tanzanie. L'attentat a tué 11 personnes (aucune victime américaine) et 85 autres personnes ont été blessées sous le choc des charges explosives d'environ 900 kg. Contrairement au Kenya, le bâtiment de l'ambassade a été fortement ébranlé et abîmé, mais n'a pas cédé sous la force de l'explosion. Ces actions ont été revendiquées par l'organisation dénommée « l'Armée islamique de libération des lieux saints », une filiale d'Al-Qaïda sur le continent africain.

Les États-Unis répliquèrent aux attentats par l'opération « *Infinite Reach* » le 20 août 1998. Une attaque par missiles de croisière de l'United States Navy frappa plusieurs camps d'entraînement d'Al-Qaïda en Afghanistan et détruisit une usine pharmaceutique au Soudan. L'usine d'Al-Shifa produisait des armes chimiques, et était contrôlée par Oussama Ben Laden. En décembre 1998, mes collègues procureurs déterminèrent que la bombe ayant explosé en Tanzanie était chargée avec des batteries de voiture et des réservoirs d'oxygène. La CIA, selon les résultats de l'enquête, a lié les attentats à Ben Laden et la justice américaine a annoncé qu'elle donnerait une récompense de cinq millions de dollars pour la capture des cinq principaux suspects. Le Tanzanien Ahmed Khalfan Ghailani a été capturé en 2004 au Pakistan puis transféré au camp de Guantanamo deux ans plus tard. En juin 2009, il devenait le premier détenu de Guantanamo à être jugé devant une juridiction américaine, sur l'accusation d'avoir participé à l'organisation des attentats de 1998.

Le 1er janvier 2009, Fahid Mohammed Ally Msalam et Cheikh Ahmed Salim Swedan, deux responsables présumés, ont été tués par une frappe américaine au Pakistan, et un autre responsable, Fazul Abdullah Mohammed, a été tué par l'armée somalienne le 8 juin 2001 à Mogadiscio.

LES ATTENTATS DES TOURS DE KHOBAR EN ARABIE SAOUDITE

Le 25 juin 1996, dans un lotissement de la ville de Khobar, en Arabie saoudite, situé près du siège de la compagnie nationale du pétrole Saudi Aramco de Dhahran, a eu lieu l'attentat des tours de Khobar. Un énorme camion piégé avait alors explosé devant l'immeuble de huit étages où logeait le personnel de l'armée de l'air américaine. En tout, 19 Américains et un Saoudien furent tués, et 372 autres personnes de nombreuses nationalités furent blessées. Des membres du groupe Hezbollah Al-Hejaz proches d'Al-Qaïda ont porté cette attaque.

En novembre 1995, quelques mois seulement avant l'attentat, une voiture piégée a explosé à proximité des locaux de la Mission américaine d'encadrement de la garde nationale saoudienne (OPM SANG) à Riyad, où les membres de la Garde nationale saoudienne étaient formés par les Américains. Lors d'une entrevue publiée dans Al Quds Al Arabi, le 29 novembre 1996, Ben Laden a déclaré : « Nous pensions que les attentats de Riyad et de Khobar étaient un signal suffisant envoyé à des décideurs américains sensés afin d'éviter une véritable guerre entre la nation islamique et les forces américaines, mais il semble qu'ils n'aient pas compris le message. »

William Perry, le secrétaire à la Défense des États-Unis au moment des évènements, a avoué dans une entrevue accordée en 2007 : « Je pense désormais qu'Al-Qaïda plutôt que l'Iran est responsable de l'attentat au camion piégé de 1996 visant la base américaine. »

Honorable président, l'administration américaine, pendant longtemps, a pensé que l'Iran était derrière l'attentat de Khobar. Un acte d'accusation a été même délivré en 2001 par un tribunal américain indiquant que « le gouvernement iranien avait incité, encouragé et supervisé » cette action terroriste. Mais qui était le vrai responsable de l'attentat ? Oussama Ben Laden qui cherchait un moyen d'empêcher la restauration des relations de l'Iran avec les États-Unis. En effet, l'attentat a eu lieu pendant la présidence d'Ali Akbar Hachemi Rafsandjani. Le principal objectif de la politique étrangère de Rafsandjani était de remédier à ses relations extrêmement tumultueuses avec les pays voisins arabes, en particulier l'Arabie saoudite, en raison de l'importante aide financière que les Saoudiens avaient donnée à Saddam Hussein dans sa guerre contre l'Iran (1980-1988), et Rafsandjani voulait améliorer les relations bouleversantes de son pays avec les Américains.

Au cours de ses huit années au pouvoir (1989-1997), Rafsandjani a tenté à plusieurs reprises de restaurer les relations américano-iraniennes. Au cours du mandat de H. W. Bush, il a utilisé l'influence de l'Iran au Liban pour faire libérer les otages américains dans ce pays. Durant la présidence de Bill Clinton, il a attribué un contrat d'un milliard de dollars - à l'époque, le plus grand contrat pétrolier dans l'histoire de l'Iran - au géant pétrolier américain Conoco. Les services du chancelier allemand Helmut Kohl ont été sollicités par Rafsandjani pour mener les négociations en coulisses entre l'Iran et les États-Unis. Des discussions sur la reprise des relations entre l'Iran et l'Arabie saoudite ont commencé au printemps 1996. Juste avant les attentats, le cadre d'un programme global, qui englobait le rétablissement des relations entre les deux pays, en plus d'une coopération régionale, avait été finalisé.

C'est dans ce contexte qu'a eu lieu le bombardement de Khobar. Une période bien choisie par Ben Laden qui avait orchestré cette action pour saboter les efforts de normalisation des relations de l'Iran et des États-Unis d'un côté, puis de l'Iran et de l'Arabie saoudite de l'autre.

Honorable président, les attentats de Khobar ont pesé sur les politiques américaines vis-à-vis de l'Iran pendant plusieurs années après l'attentat. En août 1999, le président américain Bill Clinton a envoyé une lettre au président iranien réformiste de l'époque, Mohammad Khatami, par l'intermédiaire du gouvernement d'Oman. Le président Clinton affirmait que les Gardiens de la révolution islamique (GRI), ainsi que les Saoudiens et les Libanais « étaient directement impliqués dans la planification et l'exécution » des attentats de Khobar. Il demanda au président iranien de « s'engager clairement » à « mettre un terme à l'implication de l'Iran » dans les activités terroristes et à « traduire en justice les responsables iraniens de l'attentat, soit en Iran, soit en les extradant vers l'Arabie saoudite ». La lettre de Clinton a été rejetée dans son intégralité. Elle n'a pas reçu de réponse de Kathami ni de la part du gouvernement iranien :

"Ces allégations sont purement et simplement fabriquées par ceux dont les objectifs illégitimes sont compromis par la stabilité et la sécurité dans la région », écrivait le ministre des Affaires étrangères iranien.

Oussama Ben Laden était la main cachée qui alimentait toutes les tensions entre Américains, Iraniens et Saoudiens.

Dans son magazine en anglais publié sur des sites internet, Al-Qaïda énumère onze personnalités publiques recherchées mortes ou vivantes pour crimes contre l'islam. « *Inspire* » est un magazine où Al-Qaïda apprend à ses militants à incendier des voitures stationnées ou à provoquer des accidents de la circulation.

Figurent sur la liste, le dessinateur français Stéphane Charbonnier, auteur de caricatures de Mahomet dans Charlie Hebdo, l'écrivain britannique Salman Rushdie, auteur du roman Les versets sataniques, ainsi que l'extrémiste de droite néerlandais, Geert Wilders et le pasteur américain Terry Jones.

L'ATTENTAT CONTRE L'USS COLE AU YÉMEN

Le 12 octobre 2000, une embarcation piégée perfora la coque de l'USS Cole, le destroyer lance-missiles de la marine des États-Unis alors qu'il était en cours de ravitaillement dans le port d'Aden au Yémen. Dix-sept marins américains sont alors tués et trente-neuf blessés. Les deux kamikazes pilotant l'embarcation périrent aussi dans cet attentat-suicide.

L'organisation terroriste Al-Qaïda a revendiqué l'attaque via sa branche locale dans la péninsule Arabique ainsi que l'Armée islamique d'Aden. Abd al-Rahim al-Nashiri a été arrêté fin 2002 aux Émirats arabes unis, puis envoyé aux États-Unis. Al-Nashiri fut transféré au centre de détention de

Guantanamo fin 2006, puis accusé en décembre 2008 par la Commission militaire de Guantanamo.

Des groupes terroristes financés par Oussama Ben Laden portaient une attaque similaire à celle du 12 octobre 2000 contre *l'USS The Sullivans* et contre le pétrolier *Limburg*, le 6 octobre 2002.

Le 8 mai 2002 à Karachi, au Pakistan, un attentat-suicide a provoqué la mort de quatorze personnes, dont onze employés français de la Direction des constructions navales. Le bus militaire dans lequel ils voyageaient a été pulvérisé par un kamikaze au volant d'un faux taxi.

Un mois après l'attentat manqué par le terroriste nigérian Umar Farouk Abdulmutallab qui a tenté de faire exploser un vol reliant Amsterdam à Détroit le 25 décembre 2009, Ben Laden, dans un bref enregistrement audio diffusé par la chaîne Al-Jazira a revendiqué l'attentat manqué sur l'avion de ligne américain, et a déclaré :

"Nos attaques contre vous se poursuivront tant que votre soutien aux Israéliens se poursuivra », a-t-il ajouté à l'intention des États-Unis.

Il a affirmé que « les États-Unis ne connaîtront pas la sécurité avant qu'elle ne soit établie en Palestine », ajoutant : « il est injuste que vous ayez une vie tranquille alors que nos frères à Gaza vivent dans les pires conditions ».

Le procureur prend un temps pour consulter ses notes, puis il continue :

–Maintenant, parlons un peu du groupe Al-Qaïda.

Al-Qaïda est une organisation multinationale islamiste sunnite fondée par Oussama Ben Laden et quelques autres jihadistes en 1988. Jusqu'en 1991, l'organisation a sa base en Afghanistan et à Peshawar au Pakistan, avant que Ben Laden ne relocalise le groupe au Soudan. De 1996 à 2001, le groupe est dirigé vers l'Afghanistan sous la protection des talibans. En 1998, Al-Qaïda est rejoint par le Jihad islamique égyptien dirigé par Ayman Mohammed Rabi al-Zawahiri, l'actuel successeur de Ben Laden.

L'organisation fonctionne comme un réseau d'extrémistes islamistes et de jihadistes salafistes avec plusieurs filiales. Le groupe État islamique (Daech) est fondé en 2006 à partir de la fusion de la branche d'Al-Qaïda en Mésopotamie et de plusieurs groupes islamistes en Irak. Affaibli par les tribus sunnites, le groupe prend de l'ampleur grâce au conflit syrien qui lui permet d'attirer des jihadistes dans ses rangs. Son chef : Abou Bakr Al-Baghdadi est un calife qui prône le rétablissement de la charia.

Ensuite, on retrouve Al-Qaïda au Maghreb islamique (AQMI). Ce groupe terroriste est le fruit de l'allégeance du GSPC (Groupe salafiste pour la prédication et le combat) à Al-Qaïda. Le GSPC fut créé en Algérie en 1998. Le but d'AQMI est de renverser le gouvernement algérien pour instaurer un califat islamique, entre le nord du Mali, le Niger occidental et la Mauritanie orientale. Il veut aussi multiplier les attaques contre des cibles occidentales. Al-Qaïda dans la péninsule arabique (AQPA), ce groupe extrémiste sunnite basé au Yémen est fondé en janvier 2009 de la fusion des branches saoudienne et yéménite d'Al-Qaïda. Le 25 décembre 2009, un membre du groupe a tenté de faire exploser en vol un avion reliant Amsterdam à Détroit. Fin octobre 2010, AQPA a revendiqué l'envoi par avion-cargo de colis piégés aux États-Unis, ces colis furent découverts par la police à Dubaï et en Grande-Bretagne avant leur explosion. Le groupe a appelé à plusieurs reprises ses partisans à s'en prendre à la France, engagée en Irak avec la coalition contre le groupe État islamique, mais aussi en Afrique contre les jihadistes. Ansar al Charia est un autre groupe terroriste affilié à Al-Qaïda. Ce groupe est le plus radical de la mouvance salafiste. Il a été lancé en avril 2001 et revendique l'instauration de la loi islamique en Tunisie et en Libye.

Honorable président, le groupe Al-Qaïda a été désigné groupe terroriste par le Conseil de sécurité des Nations Unies, l'Organisation du traité de l'Atlantique Nord (OTAN), l'Union européenne, les États-Unis, le Royaume-Uni, la Russie, l'Inde et divers autres pays. Al-Qaïda a lancé des attaques sur des cibles civiles et militaires dans divers pays, notamment les attentats à la bombe de l'ambassade américaine de 1998, les attentats du 11 septembre 2001 à New York et les attentats à la bombe de 2002 à Bali. Al-Qaïda utilise de manière caractéristique des attaques qui comprennent des attentats-suicides et le bombardement simultané de plusieurs cibles. Les activités qui sont attribuées à l'organisation impliquent les actions de ceux qui ont promis de rester fidèles à Ben Laden, et les actions de personnes liées au groupe qui ont suivi une formation dans l'un de ses camps en Afghanistan, au Pakistan, en Irak ou au Soudan. Les idéologues d'Al-Qaïda envisagent l'élimination de toutes les influences étrangères dans les pays musulmans et la création d'un nouvel ordre régissant l'ensemble du monde musulman.

Parmi les croyances attribuées aux membres d'Al-Qaïda, il y a la conviction qu'une alliance entre chrétiens et Juifs conspire pour détruire l'islam. En tant que jihadistes salafistes, les membres croient que le meurtre de non-combattants est sanctionné par la religion. Leur croyance ignore les aspects des Écritures religieuses qui interdisent le meurtre de non-combattants dans les combats militaires. Al-Qaïda considère cette doctrine comme des lois créées par l'homme et veut les remplacer par une forme stricte de charia.

ORGANISATION D'AL-QAÏDA

Honorable président, le choix de cibles particulièrement spectaculaires, dans le cadre de ses opérations terroristes, montre un sens de la préparation tactique d'Al-Qaïda qui utilise les médias pour revendiquer ses attentats.

Les cassettes enregistrées, souvent diffusées par la chaîne Al-Jazira en exclusivité, poursuivent plusieurs objectifs :

- Maintenir la psychose du terrorisme dans les pays occidentaux, parfois en s'immisçant dans le jeu politique comme lors des élections américaines de 2004 ou des élections espagnoles de la même année.
- Rappeler son existence aux opinions publiques des pays musulmans en abordant des thèmes qui les touchent, pour faciliter le recrutement des membres d'Al-Qaïda.
- Réactualiser les objectifs du jihad d'Al-Qaïda.

MOTIVATIONS

Maintenant, il est indispensable, honorable président, de développer notre thèse pour comprendre les motivations d'Al-Qaïda à lancer des attaques contre New York et Washington. Quelle était en fait la source de la rage contre l'Amérique et pourquoi les États-Unis sont devenus subitement une cible des terroristes ? Al-Qaïda n'est pas une organisation terroriste comme les autres. Ce qui la différencie des autres groupes, c'est sa vocation globale et son degré de décentralisation. Des « filiales » ont été créées en Irak, au Maghreb, et dans la péninsule arabique. En août 2001, le groupe islamique « *Combattant marocain* » prête allégeance à Ben Laden. Oussama Ben Laden est non seulement une source d'inspiration pour les terroristes criminels enrôlés dans l'organisation, mais il remplit un rôle opérationnel. Les grands attentats terroristes dans le monde, qu'il s'agisse de Bali (2002, 202 morts), Casablanca (2003, 45 morts), Madrid (2004, 191 morts), Londres (2005, 56 morts), ou Cham el-Cheikh (2005, 68 morts), portent tous son empreinte comme inspirateur et instigateur.

L'accusé condamne l'évolution de la civilisation islamique depuis la disparition du califat (le dernier calife qui était le sultan ottoman jusqu'en 1924). Cet objectif passe par un renversement des gouvernements arabes « laïcs » et « impies » protégés par les pays occidentaux. Lors de son entrevue avec le journaliste Robert Fisk en 1996, Ben Laden avait notamment déclaré :

« Le peuple comprend maintenant les discours des oulémas dans les mosquées, selon lesquels notre pays est devenu une colonie américaine. Il agit avec détermination pour chasser les Américains d'Arabie saoudite. [ ] La solution à cette crise est le retrait des troupes américaines. Leur présence militaire est une insulte au peuple saoudien. » Pour lui, les bases militaires américaines présentes en Arabie saoudite et au Moyen-Orient (avec les lieux saints Médine et La Mecque) représentent un sacrilège car ces bases américaines devaient être provisoires, le temps de remporter la guerre contre Saddam Hussein.

Le but ainsi que les motivations de Ben Laden et ses complices pour commettre les attentats du 11 septembre 2001 ont été formulés de manière explicite par l'accusé, et ce à de nombreuses reprises. Parmi les principales sources, on trouve la fatwa d'Oussama Ben Laden, les vidéos d'Ayman al-Zawahiri, les différentes vidéos d'Oussama Ben Laden ainsi que ses entrevues. Les idées concernant les motivations des attentats sont principalement le soutien des États-Unis à Israël, la présence américaine en Arabie saoudite, et l'application de sanctions américaines contre l'Irak après la guerre du Golfe.

Bernard Lewis dans son livre de 2004 *The Crisis of Islam : Holy War and Unholy Terror*, estime que l'animosité envers l'Occident est en rapport avec le déclin de l'Empire ottoman, autrefois puissant, aggravé par l'importation d'idées occidentales : socialisme, libéralisme, et laïcité.

"Au cours des trois derniers siècles, le monde islamique a perdu sa prédominance et son leadership, et a pris du retard tant sur la modernité occidentale que sur la modernisation rapide de l'Ouest. Cet écart grandissant pose des problèmes de plus en plus profonds, à la fois pratiques et émotionnels, pour lesquels les dirigeants, penseurs et rebelles de l'islam n'ont pas encore trouvé de réponse efficace. »

Michael Scott Doran et Peter Bergen, deux spécialistes du Moyen-Orient, estiment que les attentats du 11 septembre ont été un moyen stratégique de provoquer l'Amérique dans une guerre qui incite à une révolution panislamique. Michael Scott soutient que les attaques sont en lien avec un conflit religieux au sein du monde musulman. Les disciples de Ben Laden « se considèrent comme un îlot de vrais croyants entouré d'une mer d'iniquité ». Toujours d'après Doran, Ben Laden espère que les représailles des États-Unis unissent les fidèles contre l'Occident. Il a cherché par cette tactique à déclencher des révolutions dans les pays arabes et ailleurs.

Dans son livre *The Osama bin Laden I know*, le correspondant Peter Bergen affirme que les attentats du 11 septembre faisaient partie d'un plan visant à provoquer les États-Unis pour accroître sa présence militaire et culturelle au Moyen-Orient, forçant ainsi les musulmans à faire face à la notion d'un gouvernement non-musulman afin qu'ils établissent des gouvernements islamiques conservateurs dans la région. Plusieurs analystes affirment qu'une des motivations des attaques a été le soutien d'Israël par les États-Unis. Ben Laden s'oppose fermement à la politique américaine au sujet d'Israël. Il a fait valoir qu'Israël « tue et punit les Palestiniens avec de l'argent américain et des armes américaines ».

Trois jours après les attentats du 11 septembre 2001, Tony Caron, le correspondant politique du magazine Time a lié cette motivation à « la croissance aiguë des sentiments anti-américains dans la rue arabe et cela en raison du soutien des États-Unis à Israël ».

Carl Murphy du Washington Post a déclaré de son côté : « Si nous voulons éviter l'émergence de nouveaux terroristes, nous devons mettre fin et rapidement au conflit israélo-palestinien. » Tony Blair et d'autres personnalités politiques occidentales ont abondé dans le même sens.

Un dernier raisonnement pour expliquer pourquoi Ben Laden a choisi d'attaquer New York et Washington. L'accusé a pris pour cibles les deux tours jumelles et le Pentagone parce qu'ils symbolisaient la toute-puissance des États-Unis. Les tours jumelles parce qu'elles se trouvaient dans le World Trade Center, le quartier des affaires de New York ; le Pentagone, parce que c'est l'édifice du ministère de la Défense américaine. Ben Laden a voulu prouver que les États-Unis sont vulnérables malgré leur puissance économique et militaire.

Son but c'est d'attaquer le peuple américain pour protester contre les sanctions adoptées contre l'Irak lors de la Guerre du Golfe.

Le procureur observe une autre pause, puis poursuit :

— Honorable président, nous avons parlé des motivations d'Al-Qaïda, maintenant parlons des alliés.

LES ALLIÉS D'AL-QAÏDA

L'ONU a établi une liste, diffusée par Interpol en 2006, recensant les organisations et les personnes proches d'Al-Qaïda, d'Oussama Ben Laden et des talibans. En effet, le comité créé par la résolution 1267 du Conseil de sécurité des Nations Unies en 1999 et visant à lutter contre le terrorisme a produit en 2001 cette liste, régulièrement mise à jour. Un mandat international est lancé pour l'arrestation d'Oussama Ben Laden au début d'avril 1998 ; il émane d'Interpol à la demande du gouvernement de la Jamahiriya arabe libyenne, à la suite de l'assassinat en 1994 sur le sol libyen d'un couple de citoyens allemands.

Une liste de quatre-vingt-cinq suspects reliés à Al-Qaïda a été publiée par Interpol le 10 février 2009 à la demande de l'Arabie saoudite. On compte parmi eux un beau-frère de Ben Laden, Sulaiman Abu Ghaith, qui fut porte-parole d'Al-Qaïda et onze détenus de la prison de Guantanamo. Parmi les autres terroristes, on retrouve :

- Oussama Ben Laden, le fondateur d'Al-Qaïda.
- Ayman al-Zawahiri, le successeur de Ben Laden.
- Abu Khayr al-Masri numéro deux d'Al-Qaïda.
- Saif al-Adel, responsable de la branche militaire d'Al-Qaïda.
- Abu Mohammed al-Masri, responsable de la propagande et donc de la réalisation et de la diffusion des messages audio et vidéo.
- Mustafa Ahmed al-Hawsawi, responsable des finances.

- Mustafa Abu al-Yazid, chef du commandement d'Al-Qaïda en Afghanistan.
- Adnan al Khairi al Masri, chef du commandement général.
- Abu Mohammad al-Julani, responsable de la branche d'Al-Qaïda en Syrie.
- Abdelmalek Droukdel alias Abu Musab Abdel Wadoud, responsable pour l'Algérie.
- Amin al-Haq, responsable pour la zone du sous-continent indien (région indo-pakistanaise).
- Farman Ali Shinwari, responsable de la branche au Pakistan.
- Fahd Mohammed Ahmed al-Awlaqi, responsable pour la région frontalière entre l'Afghanistan et le Pakistan.
- Salah al-Awadi, responsable pour le Moyen-Orient.
- Saoud Homood Obaid al-Otaibi, responsable pour le golfe Persique.
- Abu Bakr al-Baghdadi, responsable pour l'Irak.
- Moushin al-Fadhli, responsable pour l'Iran.
- Hamza Al Saleh al Dhayani, responsable pour le Yémen.
- Mohamed Nasser al Wahchi, responsable pour l'Afrique.
- Fazul Abdullah Mohammed, responsable pour l'Est de l'Afrique.
- Abdelkrim al-Targui, responsable pour le Maghreb et l'Europe.
- Hahib Akdas, responsable pour le Grand Orient (Syrie, Jordanie, Liban, Turquie).
- Abu Yahya al-Libi, idéologue et porte-parole.
- Fahd Mohammed Ahmed al-Quso, chef des opérations extérieures d'Al-Qaïda dans la péninsule arabique (AQPA).
- Moez Garsalaoui, recruteur pour Al-Qaïda en Europe.
- Abdelhamid Abou Zeid, chef d'Al-Qaïda au Maghreb islamique pour la zone sahélienne.
- Abu Anas al-Libi, spécialiste informatique pour le compte d'Al-Qaïda et cerveau des attentats contre les ambassades américaines en Afrique en 1998.
- Ibrahim ben Shaharan, jihadiste marocain, recruteur pour le compte d'Al-Qaïda en Irak.
- Nasir al-Wuhayshi, Yéménite, secrétaire d'Oussama Ben Laden.

L'organisation militaire et terroriste, d'idéologie salafiste jihadiste, au nom « d'Al-Qaïda au Maghreb islamique » (AQMI), née le 25 janvier 2007, est une autre filiale du groupe dirigée par Ben Laden. Avant son allégeance à Al-Qaïda, elle était connue sous le nom de Groupe salafiste pour la prédication et le combat, un groupe algérien issu d'une dissidence du Groupe islamique armé. Si les racines du groupe se trouvent en Algérie, sa zone d'opération actuelle correspond à la région du Sahel, qui borde au sud le désert du Sahara, dans ses parties mauritaniennes, maliennes et nigériennes. Il est également présent en Tunisie, en Lybie et se maintient en Algérie dans les montagnes de Kabylie.

Les ressources de ces organisations terroristes proviennent des rançons obtenues contre la libération d'otages. Également du trafic d'armes, de drogue (l'héroïne et la cocaïne), et aussi du soutien de « quelques membres des forces de sécurité de certains pays ». En 2010, Antonio Maria Costa, directeur de l'Office des Nations Unies contre la drogue et le crime, déclare que : « Dans le Sahel, les terroristes puisent dans les ressources du trafic de drogue pour financer leurs opérations, acheter des équipements et payer leurs troupes. »

En février et mars 2003, trente-deux touristes, majoritairement allemands et autrichiens, sont enlevés par Abderazak et Para, qui, pour échapper à l'armée algérienne choisit de se réfugier au Mali avec le soutien de Ben Laden. Des négociations sont engagées entre les ravisseurs et deux notables envoyés par le gouvernement malien : lyad Ag Ghaly et Baba Ould Cheikh. À l'issue des discussions, les otages sont relâchés le 18 août en échange d'une rançon de cinq millions d'euros.

Le 22 février 2008, deux touristes autrichiens, Andrea Kloiber et Wolfgang Ebner, sont enlevés dans le sud de la Tunisie, près de la frontière avec la Libye, par Abdelhamid Abou Zeid, un autre allié de Ben Laden. Ils sont libérés le 30 octobre 2008. Selon les services de renseignements maliens, une rançon d'au moins deux millions d'euros a été versée. Le 14 décembre 2008, deux diplomates canadiens, Robert Fowler et Louis Guay, ont été kidnappés à l'ouest de Niamey au Niger par un groupe de jihadistes menés par Omar Ould Hamaha, Mokhtar Belmokhtar et Abou Zeid. Après négociations, les deux otages sont libérés le 21 avril 2009 en échange d'une rançon de trois millions d'euros.

Le 22 janvier 2009, quatre touristes européens, – un couple suisse, une Allemande et un Britannique –, sont kidnappés au Niger, près de la frontière avec le Mali, par Abou Zeid. Le chef terroriste menace de tuer les otages si Abu Qatada –prédicateur jordanien d'origine palestinienne condamné à mort dans son pays pour activité terroriste et prisonnier au Royaume-Uni– n'est pas libéré. Le Royaume-Uni refuse de payer une rançon. L'otage britannique Edwin Dyer est alors décapité, le 31 mai 2009. Au moins 3,5 millions d'euros ont été versés pour la libération des deux autres otages.

Le 26 novembre 2009, Pierre Camatte, un ressortissant français président de l'organisation non gouvernementale Icare qui lutte contre le paludisme dans le cercle de Ménaka et du comité de jumelage de la ville française de Gérardmer et de la commune rurale malienne de Tidermene, a été enlevé dans l'hôtel dont il est gérant à Ménaka, dans la région de Gao. Le 8 décembre 2009, AQMI revendique, dans un enregistrement sonore diffusé par la chaîne de télévision Al-Jazira, l'enlèvement du Français ainsi que celui de trois Espagnols en Mauritanie le 29 novembre 2009. Prisonnier d'Abou Zeid, Pierre Camatte est relâché en février 2010, contre la libération d'un islamiste.

Le 29 novembre 2009 en Mauritanie, trois travailleurs humanitaires espagnols ont été enlevés au nord-ouest de Nouakchott par la katiba Al-Moulathimin de Belmokhtar, proche du groupe d'Al-Qaïda de Ben Laden. Une femme otage, qui se convertit à l'islam pendant sa captivité, est relâchée le 10 mars 2010. Les deux autres otages, Albert Vilalta et Roque Pascual, sont libérés le 23 août de la même année en échange d'une rançon de huit millions d'euros.

Le 18 décembre 2009, un couple d'Italiens, Sergio Cicala et Philomène Kabore, également de nationalité burkinabée, sont kidnappés par les hommes de Djamel Okacha, un autre allié de Ben Laden, à la frontière entre le Mali et la Mauritanie. Ils sont libérés le 16 avril 2010 en échange d'une rançon dont le montant n'a pas été divulgué.

Michel Germaneau, un humanitaire et ancien ingénieur français, est enlevé par Abou Zeid, le 19 avril 2010, à In-Abangharet, au Nord du Niger. La victime, ancien ingénieur à la retraite, âgé de 78 ans, était au Niger afin de mener une opération de vérification sur une école ouverte en 2009, à In-Abangharet, un petit village nigérien, grâce au soutien de l'association Enmilal dans laquelle Michel Germaneau s'impliquait depuis plusieurs années. L'humanitaire français et son chauffeur algérien Ouaghi Abidine sont enlevés par une faction d'Al-Qaïda au Maghreb islamique (AQMI). Le 25 juillet 2010, AQMI a exécuté l'otage français en représailles au raid de l'Akla mené par l'armée mauritanienne et l'armée française. Béchir Bessnoun, un combattant tunisien d'AQMI arrêté au Mali en 2011 lors d'une tentative d'attentat contre l'ambassade de France à Bamako, a confirmé que Michel Germaneau a été exécuté d'une balle à la tête par Abdelkrim al-Targui, sur un ordre donné par Abou Zeid et Djamel Okacha.

Le 16 septembre 2010, sept personnes, les Français Pierre Legrand, Françoise Larribe, Daniel Larribe, Thierry Dol, Marc Féret, le Malgache Jean-Claude Rakotoarilalao et le Togolais Alex Kodjo Ahonado, employés d'un site d'extraction d'uranium d'Areva à Arlit au Niger, sont enlevés par le chef terroriste Abou Zeid, qui dirige une filiale d'Al-Qaïda. Entre 20 et 42 millions d'euros auraient été dépensés pour payer la rançon et les intermédiaires.

Les deux attentats de l'organisation d'Al-Qaïda, en l'espace de onze jours, au mois de décembre 2003, contre le président pakistanais Pervez Moucharraf, constituaient une preuve irréfutable que les jihadistes avaient livré depuis le 11 septembre une guerre totale non seulement contre les États-Unis mais également contre ses alliés dans le monde.

Dans un enregistrement sur cassette diffusé en septembre 2003 sur Al-Jazira, Ayman al-Zawahiri, le numéro deux d'Al-Qaïda, et le bras droit de Ben Laden, avait déclaré « avoir encouragé mes frères musulmans au Pakistan à accomplir leur devoir islamique en renversant le président "traite" à la fois le chef de l'armée, qui est un allié des États-Unis ». Le Pakistan étant un rare pays musulman en possession d'armes atomiques opérationnelles, la stratégie d'Al-Qaïda en cherchant à éliminer Moucharraf est de créer un climat d'instabilité susceptible d'aboutir à une révolte populaire dans le pays. Ben Laden et ses partisans n'avaient jamais dissimulé leur volonté de prendre le pouvoir au Pakistan pour avoir le contrôle de son arsenal atomique.

Honorable président, la main d'Al-Qaïda était visible dans les deux attaques comme ça a été le cas pour le 11 septembre. Une carte d'identité trouvée sur les lieux des attentats révèle qu'un des chauffeurs kamikazes qui devait activer deux cent vingt-cinq kilos d'explosifs répartis sur cinq charges était un militant du Cachemire pakistanais du nom de Mohammed Jamil. Il était secondé par son complice Walid Sultan de nationalité afghane. Jamil était un membre du groupe terroriste Harkat ul-Ansar, qui devint plus tard une faction du Jaish-e-Muhammad, deux groupes jhadistes de premier plan qui sont affiliés à Al-Qaïda.

Honorable président, Al-Qaïda a mené de nombreuses attaques sur des cibles qu'elle considère comme du kafir. Le groupe terroriste est responsable de l'incitation à la violence sectaire chez les musulmans. Les dirigeants considèrent les musulmans libéraux, les chiites, les soufis et les autres sectes comme hérétiques, et ses membres et sympathisants ont attaqué leurs mosquées et leurs rassemblements. Parmi les exemples d'attaques sectaires, on peut citer les attentats à la bombe commis contre la communauté yézide, les attentats de Sadr City, le massacre d'Ashoura et les attentats de Bagdad d'avril 2007. Le 31 mai 2003, une lettre signée par Ben Laden est retrouvée sur le corps d'un militant tué dans un affrontement avec la police saoudienne et relié aux attentats de Riyad.

On prétend que Ben Laden a été averti quelques jours auparavant du plan des attaques sur le World Trade Center et le Pentagone. C'est faux, honorable président. Tous les faits sont là pour prouver que le groupe d'Al-Qaïda a organisé le crime du 11 septembre 2001 et que Ben Laden en est l'auteur qui finance les opérations. En effet, des images recueillies pendant l'enquête ont montré Ben Laden et ses lieutenants, dont Mohammed Atef mort en Afghanistan en novembre 2001 au cours d'une attaque américaine, en train de préparer les attentats. Khalid Cheikh Mohammed a été recruté pour orchestrer l'opération sur le sol américain.

Le 10 décembre 2001, quinze jours avant Noël, dans une vidéo diffusée par l'administration Bush on y voit, recevant une cinquantaine de convives à Kandahar, quelques jours avant l'écroulement du régime taliban à la mi-novembre, Oussama Ben Laden, l'air jovial, fournir les explications les plus détaillées sur les attentats du 11 septembre. Ben Laden corroborait froidement les informations essentielles sur les différentes étapes des attaques sur les tours jumelles et le Pentagone. Il donnait la liste exacte des nationalités et révélait avant même le FBI et la CIA l'identité des dix-neuf membres du commando-suicide, tous Saoudiens sauf quatre. Oussama confirmait l'existence de quatre équipes de détournement, se félicitait de l'habileté avec laquelle les terroristes gardaient le secret. Il disait qu'il gardait sa radio branchée pour être mis au courant dès que le premier avion s'écrase sur la tour nord des tours jumelles.

Tout condamne donc Ben Laden qui n'a pas dénié les accusations et en plus a continué à envoyer ses messages enregistrés pour motiver ses partisans. Ben Laden est un criminel, d'abord, en s'en prenant aux biens et à la vie des innocents ; et il l'est beaucoup plus, en employant des méthodes terroristes pour commettre ces crimes.

UNE ACTION TERRORISTE

Qu'est-ce que l'action terroriste, honorable président ? Le terrorisme est l'emploi de la terreur à des fins politiques, religieuses ou idéologiques. Un grand nombre d'organisations politiques ou criminelles ont recouru au terrorisme pour faire avancer leur cause ou en retirer des profits. Telle est la méthode sur laquelle se fonde la doctrine d'Al-Qaïda qui emploie l'usage de la violence, l'usage de la peur, le discours radical, ou l'attaque contre un État démocratique, dans le but de promouvoir son idéologie. Une constante du terrorisme appliquée par Al-Qaïda est l'usage indiscriminé de la violence meurtrière à l'égard des civils dans le but de promouvoir sa cause. L'attaque du 11 septembre 2001 est un exemple parfait de cette stratégie basée sur des actions violentes destinées à répandre la terreur et ainsi faire pression sur la politique américaine au Moyen-Orient. Des attaques meurtrières qui ont frappé les ambassades américaines au Kenya et en Tanzanie en 1998, en sont d'autres exemples.

L'Assemblée générale des Nations Unies considère le terrorisme comme suit : « Les actes criminels qui, à des fins politiques, sont conçus ou calculés pour provoquer la terreur dans le public, un groupe de personnes ou chez des particuliers sont injustifiables en toutes circonstances et quels que soient les motifs de nature politique, philosophique, raciale, ethnique, religieuse ou autre que l'on puisse invoquer pour les justifier. » Cette définition fait suite à la résolution 1373 du conseil de sécurité de l'ONU adoptée à l'unanimité.

Un groupe de personnalités de haut niveau et le Secrétaire général de l'ONU en 2004 a proposé la définition suivante : « tout acte commis dans l'intention de causer la mort ou des blessures graves à des civils ou à des non-combattants, qui a pour objet, par sa nature ou son contexte, d'intimider une population ou de contraindre un gouvernement ou une organisation internationale à accomplir un acte ou à s'abstenir de le faire ».

Honorable président, des causes du terrorisme demandent le recours à une étude approfondie pour les comprendre. On prétend que la politique étrangère des États-Unis est la cause des attaques du 11 septembre, et d'autres avancent que la politique extérieure américaine est la deuxième cause du terrorisme mondial. Je dis que c'est faux. Les dirigeants arabes et musulmans ont tort d'avancer : qu'il n'y aura pas de solution au terrorisme sans une solution juste et équitable à la question palestinienne. Le ministre saoudien de l'intérieur Nayef Ben Abdel Aziz a même affirmé : « il faut que la question palestinienne soit réglée sérieusement si on veut mettre fin aux causes du terrorisme dans le monde arabo-musulman ». Au nom de la vérité, je réponds tout simplement, qu'il existera toujours des gens qui contesteront les organisations sociétales en place et recourront à la violence. Oussama ben Laden fait partie de ce groupe.

Le procureur observe une nouvelle pause. Il jette un regard rapide dans ses notes, puis poursuit.

Le procureur

Honorable président, nous continuons avec les noms de certaines organisations terroristes liées à Ben Laden et les actions criminelles commises par ces groupes.

L'ATTAQUE DU 7 AOÛT 1998

Une autre organisation terroriste joue un grand rôle dans la perpétration des attaques criminelles contre les intérêts occidentaux : l'Organisation du Jihad Islamique (OJI) dirigée par Imad Mughniyah, un allié de Ben Laden. Le Hezbollah est connu pour avoir été l'un des groupes armés les plus meurtriers pendant la dernière décade. Ce groupe a attaqué le 7 août 1998 l'ambassade américaine à Nairobi et le même jour a porté une attaque meurtrière contre une autre ambassade américaine à Dar es Salaam. L'attentat le plus meurtrier commis par le groupe fut en 1983 quand ses militants bombardèrent les camps français et américains qui abritaient les troupes onusiennes et le bâtiment de l'ambassade américaine à Beyrouth. En effet, le 18 avril 1998, soixante-deux personnes parmi lesquelles dix-sept

Américains périrent dans cette attaque-suicide à la bombe à Beyrouth au Liban. L'attentat fut revendiqué par le groupe islamiste Hezbollah.

Les pays les plus touchés par le terrorisme depuis 2001 sont l'Irak, avec 21,956 actes terroristes, qui ont fait 60,696 morts (dont 7,153 attentats pour la seule ville de Bagdad), puis le Pakistan (16,472 morts) et l'Afghanistan (20,067 morts).

LES LOIS CONTRE LE TERRORISME

Il existe des conventions, des traités et des lois qui visent la prévention, la répression, la suppression et la lutte contre le terrorisme au plan universel, régional, et national. Douze traités internationaux ont déjà été adoptés et deux autres traités sont en cours de négociation :

- Convention relative aux infractions et à certains autres actes survenant à bord des aéronefs (adoptée à Tokyo en 1968) ;
- Convention pour la répression de la capture illicite d'aéronefs (adoptée à La Haye en 1970) ;
- Convention pour la répression des actes illicites contre la sécurité de l'Aviation civile (adopté à Montréal en 1971) ;
- Protocole pour la répression des actes illicites dans les aéroports servant l'aviation civile internationale (adoptée à Montréal en 1988) ;
- Convention sur la prévention et la répression des infractions contre les personnes jouissant d'une protection internationale, y compris les agents diplomatiques (adoptée par l'Assemblée générale en 1973) ;
- Convention internationale contre la prise d'otages (adoptée par l'Assemblée générale en 1979) ;
- Convention sur la protection des matières nucléaires (adoptée à Vienne en 1980) ;
- Convention pour la répression des actes illicites contre la sécurité de la navigation maritime (adoptée à Rome en 1988).
- Protocole pour la répression des actes illicites contre la sécurité des plate-formes fixes situées sur le plateau continental (adopté à Rome en 1988) ;

- Convention internationale pour la répression du financement du terrorisme (adoptée par l'Assemblée générale en 1999).
- Le Conseil de sécurité, qui assume la responsabilité principale en matière de paix et de sécurité internationales, considère que tout acte de terrorisme constitue une menace à la paix et la sécurité internationales. Du coup, il a adopté une série de résolutions, en particulier la résolution 1373 (2001) et a mis sur pied certains organes subsidiaires pour prévenir et combattre le terrorisme, en l'occurrence le Comité contre le terrorisme (CTC).

Aux instruments universels s'ajoutent divers traités régionaux, notamment :

- Convention arabe sur la suppression du terrorisme signée au Caire le 22 avril 1998 ;
- Convention de l'organisation de la conférence islamique sur la lutte contre le terrorisme international adoptée à Ouagadougou le 1er juillet 1999 ;
- Convention de l'organisation des États Américains pour la prévention ou la répression des actes de terrorisme qui prennent la forme de délits contre les personnes, ainsi que de l'extorsion connexe à ces délits lorsque de tels actes ont des répercussions internationales conclue à Washington le 2 février 1971 ;
- Convention de l'organisation de l'Union Arabe sur la prévention et la lutte contre le terrorisme adoptée à Alger le 14 juillet 1999 ;
- Convention de l'Association Sud Asiatique de Coopération Régionale sur la répression du terrorisme signée à Katmandou le 4 novembre 1987 ;
- Traité sur la coopération à la lutte contre le terrorisme de la communauté des États indépendants conclu à Minsk le 4 juin 1999 ;
- Convention européenne pour la répression du terrorisme adoptée par le Conseil de l'Europe le 27 janvier 1977 et le protocole portant amendement de cette convention (ouvert à la signature le 15 mai 2003.

DES LOIS RÉGIONALES

Un très grand nombre de pays ont durci leur législation à la suite du 11 septembre 2001. En Inde, l'ordonnance relative à la prévention du terrorisme de 2002 accorde l'immunité à tout agent de l'État ayant opéré « de bonne foi » contre les terroristes. En Russie, en Allemagne, au Maroc, on retrouve des dispositions similaires dans leur législation. La Corée du Sud vota une loi à la suite des attentats du 11 septembre qui élargissait les pouvoirs des services de renseignements nationaux. Depuis 2001, un certain nombre de pays comme les États-Unis ont fait apparaître dans leur législation de nouveaux crimes liés au « terrorisme » et passibles de la peine de mort : Chine, Indonésie, Inde, Maroc, Jordanie, Zimbabwe.

Le procureur observe de nouveau une pause. Il ouvre alors un cartable jaune contenant des notes, et continue :

UN CRIME PRÉMÉDITÉ

Honorable président, la biographie de Mohamed Atta, celui qui pilotait le premier des deux Boeings 767 qui s'écrasèrent sur le World Trade Center de New York, le 11 septembre 2001, donne une preuve évidente de l'affiliation de ce terroriste à Al-Qaïda. Sa trajectoire militante ne fait aucun doute quant au degré de son radicalisme et de sa personnalité d'extrémiste.

Né le 1er septembre 1968 au Caire, comme Oussama Ben Laden, Atta ne vient pas d'un milieu démuni, mais d'une famille bourgeoise urbaine égyptienne. Son père est juriste, ses sœurs ont fait, comme lui, des études supérieures. Architecte de formation, il a le privilège d'étudier son art à l'université de Hambourg en Allemagne et devint membre du syndicat des ingénieurs égyptiens dont le courant islamiste a pris le contrôle au début des années 1990. C'est à Hambourg, qu'Atta devint un membre d'Al-Quds Mosquée, et c'est là qu'il rencontra Marwan al-Shehhi, Ramzi bin al-Shibh et Ziad Jarrah et ensemble ils formaient la première cellule d'Al-Qaïda en Allemagne.

Le projet du président Moubarak de changer l'architecture de la vieille ville du Caire, en y créant ce qu'Atta considère comme une sorte de Disneyland islamique pour touristes étrangers, le révolte amèrement. Il se dit choqué par le fait que les expressions architecturales de la culture occidentale dominent celles de sa culture musulmane. L'aliénation culturelle, l'écart immense de richesse entre son pays natal l'Égypte et l'opulente fonctionnalité occidentale, particulièrement l'Allemagne, où il a fait des études, vont conduire son parcours vers la voie de l'extrémisme radical. Abû Abd al-Rahman al-Misrî, c'est le nom de guerre qu'il adopta, à l'instar de tous ses camarades d'Al-Qaïda, au moment de son engagement.

Disciple de Sayyid Qutb, l'ancêtre politique et idéologique, d'Aïman al-Dhawahiri, l'héritier politique direct de Qutb, et d'Oussama Ben Laden, le leader d'Al-Qaïda, Mohammed Atta demeure l'un des plus résolus exécutants des attentats du 11 septembre 2001. Âgé de 33 ans, il était aussi le plus âgé parmi les dix-neuf autres terroristes qui ont participé aux attaques. À la fin de 1999, il rencontra Oussama Ben Laden et d'autres hauts-gradés d'Al-Qaïda en Afghanistan. Ben Laden le recruta avec l'avis de Khalid Sheikh Mohammed pour préparer les attentats du 11 septembre.

Atta retourna à Hambourg en février 2000, et commença des recherches sur comment faire pour prendre des leçons de pilotage aux États-Unis. Accompagné de Marwan al-Shehhi, Atta débarqua à Miami en juin 2000. Les deux hommes prirent un logement à Venice, Florida, et s'inscrivirent à l'école Huffam Aviation. En juillet 2001, sa formation terminée, Atta voyagea en Espagne où il rencontra Bin al-Shibh pour finaliser le plan des attentats du 11 septembre sur le World Trade Center et le Pentagone. Au commencement du mois de septembre 2001, il voyagea à Prince Georges County, au Maryland pour rencontrer Hani Hanjour, un autre terroriste qui a participé au 9/11.

Le 10 septembre, un jour avant les attentats, accompagné d'Abdulaziz al-Omari, Atta séjourna à Portland, dans le Maine, dans un hôtel Comfort Inn situé au sud de la ville. Au matin du 11 septembre, Atta et Omari prirent le vol Colgan Air pour rentrer à Boston. Là, ils s'embarquèrent à bord du vol American Airlines AA11 en direction Boston-Los-Angeles. Quinze minutes après le décollage, aidé par une équipe de quatre autres terroristes, Atta rentra dans la cabine de pilotage. Prenant le contrôle de l'appareil, il manœuvra l'avion qui percuta la façade nord des tours jumelles à 8 :46. Le choc suivi d'un incendie a causé la chute du bâtiment à 10 :28. Plus de 1,600 personnes perdirent la vie dans la tragédie.

Honorable président, en vertu des éléments de l'investigation, il est évident que les attentats du 11 septembre 2001 furent le résultat d'une action bien planifiée et préméditée, des mois voire des années à l'avance par Ben Laden.

"Je vous le dis, Allah sait qu'il ne nous était pas venu à l'esprit de frapper les tours. Mais après qu'il fut devenu insupportable de voir l'oppression et la tyrannie de la coalition américano-israélienne contre notre Peuple de Palestine et du Liban, j'ai alors eu cette idée », a déclaré l'accusé.

À cette phase, le procureur observe une pause le temps d'allumer son ordinateur et de projeter des images sur un écran. Il continue :

— Cette chronologie des attentats du 11 septembre 2001, honorable président, comprend les actions des terroristes ainsi que les réactions de la défense aérienne et des membres du gouvernement fédéral des États-Unis. Ce qui donne la preuve irréfutable que les attentats du 11 septembre 2001 par les terroristes agissant sous les ordres de Ben Laden étaient bien planifiés.

- 6h00 : Mohammed Atta embarque sur le vol de la compagnie Colgan Air à l'aéroport international de Portland, dans le Maine, à destination de Boston, aux côtés d'Abdulaziz al-Omari.
- 6h45 : Atta et al-Omari arrivent à l'aéroport international de Boston-Logan.
- 6h52 : Marwan al-Shehhi appelle Atta depuis un autre terminal de l'aéroport pour lui confirmer que les plans pour les attentats sont en place.
- 7h35 : Atta et al-Omari montent à bord du vol AA11, un Boeing 767.
- 7h40 : Le reste des pirates de l'air prend place dans l'avion.
- 7h45 : le vol AA11 est annoncé en porte B32 à l'aéroport international de Boston.
- 7h50 : Hani Hanjour et 4 autres terroristes embarquent à bord du vol.
- 7h58 : le vol UA175 est annoncé en porte C19 à l'aéroport international Boston-Logan.
- 7h59 : le vol AA11, transportant 81 passagers et 11 membres d'équipage, décolle avec 14 minutes de retard de l'aéroport international Boston-Logan à destination de Los Angeles, en Californie. Cinq terroristes sont à bord.

- 8h01 : le vol 93 d'United Airlines est annoncé en porte A17 à l'aéroport international de Newark.
- 8h09 : le vol AA77 est annoncé en porte D26 à l'aéroport international de Dulles.
- 8h13 : le vol AA11 passe sa dernière communication à la Federal Aviation Administration (centre de contrôle de Boston).
- 8h14 : le vol AA11 est piraté par Atta et ses complices. Waleed et Wail al-Shehri se lèvent de leurs sièges respectifs -2A et 2B- et poignardent deux hôtesses de l'air. Atta se lève de son siège 8D et parvient à atteindre le cockpit dont il prend le contrôle complet quelques minutes plus tard.
- 8h14 : le vol UA175, un Boeing 767 transportant 56 passagers et 9 membres d'équipage, quitte l'aéroport international Logan avec 14 minutes de retard en destination de Los Angeles. Cinq terroristes sont à bord.
- 8h20 : le vol AA77, un Boeing 757 avec 58 passagers et 6 membres d'équipage, décolle avec 10 minutes de retard de l'aéroport international de Washington-Dulles en Virginie, pour Los Angeles. Cinq pirates sont à bord.
- 8h20 : les contrôleurs aériens de Boston entendent les voix des pirates venant de la radio du vol AA11. Ils alertent alors la Fédéral Aviation Administration que le vol AA11 a probablement été détourné.
- 8h26 : le vol AA11 fait un virage de 100 degrés vers le sud et se dirige vers New York.
- 8h28 : le Boston Center appelle l'Air Trafic Control System Command Center, à Herndon en Virginie, et le prévient que le vol AA11 est probablement détourné.
- 8h32 : le Command Center prévient le centre d'opérations du quartier-général de la FAA du possible détournement. Le Command Center établit immédiatement une téléconférence entre le Boston Center, le New York Center et le Cleveland Center.
- 8h38 : 19 minutes après la première alerte, le Boston Center informe le Northeast Air Defense Sector (NEADS) du NORAD, du détournement du vol AA11. Le NORAD envoie deux F-15 de

l'Otis Air National Guard Base situé à Falmouth, au Massachusetts à 246 km de Manhattan pour intercepter le vol AA11.

- 8h42 : le vol UA93 décolle avec 41 minutes de retard à cause du trafic assez dense de l'aéroport international Newark Liberty au New Jersey. Il a pour destination San Francisco.
- 8h45 : Marwan al-Shehhi, aidé par quatre autres terroristes, prend les commandes du vol UA175.
- 8h46 : le vol AA11 percute la face nord de la tour nord (WTC) du World Trade Center à la vitesse de 790 km/h. Plus de 300 personnes furent tuées sur le coup.
- 8h52 : les deux F-15 décollent d'Ottis Air National Guard Base.
- 8h53 : le vol 77 est détourné par cinq terroristes.
- 9h03 : le vol UA175 percute le côté sud de la tour sud (WTC 2) du World Trade Center à 950km/h, au niveau des étages 78 et 84. Plus de 200 personnes furent tuées sur le coup.
- 9h05 : le New York Center ferme son espace aérien. Le chef de cabinet de la Maison Blanche, Andrew Card, informe le président Georges W. Bush du deuxième crash. Le président fait un discours à la Booker Elementary School devant plus de 200 élèves et journalistes. Il déclare : « Aujourd'hui nous vivons une tragédie nationale. Deux avions se sont écrasés dans le Word Trade Center s'apparentant à une attaque terroriste contre notre pays."
- 9h30 : le vol 93 est détourné.
- 9h37 : le vol AA77 percute la façade ouest du Pentagone à 850km/h, soit 37 minutes après sa disparition.
- 9h43 : la Maison Blanche et le Capitole sont évacués et fermés.
- 9h45 : l'espace aérien des États-Unis est fermé. Tous les vols internationaux à destination des États-Unis sont redirigés vers le Canada.
- 9h57 : les passagers du vol 93 se révoltent contre les terroristes.
- 9h59 : la tour sud (WTC 2) du World Trade Center s'effondre, 55 minutes après l'impact du vol UA175.
- 10h03 : le vol 93 United Airlines s'écrase près de Shanksville, au sud-est de Pittsburg à 933 km/h.
- 17h20 : la tour no 7 (WTC 7) du World Trade Center s'effondre à son tour, sept heures après la chute des tours jumelles.

Le procureur s'arrête un moment et porte son regard vers le président. Ému par le chagrin, il essuie les larmes qui coulent sur son visage, puis sur un ton calme il continue :

Honorable président, comme a dit Monsieur Obama, cela fait des années qu'un beau jour de septembre a été assombri par la pire attaque de notre histoire. Les images du 11 septembre sont marquées au fer rouge dans notre mémoire nationale : des avions détournés qui traversent un ciel sans nuage, les tours jumelles qui s'effondrent, de la fumée noire qui s'élève du Pentagone, et l'épave du vol 93 à Shanksville en Pennsylvanie. La chaise vide au dîner. Les enfants qui ont dû grandir sans leur mère ou leur père. Les parents qui ne pourront plus jamais tenir leurs enfants dans leurs bras. Près de 3,000 concitoyens nous ont été arrachés, nous laissant un vide terrible dans le cœur.

Dans nos oreilles ou pouvait toujours entendre des appels à l'aide désespérés, des cris de détresse et d'angoisse, des voix étouffées par la peur et l'émotion. « Je vois de l'eau. Je vois des bâtiments. Nous volons bas. Nous volons très, très bas. Nous volons bien trop bas. Oh, mon Dieu, nous allons nous écraser au sol ». Il est 8h46, le 11 septembre 2001. Ces mots sont les derniers de Madeleine Sweeny, hôtesse de l'air à bord du vol 11 d'American Airlines. Un message du même genre a été envoyé à un officiel d'American Airlines par une autre hôtesse sur le vol 11, Betty Ong, avant que l'avion ne percute la tour nord du World Trade Center.

Comme ces deux hôtesses de l'air, des centaines de personnes prises au piège vont téléphoner à leurs proches. Ce jeune homme de 28 ans, Gaith Feeny, un cadre de bureau, appelle sa mère en Floride, à peu près deux minutes après l'impact du premier avion : « Maman, je n'appelle pas pour papoter. Je suis dans le World Trade Center, il a été touché par un avion. On est environ 70 dans une seule pièce. Nous avons fermé les portes pour essayer de maintenir la fumée à l'extérieur. » Coincé au 106e étage, il est mort suffoqué.

Howard Kane, un employé du restaurant Windows on the World, a connu le même sort. Un autre passager, Brian David tente d'avoir son épouse au téléphone, ne l'ayant pas trouvée, il laisse un message : « Notre avion a été pris en otage. Si les choses tournent mal, et ça n'a pas l'air d'aller très bien, je veux que tu saches que je t'aime. »

LES ÉLÉMENTS DE PREUVE

— Honorable président, nous arrivons à une phase très importante dans le procès.

C'est le moment de parler maintenant des éléments de preuve.

Selon les déclarations faites par l'agent spécial du FBI James M. Fitzgerald lors du procès de Zacarias Moussaoui, l'avion qui faisait la connexion entre Portland et Boston, avec à son bord Mohammed Atta et son associé Abdul Ariz Alomari, « était arrivé trop tard pour que les bagages puissent être affrétés à bord du vol AA11 ». Ainsi, les bagages sont restés au sol.

Toujours selon l'agent spécial Fitzgerald, le passeport d'Abdul Aziz Alomari fut également retrouvé dans l'une de ses valises. Le contenu des bagages permit aux agents de la FBI d'éclaircir rapidement le mystère sur les responsables et les motivations des attaques. Parmi les objets retrouvés dans les bagages d'Atta figuraient : un ordinateur de vol portable, un manuel de simulation de vol pour Boeing 757 et 767, un calculateur de vol avec règle glissante, une copie du Coran et un testament écrit à la main en arabe. Selon les dépositions d'agents du FBI, les bagages contenaient également les identités de tous les suspects impliqués dans les détournements, des données sur leurs plans, sur leur passé, leurs motivations, leurs liens avec Al-Qaïda, ainsi qu'un canif et une bombe lacrymogène. Lors des interrogatoires préliminaires à son procès, Khalid Cheick Mohammed, désigné comme le principal organisateur de ces attaques, reconnaît les faits.

D'autres indices compromettants furent aussi rapidement retrouvés à d'autres endroits. Par exemple, la Commission nationale d'enquête sur les attentats du 11 septembre, a relevé qu'un passeport d'un des pirates de l'air fut retrouvé à proximité du World Trade Center. Le permis de conduire d'un autre suspect, le Saoudien Ahmad Al Ghamdi, fut aussi retrouvé sur le lieu des attentats. Une Toyota Corolla enregistrée au nom du pirate Nawaf Alhazmi fut découverte à l'aéroport de Washington Dulles le 12 septembre. Celle-ci contenait une lettre de quatre pages écrites en arabe qui était identique à celle retrouvée dans les bagages de Mohammed Atta à Logan Airport à Boston, un talon de chèque libellé à l'ordre d'une école de pilotage de Phoenix, quatre dessins de cockpit d'un 757, un cutter, des cartes de Washington et de New York, et une page avec des notes et des numéros de téléphone. Dans une voiture louée par le pirate Marwan Alshehhi et trouvée à l'aéroport de Boston, le FBI a mis la main sur un manuel de pilotage en langue arabe, une carte donnant accès à des zones restreintes de l'aéroport, des documents contenant le nom d'une personne inscrite dans la liste des passagers d'un des vols, ainsi que les noms d'autres suspects. Le nom de l'école de pilotage où Mohammed Atta et Alshehhi avaient étudié, Huffman-Aviation, fut également trouvé dans la voiture.

Sur le lieu du crash au Pentagone, on trouva une carte d'étudiant du Royaume d'Arabie saoudite, portant le nom de Majed Moqed. Le 12 septembre 2001, le propriétaire d'un hôtel de Deerfield Beach en Floride déclara au FBI avoir trouvé une boîte de cutters oubliée dans une chambre occupée il y avait peu de temps par le pirate Marwan Alshehhi et deux autres pirates de l'air. Le propriétaire dit avoir trouvé dans une poubelle du voisinage un sac de paquetage contenant des manuels pour Boeing 757, trois livres illustrés sur les arts martiaux, une pile de vingt centimètres de cartes de la côte est, un classeur à trois anneaux bourré de notes écrites à la main, un dictionnaire anglo-allemand, un testeur à carburant pour avion et un rapporteur.

Honorable président, le plan des attaques du 11 septembre était clairement défini des années avant son exécution. Les relations entre Oussama Ben Laden et Khalid Sheikh Mohammed, le principal cerveau du coup, ont débuté au début de 1999 et continué jusqu'à l'arrestation de Mohammed, le 1er mars 2003, à Rawalpindi, une ville pakistanaise. Ce dernier a avoué aux agents de la CIA et aux services de renseignement pakistanais, Inter-Services Intelligence (ISI), avoir dirigé plusieurs attaques criminelles contre les intérêts américains, parmi lesquelles les attentats du 11 septembre 2001 contre le World Trade Center ; l'attentat à la bombe préparé par Richard Reid, qui visait à faire sauter un avion de ligne américain, le vol 63 assurant le trajet Paris à Miami ; le bombardement d'une discothèque à Bali ; également le premier bombardement du World Trade Center en 1993 ; et enfin l'assassinat de Daniel Pearl.

Mohammed s'est rendu aux Philippines en 1994 pour rencontrer son neveu Ramzi Yousef afin de préparer le complot de Bojinka dont le but était de détruire douze lignes aériennes commerciales reliant les États-Unis, l'Asie de l'Est et l'Asie du Sud-Est. Les plans comprenaient la location ou l'achat d'un Cessna, le plaçage des explosifs dans l'appareil pour forcer son atterrissage sur le bâtiment logeant le siège central de la CIA. En décembre 1994, Yousef avait effectué un essai de bombe sur le vol 434 de Philippine Airlines avec seulement 10% environ des explosifs devant être utilisés dans chacune des bombes destinées à être placées sur des avions de ligne américains. Le test a entraîné la mort d'un ressortissant japonais à bord du vol reliant Cebu à Tokyo. Le complot a été découvert au début de janvier 1995. Yousef a été capturé le 7 février de la même année.

Au moment où le complot de Bojinka a été découvert, Mohammed était rentré au Qatar en tant qu'ingénieur de projets en électricité et en eau. En 1995, il s'est rendu au Soudan, au Yémen, en Malaisie et au Brésil, pour rendre visite à des membres de la communauté jihadiste. Lors de son voyage au Soudan, il a tenté de rencontrer Ben Laden, qui y vivait à l'époque, assisté du chef politique soudanais, Hassan al-Tarabi. Les États-Unis ont demandé au gouvernement qatari de l'arrêter. En janvier 1996, il s'est alors enfui en Afghanistan où il a finalement rencontré Ben Laden, qui avait transféré les opérations d'Al-Qaïda en Afghanistan. Repoussant la demande de Ben Laden qui lui demandait de devenir un membre actif d'Al-Qaïda, Mohammed a accepté de faire partie du groupe vers la fin de 1998, quelques mois avant les attentats à la bombe contre les ambassades américaines à Nairobi et à Dar es Salaam. Il était devenu le chef du comité des médias d'Al-Qaïda.

LE PLAN DES ATTAQUES DU 11 SEPTEMBRE

À la fin de 1998, Mohammed a présenté le plan de détournement des avions à Ben Laden. Ce plan prévoyait le détournement de plusieurs appareils sur les côtes est et ouest afin de les faire s'écraser sur des cibles appropriées. Ben Laden a rejeté certaines cibles potentielles suggérées par Mohammed, telles que l'attentat contre la tour de l'US Bank à Los Angeles. Au début de 1999, Ben Laden a donné l'autorisation à Mohammed de procéder à l'organisation du complot du 11 septembre lors d'une réunion avec le chef de l'armée d'Al-Qaïda, Mohammed Atef. Ben Laden a dirigé le complot et a fourni un soutien financier. Il a été impliqué personnellement dans la sélection des participants, notamment en choisissant Mohammed Atta comme pirate de l'air. Mohammed a fourni un soutien opérationnel, notamment en sélectionnant des cibles et en aidant à organiser le déplacement des pirates, tandis qu'Atef dirigeait les actions sur le terrain.

Atta a rencontré Ben Laden pour discuter des objectifs. Les cibles retenues étaient le World Trade Center, le Pentagone et le Capitole. La Maison Blanche était également sur la liste. En avril 2002, dans une entrevue accordée au journaliste d'Al-Jazira, Yosri Fouda, Mohammed a admis qu'il avait monté le plan des attentats du 11 septembre avec Ramzi bin al-Shibh, le tout supervisé de près par Ben Laden. Dans le même entretien, Mohammed et Ramzi ont décrit les préparatifs du 11 septembre et ont déclaré qu'ils avaient d'abord pensé à « frapper deux installations nucléaires », mais qu'ils avaient finalement décidé de laisser de côté les cibles nucléaires.

Le procureur observe une pause pour calmer ses émotions, avant de continuer :

Honorable président, on dit que l'aveu est la reine des preuves, Ben Laden a délivré plusieurs messages pour revendiquer les attentats du 11 septembre. Le 7 octobre 2001, au premier jour des frappes américano-britanniques en Afghanistan, il apparaît sur une vidéo diffusée par Al-Jazira. Entouré de trois de ses lieutenants, il y explique d'un ton calme le but de son jihad : « Voici l'Amérique frappée par Dieu Tout-Puissant à l'un de ses organes vitaux. L'Amérique a été remplie d'horreur du nord au sud et de l'est à l'ouest et, Dieu, en soit loué, ce que l'Amérique vit maintenant n'est qu'une réplique de ce que nous avons enduré. » Et de promettre que les États-Unis ne connaîtront plus jamais la sécurité.

Une nouvelle vidéo tournée mi-septembre et diffusée par la Pentagone mi-décembre est sans équivoque. Selon les images d'archives de l'Ina reprenant un extrait du JT de France 2 du 13 septembre 2001, on voit Ben Laden en train d'expliquer à un ami saoudien la préparation du 11 septembre, soulignant que le résultat avait dépassé son espérance.

« Nous avons calculé à l'avance le nombre de victimes de l'ennemi qui seraient tuées, en fonction de la position des tours. Moi, j'étais le plus optimiste de tous grâce à mon expérience dans le domaine de la construction. Je pensais que l'incendie, à cause du carburant de l'appareil, ferait fendre la structure en métal du bâtiment, qu'il détruirait l'endroit où l'avion toucherait sa cible, mais aussi tous les étages qui étaient au-dessus. C'est tout ce que nous espérions. »

Le 26 décembre 2001, dans une autre vidéo diffusée par Al-Jazira, Oussama Ben Laden annonce que les attentats du 11 septembre avaient pour but de faire cesser le soutien de Washington à Israël. Voici le libellé d'un message du chef d'Al-Qaïda rendu public le 1er novembre 2004 :

« Les évènements qui m'ont marqué directement remontent à 1982 et des faits qui ont suivi lorsque l'Amérique a donné son feu vert à Israël pour envahir le Liban et que la troisième flotte américaine a aidé Israël dans les bombardements du Liban ; ceci a causé de nombreux morts et blessés et a terrorisé et expulsé d'autres personnes Derrière ces images et ses semblables est venu le 11 septembre comme réponse aux grandes injustices ; peut-on accuser de terrorisme un être humain qui se défend et qui punit son bourreau en usant des mêmes armes ? »

Commentant un enregistrement audio d'Oussama Ben Laden rendu public le 29 novembre 2007 par la chaîne de télévision arabe Al-Jazira, le porte-parole officiel du FBI, Richard Kolko, a déclaré : « Comme l'a dit le FBI depuis le 11 septembre, Ben Laden était le responsable de l'attaque et dans ce dernier enregistrement, il a de nouveau reconnu sa responsabilité. » Les terroristes qui secondaient Ben Laden dans la préparation et l'exécution des attentats ont fait les mêmes aveux. Au printemps 2002, à l'intérieur d'une maison privée à Karachi, Khalid Sheikh Mohammed et Ramzi bin al-Shibh, les deux lieutenants de Ben Laden qui ont joué un rôle majeur dans les attaques du 11 septembre, ont accordé une longue entrevue à un journaliste d'Al-Jazira. Les deux hommes ont raconté dans des moindres détails de quelle façon ils ont préparé les attentats à New York et de Washington. Quelques mois après, soit le 11 septembre 2002, le jour du premier anniversaire de la tragédie, Bin al-Shibh et plusieurs autres membres d'Al-Qaïda furent arrêtés à Karachi. Un lot de vingt passeports et des documents appartenant aux épouses et enfants de Ben Laden furent saisis dans la maison où se trouvaient les terroristes.

Honorable président, Karachi est la capitale financière de Pakistan, et c'est là que le groupe Al-Qaïda a ouvert son compte bancaire. Khalid

Sheikh Mohammed a transféré delà 130,000 dollars au groupe terroriste asiatique Jemaah Islamiyah après l'attentat à la bombe du 12 octobre 2002. Le 25 octobre 2002, tout de suite après l'attentat à la bombe à Bali ayant fait 202 morts dont 88 Australiens, 38 Indonésiens, et un total de 209 blessés, le Conseil de sécurité des Nations Unies vote la résolution 1267 indexant Jemaah Islamiyah comme un groupe terroriste affilié à Al-Qaïda et aux talibans. Ce groupe qui a sa sphère d'actions dans le sud-est asiatique, opère en Indonésie, aux Philippines, en Malaisie et à Singapour.

Khalid Mohammed arrêté le 1er mars 2003, à Rawalpindi, une ville pakistanaise, est maintenant détenu à Guantanamo. Il est celui qui coordonne sur le terrain les attentats du 11 septembre. Mohammed a confessé aux agents du FBI et à ceux de la CIA son rôle joué dans la plupart des attaques orchestrées par Al-Qaïda pendant les vingt dernières années. Ces informations devraient aider tous les théoriciens du complot à comprendre, une fois de plus, que l'attaque du 11 septembre a été perpétrée par Oussama Ben Laden à travers Al-Qaïda.

Al-Qaïda affirme avoir abattu des hélicoptères et tué des soldats américains en Somalie en 1993, et revendique également des attaques à la bombe ciblant des troupes américaines à Aden au Yémen en décembre 1992. Plusieurs attaques et tentatives d'attaques depuis le 11 septembre 2001 ont été attribuées à Al-Qaïda, y compris l'attentat raté à la chaussure piégée par Richard Reid, l'attentat contre la synagogue de Djerba en Tunisie, et des attentats manqués en Jordanie, en Indonésie, au Maroc et à Singapour. Le réseau a kidnappé Daniel Pearl, un journaliste du Wall Street Journal. Pearl est allé au Pakistan pour enquêter sur les liens supposés entre Richard Reid (surnommé le "shoe bomber") et Al-Qaïda. Il est décapité par ses ravisseurs. En mars 2007, lors d'une audience militaire à huit clos au centre de détention de Guantanamo Bay, Khalid Cheikh Mohammed déclare qu'il a lui-même décapité et découpé le corps de Pearl. En 2002, les membres d'Al-Qaïda ont attaqué le Limburg au Yémen. Ce pétrolier français lancé en 2000 en Corée du Sud, a été l'objet d'un attentat le 6 octobre 2002 au large du Yémen par des militants d'Al-Qaïda.

Le mardi 11 mars 2004 vers 7 heures 40, à Madrid la capitale espagnole, dix bombes explosèrent dans quatre trains de banlieue en l'espace de quelques minutes, tuant 192 personnes et en blessant 1,800. La date de l'opération avait été étroitement calculée pour tomber symboliquement

911 jours après les attentats du 11 septembre 2001 communément appelés 9/11. Le Premier ministre espagnol José María Aznar attribua au premier temps les attaques à l'ETA, l'organisation terroriste des séparatistes basques. Une enquête plus approfondie révélait que l'action criminelle était l'œuvre des jihadistes qui ont revendiqué le crime dans un journal arabophone de Londres. La découverte d'une camionnette contenant un détonateur et une cassette de versets du Coran, près d'une gare de banlieue où étaient partis deux des trains confirmaient qu'Al-Qaïda est l'auteur des attentats. Un message du porte-parole militaire autoproclame d'Al-Qaïda en Europe disait : « Vous aimez la vie et nous aimons la mort. » Le message reconnaît que les attentats étaient « une riposte à la collaboration de l'Espagne avec le criminel Bush, spécialement en Irak et en Afghanistan ».

On pourrait se demander quel lien ont ces attentats commis à Madrid et ceux perpétrés aux États-Unis le 11 septembre ? Tout d'abord, c'est à Madrid que Mohammed Atta, le leader des kamikazes, a recruté en juillet 2001 le terroriste Al-Shibh qui l'a aidé à commettre les détournements des vols d'American Airlines et d'United Airlines qui s'écrasèrent sur les tours jumelles et le Pentagone. Ensuite, le message d'Al-Qaïda pour revendiquer les attentats du 11 mars 2004 provenait de Londres. Le terroriste britannique d'origine pakistanaise Omar Saeed Sheikh, l'auteur du transfert de 100,000 dollars sur le compte d'Atta pour financer le 11 septembre, depuis sa prison, dans la capitale anglaise, dirigeait une base d'Al-Qaïda à l'époque.

Le diplomate Abdul Khaliq Farahi, consul général d'Afghanistan à Peshawar, au Pakistan, a été kidnappé par Al-Qaïda en septembre 2008, quelques semaines avant de prendre ses fonctions d'ambassadeur. Il a été libéré plus de deux ans après suite au versement par Kaboul d'une rançon d'un montant total de 5 millions de dollars. Des lettres échangées entre Ben Laden et Atiyah Abd Al-Rahman ont été présentées comme preuves à charge dans le procès à New York d'Abid Nasir, un membre d'Al-Qaïda, reconnu coupable d'avoir participé à la perpétration avortée d'attentats à New York, à Manchester et à Copenhague.

Al-Qaïda entretient des relations très étroites avec nombre d'autres organisations terroristes comme le groupe indonésien extrémiste Jemaah Islamiyah. Le Conseil de sécurité des Nations Unies a décidé à l'unanimité, le 16 janvier 2002, d'établir un embargo et de geler les capitaux d'Oussama Ben Laden et de ses amis talibans.

Honorable président, les théoriciens du complot critiquent le fait que les avis de recherche concernant Ben Laden, publiés sur le site du FBI, ne mentionnent pas les attentats de 2001 alors même qu'ils indiquent ceux perpétrés en 1989 contre les ambassades américaines de Dar es Salaam en Tanzanie et de Nairobi au Kenya. La réponse est simple, Ben Laden étant déjà activement recherché pour son implication dans d'autres attentats, il n'y avait pas d'urgence de mentionner son nom dans un avis de recherche pour son rôle dans les attentats de 2001.

En outre, la déclaration de 2002 du directeur exécutif adjoint pour les divisions du contre-espionnage et du contre-terrorisme du FBI devant la Commission permanente du Sénat chargée du renseignement (Sénat Select Committee on Intelligence) désigne clairement Al-Qaïda comme responsable des attentats du 11 septembre et Ben Laden comme le chef de cette organisation terroriste. En février 2003, le directeur du FBI, Robert S. Mueller, a déclaré devant la même commission que « les preuves impliquant Al-Qaïda dans les attaques du 11 septembre étaient claires et irréfutables ». Il a précisé que : « le réseau terroriste était dirigé par Oussama Ben Laden ».

Enfin, l'avis de recherche émis à l'encontre de Ben Laden sur le site du programme Rewards for Justice – qui dépend du département d'État américain – indique explicitement que Ben Laden « est recherché dans le cadre des attentats du 11 septembre 2001 perpétrés contre le World Trade Center et le Pentagone ».

D'autres critiques mettent en question l'effondrement des tours. Sceptiques, certains se demandent pourquoi les tours du World Trade Center sont effondrées ? La réponse est simple, l'impact des avions a provoqué des incendies qui ont fragilisé les structures métalliques et provoqué l'effondrement des deux tours jumelles. À 100 mètres, une troisième tour, dite tour n° 7, s'est écroulée sans qu'aucun avion ne soit venu s'y encastrer. Les partisans du complot parlent bien vite « d'une démolition contrôlée d'immeuble ». Cependant, en 2008, l'Institut officiel de normalisation américain (NIST) a rendu public les résultats de sa propre enquête qui conclut à un effondrement dû à la chaleur de l'incendie. Les structures métalliques ont tout simplement fondu, le système de refroidissement des tours étant endommagé.

Honorable président, Oussama Ben Laden a lancé différents messages depuis 1994, les textes de ces messages sont publiés dans le livre de Monsieur Bruce Lawrence : « *Message to the World –The Statement of Osama Bin Laden* », paru en 2005. Je dépose ce livre comme preuve (document PS-1690, USA-284). À travers la lecture des textes on comprend bien la philosophie de Ben Laden et surtout on peut découvrir sa volonté d'attaquer les intérêts américains partout où ils se trouvent dans le monde.

Je dépose comme preuve également le document L-162. C'est la liste des noms des 3,000 victimes des attentats du 11 septembre.

Je soumets maintenant au tribunal le document MS-1092 avec des extraits des messages de Ben Laden.

Honorable président, je vous fais remarquer que le document MS-1092 contient des paroles pertinentes de Ben Laden et l'accusation pense que son contenu est d'une importance telle qu'elle doit donner lecture de certains passages.

Le président

— Le tribunal accepte pourvu que vous lisiez seulement les passages les plus importants.

Le procureur

— Oui, monsieur le président. Puis-je commencer avec la lecture ?

Le président

— Vous avez la parole.

Le procureur

— Fin septembre 2001, dans un entretien avec un journal pakistanais, Ben Laden a déclaré : « Le jihad continuera même si je ne suis pas là. »

Le 7 octobre 2001, dans une vidéo diffusée par la télévision Al-Jazira, il affirme : « Je jure par Dieu que l'Amérique ne connaîtra plus jamais la sécurité avant que la Palestine ne la connaisse et avant que toutes les armées occidentales athées ne quittent les terres saintes. »

En novembre 2001, dans une vidéo envoyée à Al-Jazira, il dit : « Ceux qui veulent résoudre nos problèmes aux Nations unies sont des hypocrites ( ) Ceux qui affirment être des dirigeants arabes membres de l'ONU soit des infidèles. »

Honorable président, je dépose maintenant le document PS-19786, USA-176, contenant un nombre de déclarations d'Oussama Ben Laden qui ne sont pas mentionnées dans le livre de Monsieur Bruce Lawrence.

Le 31 janvier 2002, dans une entrevue enregistrée en octobre 2001 par Al-Jazira, Ben Laden déclare : « La bataille s'est déplacée à l'intérieur de l'Amérique. Nous poursuivons cette bataille jusqu'à la victoire ou jusqu'à ce que nous rencontrions Dieu ».

En mai 2002, dans une vidéo envoyée à plusieurs médias, il déclare : « La guerre est entre nous et les Juifs. Tout pays qui se place du côté des Juifs n'a qu'à s'en prendre à lui-même ».

En février 2003, il parle ainsi dans une vidéo envoyée à Al-Jazira : « Nous mettons l'accent sur l'importance des opérations martyres contre l'ennemi. Ces attentats ont fait peur aux Américains et aux Israéliens comme jamais auparavant ».

En octobre 2003, il déclare dans une vidéo envoyée à Al-Jazira dans laquelle il fait référence à la guerre en Irak : « Nous nous réservons le droit de répliquer (...) contre tous les pays qui participent à cette guerre injuste, à savoir la Grande-Bretagne, l'Espagne, l'Australie, la Pologne, le Japon et l'Italie ».

En avril 2004, il déclare dans un message audio obtenu par la chaîne de télévision Al Arabiya : « Je présente une initiative de réconciliation (...) dont les fondements sont notre engagement à cesser des opérations contre tous les pays [européens], s'ils promettent de ne pas être agressifs envers les musulmans et de ne plus intervenir dans nos affaires. »

C'est le Liban, dit-il, en novembre 2004, qui lui a inspiré l'idée des attentats anti-américains du 11 septembre 2011. « Je résolus fermement de punir les oppresseurs et de "détruire" des tours aux États-Unis, pour qu'ils vivent ce que nous avons vécu et pour les dissuader de tuer nos enfants et nos femmes », dit-il dans un message adressé en novembre 2004 au peuple américain.

En janvier 2006, dans une vidéo envoyée à Al-Jazira, il menace les États-Unis en disant : « Ces opérations sont en cours de préparation et vous les verrez au cœur de votre pays lorsqu'elles seront prêtes ».

En avril 2006, dans une vidéo obtenue par Al-Jazira, faisant référence aux réactions d'Israël et des États occidentaux après les élections palestiniennes, il déclare : « Le rejet du Hamas après qu'il a remporté les élections (...) confirme qu'il y a une guerre unissant les croisés et les sionistes contre les musulmans ».

Le 7 septembre 2007, dans une vidéo pour marquer le sixième anniversaire du 11 septembre, il menace d'une intensification des combats en Irak, et affirme que les États-Unis sont vulnérables malgré leur pouvoir économique et militaire.

Le 19 mars 2008, dans un enregistrement audio, il menace l'Union européenne d'un « grand châtiment » après la publication de caricatures du prophète Mahomet. Il déclare que la meilleure façon pour les musulmans d'aider les Palestiniens est de soutenir les combats en Irak contre les forces américaines.

En mai 2008, dans plusieurs enregistrements audios postés sur Internet, il appelle à continuer le combat contre Israël, à briser le blocus de Gaza, affirmant que le conflit israélo-palestinien est au cœur du combat des musulmans contre l'Occident. Il appelle également à combattre les régimes arabes qui discutent avec Israël.

Le 14 janvier 2009, Ben Laden appelle à un nouveau jihad contre Israël et invite les musulmans à ne pas se fier aux dirigeants arabes, « dont la grande majorité est alliée à la coalition de croisade sioniste ».

Le 3 juin 2009, dans un message audio, il affirme que Barack Obama a planté les graines « de la revanche et de la haine envers l'Amérique » dans le monde musulman, et conseille aux Américains de se préparer à faire face aux conséquences.

Le 14 septembre 2009, il affirme que Barack Obama « n'a pas le pouvoir » d'arrêter la guerre en Irak et en Afghanistan. « La raison de notre conflit avec vous est votre soutien à votre allié israélien, qui occupe nos terres en Palestine ».

Le 24 janvier 2010, dans un enregistrement audio obtenu par Al-Jazira, il revendique l'attentat manqué contre un avion en vol vers Détroit le 25 décembre 2009, à bord duquel un Nigérian, Abdul Farouk Abdulmutallab, avait tenté d'actionner des explosifs dissimulés dans ses sous-vêtements : « *Le message que je veux vous transmettre à travers le héros Farouk Abdulmutallab réaffirme le message que vous avaient transmis les héros du 11-septembre* ». Il annonce de nouvelles attaques jusqu'à ce que les États-Unis trouvent une solution pour la situation des Palestiniens.

Le 25 mars 2010, dans un enregistrement audio, il menace de tuer des Américains si les États-Unis exécutent Khalid Cheikh Mohammed, considéré comme l'un des cerveaux des attentats du 11 septembre.

Finalement, je dépose comme éléments de preuve au tribunal les différents matériels et indices saisis par le FBI dans le cadre de l'investigation. À savoir :

1) Un ordinateur de vol portable, un manuel de simulation de vol pour Boeing 757 et 767, un calculateur de vol avec règle glissante, une copie du Coran et un testament écrit à la main en arabe. Ces objets ont été trouvés dans la valise du terroriste Mohamed Atta.

2) Le passeport d'Abdul Aziz Alomari trouvé dans l'une de ses valises.

3) La photo d'une Toyota Corolla enregistrée au nom du pirate Nawaf Alhazmi découverte à l'aéroport de Washington Dulles le 12 septembre 2001. Celle-ci contenait une lettre de quatre pages écrites en arabe qui était identique à celle retrouvée dans les bagages de Mohammed Atta à Logan Airport à Boston, un talon de chèque libellé à l'ordre d'une école de pilotage de Phoenix, quatre dessins de cockpit d'un 757, un cutter, des cartes de Washington et de New York, et une page avec des notes et des numéros de téléphone.

4) La photo de la voiture louée par le pirate Marwan Alshehhi et trouvée à l'aéroport de Boston. À l'intérieur de cette voiture le FBI a trouvé un manuel de pilotage en langue arabe, une carte donnant accès à des zones restreintes de l'aéroport, des documents contenant le nom d'une personne inscrite sur la liste des passagers d'un des vols, ainsi que les noms d'autres suspects. Le nom de l'école de pilotage où Mohammed Atta et Alshehhi étudiaient, Huffman-Aviation, fut également trouvé dans la voiture.

Nous déposons tous ces matériels comme des éléments de preuve au tribunal.

5) Le permis de conduire du Saoudien Ahmad al Ghandi trouvé sur le lieu des attentats.

6) Une carte d'étudiant du Royaume d'Arabie Saoudite, portant le nom de Majed Moqed trouvé sur le lieu du crash au Pentagone.

7) Une boîte à cutters oubliée dans la chambre d'hôtel occupée par le pirate Marwan Alshehh à Deerfield Beach (Florida) et deux autres pirates. Un sac de paquetage contenant des manuels pour Boeing 757, trois livres illustrés sur les arts martiaux, une pile de vingt centimètres de cartes de la côte est, un classeur à trois anneaux bourrés de notes écrites à la main, un dictionnaire anglo-allemand, un testeur à carburant pour avion et un rapporteur, trouvés dans une poubelle du voisinage par le propriétaire de l'hôtel.

8) Enfin, une cinquantaine de vidéos où Ben Laden s'adressait aux journalistes, particulièrement ceux d'Al-Jazira.

Tous ces éléments recueillis au cours de l'investigation montrent sans aucun doute la main cachée de Ben Laden dans le 9/11. Quelques jours après ces attaques, Al-Qaïda a revendiqué les attentats, c'est-à-dire qu'elle a reconnu en être responsable. Cette organisation créée par l'accusé en 1998, est considérée comme la principale ennemie des États-Unis. Selon Ben Laden les États occidentaux (Europe, Amérique) et en premier lieu les États-Unis s'occupent trop des affaires des autres pays et veulent dominer le reste du monde.

Certains prétendent que le gouvernement américain aurait laissé se produire les attentats tout en étant au courant de ce qui se préparait du côté des terroristes. Ce plan délibéré aurait eu lieu pour que le président de l'époque, Georges W. Bush, puisse être réélu au pouvoir. D'autres vont plus loin en estimant que le gouvernement a déclenché délibérément ces attentats.

Ainsi cette idée, que les Américains sont les auteurs des attentats qui les visaient eux-mêmes, reste absurde. Elle dépossède Al-Qaïda et les organisateurs jihadistes de leur propre responsabilité pour des actes que Ben Laden revendique lui-même. Oui, il y a une forme de complexité dans le 11 septembre 2001. C'est un événement traumatique. C'est un événement qui est un jalon historique. Le 11 septembre vient inaugurer l'ère du terrorisme mondialisé et poser pour la première fois la capacité opérationnelle des groupes terroristes comme Al-Qaïda pour saboter à un haut niveau les intérêts capitalistes. Mais croire à la théorie du complot comme la seule explication au 9/11, c'est se faire porteur du message de tous ceux-là qui critiquent la version des faits dans le rapport de la Commission nationale d'enquêtes sur le 9/11. Et en niant les faits présentés par le gouvernement américain, on s'engage et on engage aussi sa responsabilité de citoyen dans un débat incohérent et sans fondement.

Avoir des doutes, cela n'a rien de contestable ni de criminel. Mais, créer un doute dans le but de profiter d'une situation pour atteindre un objectif spécifique, voilà ce qui est condamnable.

Les mêmes sceptiques se demandent pourquoi Ben Laden nie la responsabilité des attentats le 17 septembre 2001 puis les revendique en décembre 2001. C'est totalement illogique, se disent-ils. Ce n'est pas totalement illogique de la part de l'accusé car il y a une tactique politique derrière sa démarche. Il veut piéger l'administration américaine et alimenter le doute dans l'esprit du public. Car en créant des variables et des paramètres inconnus, il sait combien il serait difficile de donner des conclusions correctes à 100% sur les attentats du 11 septembre 2001 dont il est l'auteur.

Pour Ben Laden, le 9/11 était tout simplement une réponse aux bombardements américains des camps d'entraînement d'Al-Qaïda en Afghanistan. Le président Clinton a ordonné l'opération contre les bases du groupe à la suite des attentats contre les consulats américains au Kenya. Le 11 septembre était également une réponse à l'opération militaire américaine en Somalie au début des années 90.

Ben Laden a convoqué une conférence de presse le 28 mai 1998 dans un camp situé près de la ville de Khost, dans l'est de l'Afghanistan, au cœur du militantisme islamique en Afghanistan. Le message du chef d'Al-Qaïda n'était pas différent : « une vaste campagne contre les Juifs et les croisés ». Un appel perpétuel à la vengeance contre les Juifs et les Américains. « Revanche » est le même mot qu'il a véhiculé dans une série de déclarations de presse et d'entrevues données à des journalistes britanniques et américains, notamment Peter Arnett de CNN, Robert Fisk de London Independent et John Miller de la chaîne de télévision américaine ABC.

« Notre devoir est de motiver notre umma à jihad pour l'amour de Dieu contre l'Amérique et Israël et leurs alliés ... »

Une lettre rédigée en arabe a été postée sur Internet le 14 octobre 2002. Le texte complet de cette lettre a été publié en traduction anglaise dans le *London Observer* le 24 novembre 2002. La lettre pose et répond à la question fondamentale, à savoir : « Pourquoi est-ce que nous nous battons contre vous ? » Les déclarations de Ben Laden y sont précises. Il explique les raisons pour lesquelles il fait la guerre, non seulement contre le gouvernement américain, mais également contre tous les citoyens américains.

« Ce sont les Américains qui paient les impôts et qui financent les avions qui nous bombardent en Afghanistan, les chars qui abattent et détruisent nos maisons en Palestine, les armées qui occupent nos terres dans le golfe Persique et les flottes qui assurent le blocus de l'Irak. Ces taxes sont versées à Israël pour qu'il continue à nous attaquer et à envahir nos terres. Ainsi, ce sont les Américains qui financent les attaques contre nous et ce sont eux qui supervisent les dépenses de ces fonds comme ils le souhaitent, par l'intermédiaire de leurs candidats élus. »

« De plus, l'armée américaine emploie à la fois ses hommes et ses femmes dans les forces américaines qui nous attaquent. C'est pourquoi le peuple américain ne peut être innocent de tous les crimes commis par les Américains et les Juifs contre nous. Dieu, le Tout-Puissant, a légiféré la permission et l'option de venger cette oppression. Ainsi, si nous sommes attaqués, nous avons le droit de riposter. Si les gens détruisent nos villages et nos villes, nous avons le droit de faire la même chose en retour. Si les gens volent notre richesse, nous avons le droit de détruire leur économie. Et quiconque tue nos civils, alors nous avons le droit de tuer les leurs. »

« Le gouvernement américain et la presse refusent toujours de répondre à la question : pourquoi on les attaque à New York et à Washington ? Si Sharon est un homme de paix aux yeux de Bush, nous sommes aussi des hommes de paix. Les États-Unis ne comprennent pas le langage des mœurs et des principes, nous le traitons donc avec le langage qu'ils comprennent. »

Le procureur général observe une pause puis continue :

Honorable président nous continuons avec les éléments de preuve. Nous parlons maintenant du financement des attentats du 11 septembre 2001. La planification sur le terrain méticuleusement élaborée est l'œuvre de Khaled Cheikh Mohammed, un fidèle allié de Ben Laden. De nationalité afghane, né et élevé au Koweït, Mohammed avait obtenu un diplôme d'ingénieur en Caroline du Nord au milieu des années 80. Il était secondé dans la préparation d'autres attentats par son neveu Ramzi Yousef. De nationalité pakistanaise, Yousef avait exécuté le premier attentat contre le Word Trade Center, en 1993, et avait par la suite réussi à s'exiler aux Philippines. Alors qu'il résidait à Manille, il a mis sur pied le « Bojinka complot » un attentat pour assassiner Jean Paul II au cours de la visite du pape aux Philippines, et il a tenté ensuite de détruire des avions de ligne américains. Son action criminelle de placer une bombe dans l'appareil Philippine Airlines Vol 434 fut déjouée à temps. En 1995, il fut appréhendé par le l'Inter-Services Intelligence pakistanais (ISI) à Islamabad et rapatrié aux États-Unis pour être jugé dans la première affaire du World Trade Center.

Dès la naissance du complot qui a commencé à prendre forme au début de 1999, Mohammed ne pouvant compter sur l'appui de Yousef condamné à la prison à vie et interné dans la prison ADX Florence, au Colorado, délégua l'organisation financière à Moustapha Ahmed al-Hawsawi, un citoyen saoudien affilié à Al-Qaïda. Basé dans les Émirats particulièrement à Sharjah, Hawsawi envoya de l'argent vers différentes banques américaines, et réussit à ouvrir trente-cinq comptes distincts grâce à la complicité de ses amis banquiers qui l'aidaient à inventer même un numéro de Sécurité sociale pour les pirates de l'air. En mars 2003, Mohamed et Hawsawi furent arrêtés au domicile d'un intégriste pakistanais de Rawalpindi, une ancienne ville de garnison britannique devenue le quartier général de l'armée pakistanaise.

Honorable président, il y a des preuves convaincantes quant au financement des attentats du 11 septembre 2001 par Al-Qaïda. Dans les jours qui suivirent le 11 septembre, les enquêteurs partaient à la recherche des traces financières laissées par les terroristes. Le 1er octobre 2001, le FBI découvrit un lien entre les pirates de l'air et Ben Laden, à travers un transfert d'argent au profit de Mohammed Atta, le leader des kamikazes, qui vivait à l'époque en Floride. L'enquête révéla que le transfert provenait du Pakistan et que le financier était Ahmed Omar Saeed Sheikh, un Britannique d'origine pakistanaise, diplômé de l'École des Sciences Économiques de Londres, connu pour être l'un des financiers d'Al-Qaïda. Le transfert a lieu le 11 août 2001. Un autre transfert de 100,000 dollars, toujours de M. Omar, a eu lieu un an plus tôt, durant l'été 2000.

Qui ne connaît pas le financier britannique, Omar Saeed Sheikh, l'un des plus fameux activistes islamistes ? Il est connu mondialement pour son implication dans l'enlèvement et le meurtre du journaliste du Wall Street Journal Daniel Pearl, en janvier 2002. Il a été condamné à mort le 15 juillet 2002 pour ce meurtre. C'est en utilisant son téléphone portable en prison qu'Omar Sheikh monta, en collaboration avec le Lashkar-e-Jhangvi, un complot visant à éliminer l'ancien président Pervez Musharraf. L'organisation terroriste a réussi en 2009 un attentat contre l'équipe nationale de cricket de Sri Lanka.

Omar est capable même en prison de menacer. Le 26 novembre 2008, des terroristes pakistanais du Lashkar-e-Taiba ont attaqué Mumbai, dont l'ancien nom est Bombay. La ville a été alors frappée par de terribles attentats. Les responsables ont été rapidement identifiés. Deux jours après, le 28 novembre 2008, Omar, se faisant passer pour le ministre indien des Affaires étrangères Pranab Kumar Mukherjee, a appelé le président pakistanais Asif Ali Zardari et menacé Zardari d'une guerre si le Pakistan n'agissait pas contre ceux qui avaient fomenté l'attaque. L'armée pakistanaise fut mise en alerte. Le président Zardari ordonna au commandant en chef de son armée, Ashfaq Parvez Kayani, de déplacer ses troupes de la frontière afghane vers la frontière indienne. Des avions de combat décollèrent avec le plein de munitions pour patrouiller au-dessus de la capitale Islamabad et de Rawalpindi. Alertée de la situation, en pleine nuit, Condoleezza Rice, la Secrétaire d'État américaine, téléphona au ministre indien des Affaires étrangères pour lui demander des comptes sur ses menaces de guerre. Incrédule, celui-ci a démenti toute action de ce type. Il n'a pas fallu longtemps pour découvrir qu'Ahmed Omar Saeed Sheikh avait inventé cette histoire. Il était le mystérieux imposteur, qui avait contacté depuis sa cellule de prison le président Asif en se faisant passer pour le ministre indien des Affaires étrangères. Tenu informé en temps réel de l'évolution des attaques de Bombay par sa femme Saadia Omar, grâce à un téléphone portable qu'il avait réussi à dissimuler à l'administration pénitentiaire, il avait assez d'information pour piéger les dirigeants de l'Inde et du Pakistan, et pousser les deux pays à la guerre.

Nous continuons avec la question du financement. En 1997, la désertion vers Londres de Nadani al-Tayeb, citoyen saoudien et principal cadre financier d'Al-Qaïda, a permis au FBI de recueillir de précieuses informations sur les transactions financières du groupe terroriste dirigé par Ben Laden. Connu sous le nom de Abu Fadl al-Makki, al-Tayeb a appris aux services secrets américains que Ben Laden dispersait ses fonds dans des dizaines de pays. Au cœur de ses finances se trouvait la société « Konsojaya », une firme d'import-export enregistrée à Kuala Lumpur en Malaisie le 2 juin 1994 et spécialisée dans le commerce des matières premières, la vente, par exemple, d'huile de palme au Pakistan.

La société entretient de bonnes relations commerciales avec d'autres extrémistes islamistes d'Asie du Sud-est. Les transactions de Konsojaya étaient contrôlées par un Indonésien du nom de Riduan Isamuddin qui réussit à échapper à la police jusqu'en août 2003, date de son arrestation en Thaïlande. Connu également sous le nom de Hambali, Ben Laden se servait de Konsojaya comme couverture pour financer le groupe Djamaa Islamiya qui devint le partenaire régional d'Al-Qaïda et établit en Indonésie, à Singapour, en Malaisie, aux Philippines et en Australie des unités opérationnelles s'employant à établir un califat en Asie du Sud-est. Wali Khan Amin Shah, un bon ami de Ben Laden, et citoyen Afghan, était l'un des membres influents de Konsojaya. Il détenait 3,000 actions sur un total de 6,000 et Mehdat Abdul Salam Shabana, un autre citoyen afghan, détenait l'autre moitié. Khaled Sheikh Mohammed, un pilier dans les transactions financières d'Al-Qaïda, voyageait dans différents endroits pour faire la promotion de la compagnie. C'est à travers Konsojaya qu'une somme importante d'argent a été transférée sur le compte de Ramzi Yousef pour la planification des attentats à Manille, du nom d'Opération Bojinka, lesquels visaient la destruction de onze avions commerciaux. Le transfert arriva sur le compte d'Omar Abu Omar, un employé des relations internationales et du centre d'information, une filiale de Konsojaya dirigée par Mohammed Jamal Khalifa, un beau-frère de Ben Laden, avant d'arriver sur le compte de Yousef.

En mars 2003, le FBI se vit attribuer la responsabilité de l'ensemble des investigations sur le financement du terrorisme. Cependant, le nouveau département de Sécurité du territoire national, rattaché au service des douanes et chargé initialement de l'enquête, refusa de transmettre ses dossiers (Washington Post, 18 octobre 2003). Publiée à la demande du Wall Street Journal, la déclaration écrite disait que sur 54 millions de dollars collectés entre 1996 et 2000, 26 avaient été dirigés vers l'île de Man, un paradis fiscal dont la législation sur le secret bancaire empêchait de découvrir la destination ultime des fonds. Selon David Kane, de la Sécurité du territoire national, il s'agissait d'acheminer de l'argent vers les terroristes par des voies occultes, et de frustrer les États-Unis en gênant, en entravant et en compromettant le bon fonctionnement des services fiscaux américains. La déclaration spécifiait que le Safa Group avait subventionné le Hamas et le jihad islamique palestinien, et les responsables de l'enquête ajoutèrent que le groupe avait investi des millions de dollars dans des banques et des compagnies qui finançaient Al-Qaïda.

Avec un soutien financier international dont le rôle majeur fut joué par le Rabita al-Alam al-Islami, la Ligue musulmane mondiale, fondée en 1962, par les Saoud afin de propager à l'étranger le message salafiste, Azzam et Ben Laden établirent le Maktab al-Khidamat (Bureau des Services) à Université Town, faubourg de Peshawar, rue Syed Jalauddin al-Afghani. Le Bureau défendait la cause afghane en mettant une aide financière au service des combattants volontaires. Ben Laden utilisait la même cellule et également ses contacts familiaux pour financer Al-Qaïda.

Certains pourraient se poser la question : où est la main de Ben Laden dans le financement des attentats du 11 septembre ? Ben Laden disposait de millions de dollars et il était connu par les services secrets en tant que bailleur de fonds du terrorisme. Il restait absent pendant plus de la moitié de l'année collectant des fonds en Arabie saoudite et ailleurs pour Al-Qaïda. Il recrutait en même temps sa base. Le premier cercle des membres incluait des Égyptiens, avec des lieutenants comme Mohammed Atef, ex-policier plus connu sous le nom d'Abou Hafs al-Masri, et Abou Oubaidah al-Banshiri. Contrairement à Azzam qui suivait la pratique des Frères musulmans : ne recruter que parmi l'élite, Ben Laden recrutait tout le monde, les marginaux saisonniers, wahhabites, salafistes, les tashir. Il voulait impliquer Al-Qaïda dans les combats et commettre des actions de terreur à travers le monde. N'ayant aucun respect pour les normes, il décidait de transgresser un interdit wahhabite, et même sunnite, celui qui portait sur la tradition chiite du suicide sacrificiel, ce qui allait devenir sa contribution personnelle à Al-Qaïda dans l'utilisation de la violence au service du terrorisme politique. Pour lui, Al-Qaïda était une légion islamique armée prête à combattre à tout moment, non seulement en Afghanistan, mais dans tous les autres jihads à travers le monde.

Une enquête pour cerner les finances de Ben Laden n'est pas facile à effectuer car les comptes bancaires n'étaient pas à son nom. Après avoir étudié de très près la question, un groupe d'experts du Conseil national de sécurité, du Département d'État, du Trésor, du FBI et de la CIA a fini par remonter la filière. Ben Laden a utilisé la complicité des organisations de bienfaisance pour cacher sa fortune et masquer les finances d'Al-Qaïda. On cite par exemple l'Al-Rashid Trust (ART), une organisation caritative alimentée par des fonds saoudiens qui s'était abondamment illustrée dans l'aide humanitaire au Pakistan et en Afghanistan.

Indépendamment d'un réseau complexe de banques et de sociétés écrans, Al-Qaïda via Ben Laden se servait de diverses organisations palestiniennes et d'hommes d'affaires installés en Algérie, en Tchétchénie ou en Asie centrale. Ben Laden utilisait également les services de riches négociants, souvent dans le Golfe, - surtout à Dubaï et en Arabie Saoudite -, qui avaient des comptes en Suisse ou dans des paradis fiscaux situés en général dans les îles des Caraïbes.

La collaboration secrète entre Ben Laden et la banque Al-Taqwa constitue un parfait exemple. En 1959, le Frère musulman Youssef Nada, après avoir fait fortune dans le Golfe, a quitté l'Égypte pour l'Italie et a fondé Al-Taqwa en 1987. Naturalisé italien, Nada habitait la commune de Campione d'Italia, une enclave italienne en plein territoire suisse, au bord du lac de Lugano. Une connaissance précise des vides juridiques dans certains pays des Caraïbes l'a encouragée à ouvrir une filiale de sa banque aux Bahamas. Six mois avant le 11 septembre, les services secrets américains détenaient des informations assez fiables pour demander la révocation de la charte de la banque Al-Taqwa de Nassau, paradis fiscal territorial aux Bahamas, qui aidait des entreprises de toutes nationalités à blanchir de l'argent. Les dirigeants américains soutinrent qu'Al-Taqwa collectait, plaçait et gérait des fonds pour Al-Qaïda. Les spécialistes égyptiens, américains et européens soupçonnaient depuis longtemps cette célèbre banque tenue par les Frères musulmans d'être de connivence avec Al-Qaïda et des groupes extrémistes algériens, égyptiens et palestiniens. En novembre 2001, les autorités des Bahamas, après avoir transmis à Washington un relevé des opérations d'Al-Taqwa fermèrent la banque en raison de mauvaises affaires. La même année, la filiale italo-suisse d'Al-Taqwa fut supprimée.

Il était de notoriété publique qu'Al-Qaïda rançonnait des hommes d'affaires ou princes du Golfe qui versaient des sommes énormes à l'organisation terroriste en voulant acheter leur tranquillité, ou tout simplement pour exprimer leurs sentiments anti-occidentaux. L'argent payé par les gouvernements occidentaux pour la libération de leurs ressortissants pris en otage par Al-Qaïda représente également une source criminelle de rentrée d'argent dans les caisses du groupe. Un fonds que Ben Laden utilisait secrètement pour financer les attentats du 11 septembre et aider plusieurs autres groupes terroristes dans le monde.

Parmi ceux-ci, il aida à financer le jihad islamique de son bon ami à Peshawar, Zawahiri, le groupe rival Al-Djamaa al-Islamiya, le Groupe islamique armé algérien (GIA) et d'autres groupes de combattants du jihad en Erythrée, en Libye, en Tunisie, en Tchétchénie et dans les anciennes républiques soviétiques d'Asie centrale. C'est la vérité que Ben Laden, comme on l'a déjà souligné, ne représentait pas la seule source de revenus des organisations criminelles terroristes. D'autres riches Arabes du Golfe soutenaient financièrement la cause des islamistes. Ils le faisaient pour diverses raisons. En Asie centrale, pour réintroduire la religion dans la version stricte de l'islam après soixante-dix ans de domination et de répression soviétiques. En Algérie, les Arabes milliardaires utilisaient l'argent du pétrole pour déstabiliser le régime militaire corrompu et pro-occidental, dans lequel ils voyaient un prolongement du pouvoir colonial, et certains donnaient de l'argent à des groupes terroristes comme Al-Qaïda et l'OPL par crainte de représailles.

En janvier 2003, par exemple, le FBI monta un complot pour attirer à Francfort Mohammed Ali Hassan al-Moayad, leader religieux Yéménite qui avait besoin d'un traitement médical. Imam d'une mosquée de Sanaa au Yémen, Moayad était un cadre influent du parti d'opposition Islah (Réforme). Pendant trois jours, la police allemande enregistra ses conversations avec un agent secret dans un hôtel de l'aéroport de Francfort. Il se vanta d'avoir rencontré Ben Laden et de lui avoir remis avant le 11 septembre plus de 20 millions de dollars, collectés en grande partie par la mosquée Al-Farouk de Brooklyn. L'informateur du FBI piégea l'imam en obtenant son accord pour transmettre 20 millions de dollars à Al-Qaïda en tant que contribution à l'approvisionnement en fonds et en armes pour la cause des jihadistes dans le monde entier. Grâce aux indices recueillis, Moayad fut arrêté en même temps que son jeune assistant pour versement de fonds à Al-Qaïda et au Hamas. Extradés vers les États-Unis, ils furent mis en accusation à Brooklyn en novembre 2003.

Le procureur général observe une pause puis continue :

Honorable président, des années après les attentats du 11 septembre 2001, les États-Unis, selon les rapports du FBI et de la CIA, sont toujours sous la menace grave d'Al-Qaïda et de toutes ses filiales et sympathisants. L'organisation est certes durement ébranlée avec l'absence de Ben Laden obligé de se terrer dans une grotte en Afghanistan ou au Pakistan par craintes de représailles américaines ; mais le noyau dur d'Al-Qaïda pose un risque croissant, surtout au Yémen, où sa filiale AQPA (Al-Qaïda dans la péninsule arabique) est devenue l'une des entités régionales les plus dangereuses du jihad dans le monde.

La seule référence à la tentative d'attentat contre le vol Amsterdam-Détroit commise le 25 décembre 2009 par un jeune Nigérian est la preuve qu'Al-Qaïda au Yémen est de toute évidence « un ennemi caractérisé ». L'auteur des faits Abdul Farouk Abdulmutallab, âgé de 23 ans, a affirmé avoir des liens avec Al-Qaïda. Il a indiqué aux enquêteurs avoir acquis l'explosif au Yémen. Nidal Hasan, l'auteur de la fusillade de Fort Hood au Texas, le 5 novembre 2009, se retrouve sur la liste de contacts d'Anwar al-Awlaki, un américano-yéménite connu pour être un recruteur d'Al-Qaïda.

Incarnée par le cheikh Abdul Majeed al-Zindani, la tendance islamique radicale est implantée de longue date au Yémen. De nombreux Yéménites ont pris part au jihad en Afghanistan contre les Soviétiques et, comme l'accusation l'a souligné, c'est dans le port d'Aden, en 2000, qu'Al-Qaïda avait porté une attaque spectaculaire contre un navire de guerre américain, l'USS Cole.

"Nous nourrissons une réelle inquiétude sur la capacité d'Al-Qaïda au Yémen à conduire de nouvelles attaques sur le sol américain et contre les intérêts américains à l'étranger, ainsi que la capacité à poursuivre sa propagande auprès des extrémistes vivant dans les pays occidentaux pour qu'ils agissent dans leur propre pays », a déclaré le directeur du renseignement américain James Clapper.

Honorable président, depuis environ quinze ans, l'Amérique est en guerre contre Al-Qaïda. Cette guerre perpétuelle contre les militants jihadistes au Moyen-Orient s'est amplifiée depuis la tragédie du 11 septembre 2001. En effet, les États-Unis, depuis les attentats contre le World Trade Center et le Pentagone, restent engagés militairement sur de multiples terrains : en Syrie et en Irak contre le groupe État islamique, en Afghanistan, en Libye, au Yémen, en Somalie et au Nigéria face à une myriade d'insurrections islamiques. Le président Obama déclarait il y a quelques mois que « l'EI ne représentait pas une menace existentielle pour notre nation », mais a reconnu après que la « menace terroriste avait évolué ».

« En Afghanistan, en Irak, en Syrie et au-delà, nous combattrons sans relâche les organisations terroristes comme Al-Qaïda et le groupe État islamique. Nous les détruirons et nous continuerons à faire tout ce qui est en notre pouvoir pour protéger notre pays », a déclaré le président.

C'est pourquoi, au niveau de la justice américaine, nous avons un devoir patriotique pour traduire en justice tous ceux qui sont nos ennemis et qui veulent nuire à nos intérêts, tant sur le continent américain qu'ailleurs. Des terroristes comme Ben Laden, nous nous devons les juger et les condamner publiquement afin de constituer des exemples. Il est vrai que, face à la menace « terroriste », notre pays a augmenté les moyens de surveillance et de renseignements sur son territoire et à l'étranger. Le budget pour la CIA, le FBI et la NSA a quasiment doublé depuis 2001. Cependant, nous devons faire plus, honorable président. Nous devons renforcer notre justice pour donner confiance au peuple américain. Pour que chaque citoyen sache que sa sécurité est assurée à l'intérieur de sa maison, à son lieu de travail, dans les parcs publics, dans les écoles et partout où il se trouve.

Car la peur est toujours réelle au sein de la population. Un sondage récent révèle que 40% des Américains craignent que des terroristes aient plus de capacité que lors du 11 septembre pour lancer une nouvelle attaque majeure contre les États-Unis. Al-Qaïda, par la voix de son numéro deux, Mohammed Rabie al-Zawahiri, a appelé ses partisans à attaquer des ressortissants américains où qu'ils se trouvent. Le Royaume-Uni a déjoué en 2006 un complot visant à détourner simultanément une dizaine d'avions de ligne. En mai 2003, s'ouvrait devant le tribunal criminel de Bruxelles, le procès de vingt-trois islamistes membres d'Al-Qaïda. Les prévenus étaient accusés d'avoir pris part aux préparatifs de l'assassinat du commandant Massoud en 2001 en Afghanistan et d'avoir projeté des attentats antiaméricains en Europe à la suite de ceux du 11 septembre. En janvier 2009, quatre Yéménites, membres présumés d'une cellule d'Al-Qaïda, - Mohammad al-Saadi, 24 ans, Issam Gheilan, 24 ans, Mounir al-Bouni, 23 ans, et Oussama al-Saadi, 15 ans - ont comparu à Sanaa au

Yémen pour complot terroriste et détention d'explosifs. Le groupe cherchait à s'attaquer à des touristes et des installations gouvernementales, pour venger un autre terroriste, Hamiza-al-Kaïti, tué par les forces de sécurité. Enrôlés par Al-Qaïda, ces terroristes se sont engagés à commettre une série d'attentats contre les services de sécurité et des installations pétrolières.

Cinquante membres d'Al-Qaïda accusés d'avoir planifié et mené des attaques en Arabie saoudite contre les intérêts américains et britanniques dans le royaume, quarante-sept Saoudiens, deux Syriens et un Yéménite, attendent leur jugement devant la cour criminelle spéciale de Ryad. Ils sont accusés d'avoir « rejoint une cellule terroriste dans le pays, d'appartenir au réseau terroriste Al-Qaïda, d'avoir planifié ( ) la destruction à l'explosif de complexes résidentiels et d'un bâtiment public, et tué un citoyen américain ». Ils sont également inculpés pour la planification d'attentats visant les ambassades britanniques et américaines à Ryad et celle du meurtre de hauts responsables saoudiens. Les accusés ont fait venir en contrebande des armes lourdes d'Irak au bénéfice du réseau d'Al-Qaïda.

L'Arabie saoudite, qui a subi des attaques meurtrières menées par Al-Qaïda entre 2003 et 2006, lance une campagne d'arrestation pour éradiquer la branche locale du réseau jihadiste. Des milliers d'accusés poursuivis pour des faits de terrorisme attendent leur jugement devant une cour de sécurité spéciale en Arabie saoudite.

Le procès de onze membres d'Al-Qaïda, accusés d'avoir planifié des attentats suicide dans la capitale jordanienne, se prépare à Amman. Les accusés de nationalité jordanienne sont inculpés de « détentions d'explosifs, complot en vue de mener des attaques terroristes et franchissement illégal de frontière. Les suspects préparaient des attentats dans des centres commerciaux d'Amman ainsi que dans le quartier d'Abdoun, qui héberge de nombreuses ambassades étrangères. Ils planifiaient d'attaquer l'ambassade des États-Unis en utilisant des mortiers et des kamikazes. En 2005, Al-Qaïda revendique trois attentats-suicide qui ont fait une soixantaine de morts dans des hôtels de luxe d'Amman.

Honorable président, face à ces menaces, nous devons agir et renforcer nos lois. Juger Oussama Ben Laden, le leader d'Al-Qaïda, ce fut la réponse américaine au lendemain même des attentats du 11 septembre, c'est maintenant notre devoir de le condamner.

LE PROCÈS D'OUSSAMA BEN LADEN

Le 20 septembre 2001, le président George W. Bush, dans une déclaration au Congrès, annonçait que l'objectif américain était de détruire Al-Qaïda et tous les groupes terroristes qui opèrent à travers le monde. « Notre guerre contre la terreur commence avec Al-Qaïda, mais elle ne finit pas là. Elle ne s'arrêtera pas avant que chaque groupe terroriste de portée globale soit trouvé, arrêté et défait. » Tel est l'objectif poursuivi par la chambre criminelle de New York qui a monté ce dossier pénal contre l'accusé. Voilà donc ma mission comme procureur général de New York devant ce tribunal : porter l'accusation contre Ben Laden et obtenir sa condamnation par contumace avec la ferme détermination de l'appréhender et l'emprisonner.

À cette phase, l'accusation observe une pause pour éclaircir ses idées avant de conclure :

—Honorable président, les attentats du 11 septembre 2001 restent la plus destructive des actions attribuées à Al-Qaïda. Sur une vidéo largement diffusée en octobre 2001, le porte-parole d'Al-Qaïda, Sulaiman Abu Ghaith, qui est aussi le gendre de Ben Laden, a expliqué qu'au soir du 11 septembre, l'accusé lui aurait confessé avoir organisé les attentats de New York.

Ainsi, il existe suffisamment de preuves selon lesquelles Al-Qaïda et Oussama Ben Laden seraient responsables des attaques du 11 septembre. Deux des terroristes qui ont participé dans les attentats contre le World Trade Center et le Pentagone avaient été identifiés comme membres d'Al-Qaïda et figuraient sur la liste d'alerte terroriste du FBI avant le 11 septembre : Khalid Al-Mihdhar et Nawaf al-Hazmi. Khalid Sheikh Mohammed qui aurait plus tard avoué avoir planifié les attentats du 11 septembre était celui qui avait apporté son soutien financier à un groupe de conspirateurs, dont Ramzi Yousef, Sheikh Omar Abdel-Rahman, El Sayyid Nosair, Mahmud Abouhalima et Mohamed Salah Hamed, Nidal Ayyad, Ahmed Mohammad Ajaj et Abdul Rahman Yasin dans le premier attentat à la bombe perpétré contre le World Trade Center, le 26 février 1993.

« On n'a pas besoin de débattre de son innocence ou de sa culpabilité. Il est coupable. Livrez-le », a déclaré le président Georges W. Bush aux talibans qui réclamaient des preuves de la culpabilité d'Oussama Ben Laden, le 15 octobre 2001.

Honorable président, nous lisons ici les points forts du discours prononcé le jeudi 20 septembre par le président des États-Unis George W. Bush devant les deux chambres réunies du Congrès :

« Le 11 septembre, des ennemis de la liberté ont perpétré un acte de guerre contre notre pays. Les Américains ont connu des guerres, mais depuis 136 ans, ils ont mené des guerres à l'étranger, à l'exception d'un dimanche en 1941. Les Américains ont connu les pertes subies par la guerre, mais pas au centre d'une grande ville au cours d'un matin paisible. »

« Les Américains ont connu des attaques surprises, mais jamais auparavant contre des milliers de civils. Tout cela nous a été présenté en un seul jour et la nuit est tombée sur un monde différent, un monde où la liberté elle-même est attaquée. »

« Les Américains ont beaucoup de questions ce soir. Les Américains se demandent : "Qui a attaqué leur pays ? »

« Les éléments de preuve que nous avons rassemblés témoignent d'un groupe d'organisations terroristes relativement affiliées, dénommées Al-Qaïda. Les membres sont des meurtriers accusés d'avoir bombardé les ambassades américaines en Tanzanie et au Kenya et responsables du bombardement de l'USS Cole. Ils ont également porté les attaques du 11 septembre. »

« Al-Qaïda terrorise et commet des crimes comme la mafia. Son objectif n'est pas de gagner de l'argent, mais de reconstruire le monde et d'imposer ses convictions radicales à tous les peuples. »

« Les terroristes pratiquent une forme d'extrémisme islamique marginale qui a été rejetée par les érudits musulmans et la grande majorité des religieux cléricaux musulmans ; un mouvement marginal qui pervertit les enseignements pacifiques de l'islam. »

"La directive des terroristes leur ordonne de tuer des chrétiens et des Juifs, de tuer tous les Américains et de ne faire aucune distinction entre les militaires et les civils, y compris les femmes et les enfants. Ce groupe et son chef, une personne nommée Oussama Ben Laden, sont liés à de nombreuses autres organisations dans différents pays, y compris le Jihad islamique égyptien, le mouvement islamique d'Ouzbékistan. »

« Il y a des milliers de ces terroristes dans plus de 60 pays. »

« Ils sont recrutés dans leurs pays et leurs quartiers et amenés dans des camps situés dans des lieux tels que l'Afghanistan, où ils sont formés à la tactique de la terreur. Ils sont renvoyés chez eux ou cachés dans des pays du monde entier pour tracer le mal et les détruire. Les dirigeants d'Al-Qaïda ont une grande influence en Afghanistan et soutiennent le régime taliban dans le contrôle de la majeure partie de ce pays. En Afghanistan, nous voyons la vision d'Al-Qaïda pour le monde. Les Afghans ont été brutalisés, beaucoup meurent de faim et se sont enfuis. »

« Les femmes ne sont pas autorisées à aller à l'école. Vous pouvez être condamné à l'emprisonnement pour possession d'une télévision. La religion ne peut être pratiquée que sur l'ordre de leurs dirigeants. Un homme peut être emprisonné en Afghanistan si sa barbe n'est pas assez longue. Les États-Unis respectent les habitants de l'Afghanistan - après tout, nous sommes actuellement sa principale source d'aide humanitaire - mais nous condamnons le régime des talibans. »

« Comme responsable des attaques contre les États-Unis, le 11 septembre, les éléments de preuve rassemblés par nos services secrets désignent tous un réseau d'organisations terroristes liées entre elles, connu sous le nom d'Al-Qaïda. »

« Nous demandons au gouvernement afghan de prendre des dispositions immédiates pour fermer tous les camps d'entraînement d'Al-Qaïda sur son territoire, et livrer tous les terroristes et toutes les personnes qui leur apportent un soutien aux autorités concernées. »

« Livrez aux autorités américaines tous les militants, cadres et leaders d'Al-Qaïda, qui se cachent sur votre territoire. »

« Les États-Unis n'acceptent aucune négociation ou discussion quant à ces demandes. Les talibans doivent agir et agir immédiatement. Ils ont un seul choix : livrer les terroristes ou bien partager leur sort. »

« La guerre que les États-Unis mènent contre la terreur commence avec Al-Qaïda mais elle ne se termine pas là. Elle se poursuivra tant que tous les groupes terroristes qui commettent des crimes dans le monde ne seront pas repérés, arrêtés et démantelés. »

« Notre réponse sera ferme et impliquera à la fois une riposte instantanée et des frappes isolées. Les Américains doivent s'attendre à une bataille longue qui comprendra des frappes spectaculaires et des opérations secrètes qui seront dévoilées seulement après leur succès. Nous allons couper toutes les sources de financement des terroristes, les dresser les uns contre les autres, les déplacer d'endroit en endroit jusqu'à ce qu'il n'ait pour eux plus de refuge et de repos. Nous donnons la chasse à toutes les nations qui apportent leur aide ou qui abritent le terrorisme. Chaque dirigeant, dans chaque pays, doit maintenant prendre une décision. Ou bien un gouvernement est avec nous ou bien il est avec les terroristes. À partir de maintenant, chaque pays qui continue d'abriter ou de soutenir le terrorisme sera considéré par les États-Unis comme un ennemi. »

« Mes compatriotes, ces neufs derniers jours, le monde entier a constaté combien solide est l'état d'esprit de notre nation. Nous sommes un pays qui a connu le danger et qui décide de défendre la liberté. Notre chagrin a tourné à la colère et notre colère à la détermination. Que nous conduisions nos ennemis devant la justice ou fassions justice à nos ennemis, justice sera faite. »

« Ce soir, à quelque distance du Pentagone, je me suis adressé à nos soldats. Je leur ai dit : "tenez-vous prêts". J'ai demandé à nos forces armées de se tenir en alerte et il y a une raison. L'heure arrive ou l'Amérique va agir et nous serons fiers de vous ».

« Aujourd'hui, deux douzaines d'administrations et d'agences fédérales, mais aussi régionales et locales ont des responsabilités dans la sécurité de la nation. Ces efforts doivent être coordonnés au plus haut niveau. Ce soir, j'annonce la nomination d'un poste dans le gouvernement sous ma responsabilité directe, c'est le bureau pour la sécurité intérieure. »

« Notre combat toutefois n'est pas seulement le combat pour la liberté de l'Amérique. C'est le combat du monde entier. C'est le combat de la civilisation. C'est le combat de tous ceux qui croient au progrès et au pluralisme, à la tolérance et à la liberté. Nous demandons à chaque pays qui croit en l'idéal de la démocratie de nous rejoindre. Nous demanderons l'aide et la coopération des forces de police, des services de renseignement et des systèmes bancaires à l'échelle du monde. »

« Le monde civilisé n'a qu'un choix : se ranger aux côtés de l'Amérique. Il doit réaliser que si cette terreur reste impunie, leurs propres villes, leurs propres citoyens seront les prochaines victimes. La terreur impunie est une menace contre nos propriétés, contre notre sécurité et contre la stabilité de nos gouvernements légitimes et nous ne le permettrons pas. »

« Je vous demande de continuer à participer à la vie économique et à continuer d'avoir confiance dans l'économie américaine. Les terroristes ont attaqué un symbole de la prospérité américaine. Ils n'ont pas touché sa source. »

« L'Amérique connaît le succès grâce à son travail, sa créativité et l'esprit d'entreprise de son peuple. Ces principes étaient les véritables forces de notre économie avant le 11 septembre et ils sont nos forces aujourd'hui. »

Le procureur observe une dernière pause pour reprendre son souffle, et poursuit son réquisitoire :

Honorable président, attendu que tous les faits et les éléments de preuve montrent qu'Oussama Ben Laden est bien l'auteur des attentats du 11 septembre 2001, un crime planifié et exécuté par le groupe terroriste d'Al-Qaïda. Tous les pirates qui ont détourné des avions et les ont faits écraser sur le World Trade Center à New York, sur le Pentagone à Washington, et après que les passagers se soient révoltés, dans un champ à Pennsylvanie, étaient des membres d'Al-Qaïda avec une filiation directe à Ben Laden ; c'est pourquoi l'accusation réclame la peine de mort pour l'accusé.

Attendu que de nombreux éléments confirment le fait que les autorités de Riyad avaient apporté de l'aide et une assistance financière à Al-Qaïda pour exécuter les attaques du 11 septembre contre le World Trade Center et le Pentagone. Dans une déclaration assermentée, Mohammad Khaksar, ancien responsable des services de renseignements en Afghanistan, a déclaré qu'en 1998, le prince Turki, chef du Département des renseignements généraux d'Arabie saoudite (G.I.D.) avait signé un accord aux termes duquel Ben Laden avait accepté de ne pas attaquer des intérêts saoudiens. En retour, l'Arabie saoudite fournirait des fonds et une assistance matérielle aux talibans, en outre le gouvernement saoudien ne demanderait pas l'extradition de Ben Laden et ne ferait pas pression pour la fermeture des camps d'entraînement d'Al-Qaïda. Les entreprises saoudiennes, quant à elles, veilleraient à ce que l'argent soit également versé directement à Ben Laden.

Considérant tous les faits et les éléments de preuve, l'accusation demande la peine de mort pour Ben Laden et de poursuivre tous ceux qui sont complices dans les attaques criminelles et barbares du 11 septembre ; particulièrement le gouvernement de l'Arabie saoudite pour avoir aidé financièrement les terroristes. Enfin de geler tous les avoirs de l'accusé et les fonds bancaires d'Al-Qaïda. Ce sera justice.

Le président

—La Cour vous remercie, Monsieur le procureur. L'audience est suspendue et sera reprise demain à dix heures du matin avec les arguments de la défense.

CHAPITRE III

LES ARGUMENTS DE LA DÉFENSE

C'est au sein d'un tribunal secoué par un vif suspens que Me Gilmore, l'avocat désigné d'office pour défendre Ben Laden, se lève pour développer ses arguments. Tout en ajustant ses verres, il commence sa plaidoirie :

Me Gilmore

Honorable président, la défense a entendu avec beaucoup d'attention le réquisitoire du procureur général de l'État de New York réclamant la peine de mort pour Oussama Ben Laden. L'accusé n'est pas présent au tribunal, on comprend mal qu'il soit jugé par contumace qui est une procédure non prévue dans le *Common Law*. Cependant, il est aussi de droit, malgré son absence, si le tribunal décide t'entendre l'affaire, qu'il soit défendu par un avocat. Voilà, pourquoi, j'ai été désigné d'office pour remplir cette fonction combien difficile et délicate de défendre Ben Laden. Je ne dis pas que mon client n'est pas un terroriste, mais je ne dis pas par contre qu'il soit responsable des attentats du 11 septembre. Le rapport de la Commission nationale d'enquête sur ces attentats est trop suspicieux pour être la base de l'accusation contre lui.

Tout d'abord qui est Ben Laden ? Est-il seulement le personnage horrible comme le procureur général le décrit ? La réponse est non. Ben Laden à un certain moment était un héros en Arabie saoudite. C'était l'idole de tout le monde. Il menait la guerre à laquelle tous voulaient participer et il y consacrait son propre argent. Les Américains l'adoraient. Le roi et les princes du royaume le chérissaient. Il parlait dans les mosquées, dans les écoles et les académies militaires. Les cassettes audios de ses discours étaient reproduites par dizaines de milliers. Son nom d'enfance Khaled Batarfi Oussama était prononcé avec véhémence par tous ceux qui le côtoyaient en privé ou en public. Avant l'âge de trente ans, il était considéré comme une sorte de pop star religieuse, dans un pays avide de modèles depuis la mort du roi Ibn Seoud. Il était le grand vainqueur des Russes, le libérateur du peuple afghan soumis depuis neuf ans à l'occupation soviétique. Aux yeux des talibans, il était le sauveur qui les a aidés à mettre un terme à l'occupation soviétique pour créer un État islamique à Kaboul. Quand le prince Turki al-Fayçal, chef des Services secrets saoudiens venait vérifier les progrès du jihad, il rencontra Azzam et Ben Laden à Islamabad ou à Peshawar. On ne traitait pas Oussama à l'époque de terroriste ni de criminel. Il était un héros national.

En créant Al-Qaïda, son objectif était de libérer partout l'oumma [la communauté musulmane] victime des abus des chrétiens et des Juifs. Après la victoire sur l'Union soviétique, et l'invasion des terres arables – Afghanistan, Irak, Syrie, Arabie saoudite - par les Américains qu'il considérait comme des « infidèles », il décida de continuer la guerre pour combattre en faveur de toutes les terres musulmanes opprimées. Il rêvait de libérer les républiques d'Asie centrale à forte majorité musulmane encore dans l'orbite de l'Union soviétique, les terres islamiques du Turkestan, d'Ouzbékistan, du Kirghizistan, de Tchétchénie, etc.

Le procureur justifie son accusation en parlant de haine et de rancune que Ben Laden porte pour les Américains. Nous ne disconvenons pas que l'accusé n'aime pas les États-Unis et certains pays occidentaux. Cependant, nous disons que tous les Arabes qui ont participé au jihad haïssent les Américains à cause du soutien aveugle qu'ils ont apporté à Israël. Les volontaires arabes devinrent après le débarquement des troupes américaines en Irak, en Koweït, en Arabie saoudite, en Afghanistan, et en Syrie, de plus en plus anti-américains et anti-occidentaux.

Les talibans proches de Ben Laden en outre ne pardonnaient pas la décision des États-Unis et de l'Arabie saoudite qui ont annoncé qu'une fois que l'Armée rouge aurait quitté l'Afghanistan qu'ils cesseraient de financer le jihad. Ce qu'ils ont fait effectivement. Ben Laden fut très indigné à cette époque. Mais ils étaient des dizaines de milliers qui considéraient cette mesure comme une trahison. Au début des années 80, Washington apportait un soutien logistique important aux afghans, engagés dans la guerre contre les Russes. Un soutien symbolisé par la fourniture de missiles sol-air, les redoutables FM-92 Stinger. Cette aide américaine fut gérée par le Pakistan et se porta essentiellement en faveur de l'un des chefs de la résistance afghane, Gulbuddin Hekmatyar. La guerre terminée avec la chasse donnée à l'Armée rouge, les soldats de Gulbuddin se tournèrent contre les États-Unis qu'ils accusèrent de persécuter les musulmans en Bosnie, en Somalie, et d'encourager le massacre du peuple palestinien par Israël. Voilà donc la raison exacte de la guerre contre l'Amérique au Moyen-Orient.

Honorable président, nous n'allons pas revenir sur les faits du 11 septembre. Les attaques sur les tours jumelles et le Pentagone ont eu lieu, des victimes innocentes ont perdu la vie, des terroristes à l'intérieur ou à l'extérieur des États-Unis ont porté ces attaques criminelles et insensées. L'Amérique a pleuré. Personnellement, nous avons perdu des amis et des proches dans les attentats. Malgré tout nous avons accepté la tâche difficile de plaider. Parce que la mission sacrée de l'avocat est de fouiller pour comprendre et non pour accepter la version officielle des évènements telle que donnée par les autorités. Ici, tous les regards se fixent sur Ben Laden. Il est l'auteur des attentats du 11 septembre, répète-t-on, depuis près de dix ans. Nous avons des preuves incontestables. Il doit-être recherché partout pour répondre à ces actions. Et depuis ce jour, on a signé sa condamnation à mort.

Honorable président, le procureur pour étayer l'accusation contre Ben Laden, a mentionné l'aveu fait par Khalid Sheikh Mohammed, arrêté le 1er mars 2003, à Rawalpindi, une ville pakistanaise, et détenu depuis à Guantanamo. D'après le procureur, Mohammed a confessé aux agents du FBI et de la CIA le rôle qu'il a joué dans la plupart des attaques orchestrées par Al-Qaïda pendant les vingt dernières années. Il a déclaré qu'Oussama Ben Laden était l'instigateur des attentats du 11 septembre 2001. Du côté de la défense, nous l'affirmons, cette déclaration, même si elle a bien été effectuée, doit être écartée parce qu'obtenue illégalement sous des pires tortures. Un rapport accablant publié par le Sénat américain met en cause les mensonges et les pratiques de tortures employés par la CIA pour faire parler les détenus. Ce rapport implacable contre la CIA, publié par la commission du renseignement du Sénat américain, accuse l'agence d'avoir soumis les détenus durant plusieurs années à des « techniques d'interrogatoires renforcées à répétition pendant des jours et des semaines ». On doit dire qu'en mars 2002, la CIA a été autorisée à utiliser ces techniques de tortures pour tirer des informations parmi lesquelles beaucoup étaient contestables.

Les captifs ont ainsi été balancés contre des murs, dénudés, jetés dans des bains glacés, empêchés de dormir pendant parfois plus d'une semaine, frappés et menacés. Le sort réservé à Khalid Sheikh Mohammed dans le centre de détention de Guantanamo, n'était pas différent. Outre des gifles au visage et des coups au ventre, le prisonnier fut placé en isolement prolongé pendant des semaines. La privation de sommeil et la privation sensorielle font aussi partie des méthodes utilisées pour forcer le détenu à parler.

La plus connue de ces techniques est le waterboarding ou la torture par l'eau. On ligote le détenu sur une planche inclinée de façon que sa tête soit plus basse que ses pieds. On recouvre alors la tête du prisonnier d'un tissu et de l'eau est versée dessus. La respiration devenant très difficile, la victime est placée dans l'angoisse d'une mort prochaine par asphyxie.

« J'ai subi des interrogatoires sévères pendant trois mois lors de la première période, et chaque jour, ils me soumettaient à un type différent de torture. Parfois ils utilisaient de l'eau, parfois non. Parfois ils me déshabillaient entièrement, parfois ils me laissaient mes vêtements », a ainsi témoigné un détenu sur lequel la CIA a pratiqué la torture par l'eau.

Et lorsque c'est la plus grande démocratie du monde qui inflige ces tortures, honorable président, même au nom de la lutte contre le terrorisme, comment ne pas s'inquiéter pour l'avenir du respect des droits humains sur la planète ? Arracher des aveux à un prévenu en simulant sa noyade, l'obliger à se mettre à quatre pattes, nu devant des chiens d'attaque, l'humilier en minant des scènes sexuelles incompatibles avec ses convictions religieuses, n'est-ce pas un crime encore plus grave que celui qu'on reproche à ces prisonniers qui sont malgré tout des « présumés innocents ? »

Honorable président, dans les mois puis les années qui suivirent le 11 septembre, combien de personnes innocentes ont subi des arrestations et des interrogatoires illégaux parce qu'accusées par nos services secrets d'être membres d'Al-Qaïda ? Maher Arar, un ressortissant canadien d'origine syrienne, fut appréhendé par le FBI à New York en 2002, alors qu'il était en transit à Kennedy Airport pour regagner le Canada après des vacances en Tunisie. Après treize jours dans une détention secrète à New York, Maher fut menotté, embarqué dans un avion à destination de Jordanie, d'où on le conduisit en Syrie.

Arrivé à Damas, il fut mis en prison, et il resta incarcéré pendant 374 jours. Après l'intervention du gouvernement canadien qui exigea sa libération, il a pu finalement recouvrer sa liberté pour rentrer au Canada. Le 22 janvier 2004, il entama des poursuites contre le gouvernement américain pour les tortures barbares subies en Syrie. Dans sa requête, il accusait le gouvernement de Bush de l'avoir dirigé à dessein vers Damas, sachant que la Syrie ayant à sa tête un gouvernement dictatorial pouvait obtenir des informations en employant des méthodes brutales et illégales au mépris des principes de protection des droits de la personne détenue.

L'avocat de Ben Laden observe une pause puis continue :

Honorable président, nous déposons devant le tribunal le texte de la Convention contre la torture adoptée le 10 décembre 1984 et entrée en vigueur le 26 juin 1987.

Cette Convention définit dans son article premier la torture comme :

« Tout acte par lequel une douleur ou des souffrances aiguës, physiques ou mentales, sont intentionnellement infligées à une personne aux fins notamment d'obtenir d'elle ou d'une tierce personne des renseignements ou des aveux, de la punir d'un acte qu'elle ou une tierce personne a commis ou est soupçonnée d'avoir commis, de l'intimider ou de faire pression sur elle ou d'intimider ou de faire pression sur une tierce personne, ou pour tout autre motif fondé sur une forme de discrimination quelle qu'elle soit, lorsqu'une telle douleur ou de telles souffrances sont infligées par un agent de la fonction publique ou toute autre personne agissant à titre officiel ou à son instigation ou avec son consentement exprès ou tacite »

Cette convention exige des États l'ayant ratifiée qu'ils prennent des mesures concrètes afin d'empêcher la torture à l'intérieur de leurs frontières et leur interdit de renvoyer dans leur pays d'origine des personnes qui risqueraient d'y être torturées. À date 164 pays ont ratifié ce traité. Ronald Reagan a présenté la convention au Sénat en 1988 en concluant que sa ratification montrera le désir de mettre fin à l'odieuse pratique de la torture. La Convention a été signée par les États-Unis le 18 avril 1988 et ratifiée le 21 octobre 1994.

Honorable président, dans le cadre de la lutte antiterroriste, certains choix restent très controversés et condamnables. Les partisans de l'emploi de la torture assurent que les renseignements obtenus par ce moyen ont permis de déjouer des attentats et d'épargner de nombreuses vies humaines. Chacun est ici livré à ses opinions et à sa conscience. Du côté de la défense, nous disons tout simplement, que ce moyen d'obtenir des renseignements est illégal. C'est pourquoi, nous formulons nos réserves contre toute déclaration faite par Khalid Sheikh Mohammed contre notre client. Recueillis sous le coup de tortures et menaces, les aveux faits par ce dernier pour accabler Ben Laden doivent être écartés par le tribunal.

Nous poursuivons. L'accusation parle d'aveu comme étant la reine des preuves, mais qu'est-ce que l'aveu en droit pénal : c'est la faute avouée. Tout d'abord, il convient de rappeler que « l'aveu comme tout mode de preuve est laissé à la libre appréciation du juge ». Ce qui est censé mettre fin à l'adage latin *confessio est regina probatio*, l'aveu ne doit plus être la reine des preuves. Cette disposition se contente simplement de rappeler que l'aveu a la même valeur que n'importe quelle autre preuve. On peut distinguer plusieurs catégories d'aveux, ceux spontanés, ceux extorqués par la violence physique ou psychologique, ceux accompagnés et ceux faits pour protéger le véritable coupable. Il arrive parfois qu'une personne avoue spontanément son crime afin de « soulager sa conscience », parce qu'elle a été poussée à le faire sous une pression extérieure comme celle de la police ou sous la menace d'une autre personne, ou bien volontairement elle décide d'endosser la responsabilité d'un crime pour quelqu'un d'autre afin de le protéger.

Dans le cas de Ben Laden, je souligne que jamais l'accusé n'a pris sur son compte la responsabilité du 9/11. Dans la journée du 12 septembre, au lendemain même des attaques, le premier message public de Ben Laden a été lu sur la chaîne de télévision Abu Dhabi par le correspondant pakistanais

Jamal Ismail. Dans ce message, Ben Laden a simplement déclaré : « Nous croyons ce qui est arrivé hier à New York et Washington est le châtiment d'Allah contre l'Amérique. J'honore la mémoire des martyrs qui ont accompli ces actions héroïques. Je suis d'accord avec eux. »

Pendant une longue période de temps, après le 9/11, Ben Laden n'a jamais revendiqué les attentats et à plusieurs fois répété n'y être pour rien. Dans cette note du 12 septembre, il déclare que les attaques ont été commises par des « groupes terroristes américains ». Le 17 septembre, il niait à nouveau catégoriquement toute implication. Dans une entrevue publiée dans le journal pakistanais Ummat, le 28 septembre 2001, il explique « à nouveau qu'il n'était pas impliqué », qu'il n'était pas hostile aux États-Unis mais au « système qui fait des autres nations des esclaves des États-Unis ou les force à hypothéquer leur liberté politique et économique. Ce système est entièrement sous le contrôle des Juifs américains, dont la priorité première est Israël et non les États-Unis ».

Ben Laden affirme dans cette même entrevue que lui et Al-Qaïda n'ont rien à voir avec les attaques suicide du 11 septembre à Washington et à New York. Il dit que le gouvernement étatsunien devrait rechercher les responsables des attentats à l'intérieur des États-Unis. Il avance que ces attaques pourraient être l'acte de ceux qui font partie du système étatsunien et qui se rebellent contre celui-ci en travaillant pour un autre. Ou bien que cela pourrait être le fait de ceux qui veulent faire du siècle présent, celui du conflit entre l'islam et le christianisme. Ou bien encore, que les Juifs étasuniens opposés au président Bush depuis les élections de Floride, pourraient être les cerveaux de cette opération. « On devrait demander aux services secrets, qui sont derrière ces attaques », dit-il.

« Ceux qui ont commis les actes du 11 septembre 2001 ne sont pas les amis du peuple étatsunien. J'ai déjà dit que nous sommes contre le système américain, pas contre son peuple, alors que dans ces attaques c'est le peuple des États-Unis qui a été tué... Les États-Unis devraient essayer de localiser les auteurs de ces attaques chez eux, parmi ceux qui font partie du système étatsunien, mais qui le contestent », Ben Laden a ajouté.

À l'époque des attentats du 11 septembre 2001, officiellement, Al-Qaïda était en déroute, privé de son sanctuaire afghan, affaibli par la capture ou l'élimination de 60 à 70% de ses leaders, la mort ou l'emprisonnement des milliers de ses membres, et la dispersion des cadres en Iran, en Irak, au Yémen suite à la chute des talibans au pouvoir en Afghanistan ; l'organisation n'avait pas la capacité pour porter ces attaques.

L'ACCUSÉ N'A AVOUÉ AUCUNE FAUTE

Le procureur déclare que Ben Laden a avoué avoir planifié les attentats du 11 septembre. Même si c'est le cas, il faut que l'accusation présente des preuves. En 1993, à Mogadiscio, le chef de guerre somalien, Mohamad Farah Aïdid, a abattu deux hélicoptères des Rangers, tué leurs équipages et traîné le corps d'un pilote à travers les rues de la capitale. Ben Laden prétendait que des agents d'Al-Qaïda avaient participé à cette action, c'était là un mensonge. En fait, Aïdid était viscéralement anti-islamiste. Ses hommes forcèrent Mohammed Atef, un agent d'Al-Qaïda, envoyé par Ben Laden en reconnaissance à Mogadiscio, à s'enfuir pour ne pas être exécuté.

Ici, le cas paraît beaucoup plus simple. Dans les différents messages de Ben Laden, il n'a fait aucun aveu. Une organisation terroriste palestinienne du nom de « Front démocratique pour la libération de la Palestine » a été la première à revendiquer sa responsabilité dans le 9/11. Le directeur de la CIA, George Tenet, a vite déclaré au président Bush : « Le FDLP n'a pas les ressources nécessaires pour exécuter une telle opération ». Ben Laden, à travers Al-Qaïda, est d'après lui le premier suspect. Quelques jours après, le 17 septembre, le président signe un ordre exécutif préparé par l'un des avocats de la CIA, John A. Rizzo, autorisant l'arrestation ou l'exécution si nécessaire de Ben Laden.

L'accusation déclare catégoriquement que les attentats du 11 septembre ont été commis par le groupe Al-Qaïda. Qui sait en face de toutes ces confusions où est la vérité ? Une remarque importante : pourquoi Ben Laden nie-t-il être responsable des attentats le 17 septembre 2001 pour les revendiquer par la suite ? Un autre groupe criminel a agi peut-être, à l'intérieur même des États-Unis ou ailleurs, et Ben Laden, en quête de rayonnement, a endossé la responsabilité des attentats. Jusqu'à présent, comme bien des experts civils et militaires qui refusent la conclusion dans le rapport, la défense fait également des spéculations. Il existe un doute véritable quant à la version réelle des faits, et ce doute, honorable président, milite en faveur de Ben Laden.

Le monde entier tient pour acquis le fait qu'Oussama Ben Laden est l'auteur des attaques terroristes du 11 septembre. Mais comment avons-nous appris sa culpabilité présumée ? Voici ce que nous savons des allégations de preuves contre l'accusé. Un homme du nom de Paul Bremer est apparu sur une filiale de NBC à Washington DC. Moins d'une minute après le début de son entretien avec l'animateur Jim Vance, Bremer a désigné Ben Laden comme le possible cerveau des attentats, et ce nom comme l'auteur des attaques du 9/11 s'est répandu dès lors comme une traînée de poudre.

Le 7 octobre 2001, ce fut le lancement de la guerre contre le terrorisme avec l'invasion de l'Afghanistan. L'opération *Liberté Immuable* lancée par le président George W. Bush, est censée permettre la capture ou l'exécution de Ben Laden.

Le procureur certes avance « l'aveu » qui est la reine des preuves en droit pénal. Mais, combien de fois, honorable président, n'est-on pas en face d'un crime, et le véritable auteur se cache derrière un autre ? Ce dernier pour une raison propre prend la responsabilité de l'action. Nous ne disons pas que c'est le cas ici dans ce procès. Car l'accusé n'a jamais revendiqué les attentats, mais s'en félicite. Nous soulevons le doute. Nous disons encore que les attentats contre les tours jumelles à New York et les attaques contre le Pentagone à Washington doivent être interprétés non pas comme un crime de droit commun mais comme un crime de guerre. C'est pourquoi, nous déclarons la chambre pénale de New York non compétente pour juger l'affaire.

Deuxièmement, nous avons entendu le procureur, tout au long de son réquisitoire, parler du terrorisme comme d'une organisation criminelle musulmane. Nous disons, honorable président, que le terrorisme est un problème mondial, pas un problème musulman. Un grand nombre d'ignorants disent et répètent « le fondamentalisme islamique représente aujourd'hui une menace mondiale ». Penser de la sorte, c'est ignorer le problème. Il faudrait dire la politique globale de l'Occident à l'égard de l'islamisme est stupide. Il n'y a pas d'islamisme global. On doit regarder l'islam de manière rationnelle et non démagogique ou émotionnelle. C'est la première religion du monde avec 1,5 milliard de fidèles. Comme a dit Monsieur Brezinski : « Qu'y-a-il de commun entre l'Arabie saoudite fondamentaliste, le Maroc modéré, le Pakistan militariste, l'Égypte pro-occidentale ou l'Asie centrale sécularisée ? Rien de plus que ce qui unit les pays de la chrétienté »

Contrairement aux arguments du procureur, le problème du terrorisme est bien plus vaste qu'un problème musulman, et il touche toutes les nations à toutes les époques. Aujourd'hui, plusieurs nations du monde sont terrorisées et ravagées par l'extrémisme. Les territoires comme les esprits sont conquis par une croisade militante et idéologique. Dire qu'Al-Qaïda est responsable de toutes les actions terroristes dans le monde est un véritable non-sens. Il n'y a aucun doute dans l'esprit de nombreuses personnes, qu'une fois que le mot « terroriste » est prononcé, de voir Ben Laden ou Al-Qaïda. Le président américain George Bush a lancé la tristement célèbre expression « guerre contre le terrorisme » lors d'une session conjointe du Congrès et devant le peuple américain.

« Notre guerre contre le terrorisme commence avec Al-Qaïda, mais elle ne s'arrête pas là. Elle ne s'arrête pas tant que nous n'aurons pas découvert, neutralisé et démantelé tous les groupes terroristes aux ambitions internationales », avait annoncé Bush.

Et soyons francs à ce sujet : beaucoup de gens qui entendront ce discours du président auront tendance à croire que le mot « terrorisme » est toujours associé au mot « musulman », et qu'ils sont synonymes. C'est faux. Le terrorisme est un sujet vaste et complexe. Des groupes idéologiques comme Al-Qaïda prennent les armes et se soulèvent contre divers acteurs politiques nationaux et étrangers. Al-Qaïda est une organisation terroriste. Cependant, les discussions modernes parlent du terrorisme d'État, qui se réfère aux États ou aux régimes qui contraignent leur peuple par la force et la peur au lieu de le protéger. Ou encore, les actions des États qui commettent ou cautionnent des attentats sur leur propre territoire en vue de trouver un prétexte pour respecter leur agenda.

L'impact du terrorisme d'État est sans pareil. Dans leur livre *Global Terrorism,* James et Brenda Lutz énumèrent les exemples suivants de terrorisme d'État :

- Timor oriental (1975-1993) : plus de 200,000 morts
- Guatemala (1965-1995) : 200,000 morts
- Salvador (1979-1992) : 70,000 morts
- Irak (1980-1990) 200,000 morts

- Algérie (1992 -2010) 100,000 morts
- Ex-Yougoslavie (1991-1995) : 110,000 morts
- Tchétchénie (1994 -2010) : 100,000 morts
- Chili (1973-1985) : 20,000 morts
- Argentine (1976-1982) : 11,000 morts.

L'accusation parle du terrorisme comme d'un mouvement extrémiste et radical. La défense n'en disconvient pas. Cependant, il y a beaucoup à dire, si l'on cherche à donner une définition complète du terrorisme. Le terrorisme est le symptôme d'une crise qui recouvre des réalités diverses. Il est parfois étatique, séparatiste ou révolutionnaire. En résumé, c'est la résultante d'une lutte souvent armée menée par des militants qui souhaitent changer une situation politique ou institutionnelle. Comme l'a dit l'écrivain français François Burgat : « Il n'est pas une finalité mais un mode d'action généralement utilisé lorsqu'une solution politique, diplomatique ou militaire n'a été trouvée. Il est l'arme du faible contre le fort. »

LA RADICALISATION

Pour comprendre le phénomène de radicalisation on doit chercher la causalité première de la violence dans la stratégie de lutte d'Al-Qaïda. Le politologue américain Robert A. Pape donne l'explication la plus claire à cette recherche : « C'est l'occupation [des territoires palestiniens], et non le fondamentalisme islamique, qui est à l'origine des attaques-suicide. » « Le fondamentalisme, précise-t-il, n'est pas aussi étroitement associé avec les attaques- suicide comme le pensent tant de gens. Les leaders mondiaux en la matière sont [ ] les Tigres du Tamoul, du Sri Lanka, qui sont des marxistes et parfaitement laïques. »

L'écrivain français, François Burgat, dans un ouvrage publié en 2005, *L'Islamisme à l'heure d'Al-Qaïda,* en arrive au même raisonnement. Il a écrit : « Les attentats suicide ne se multiplient pas parce que, comme on l'entend trop souvent, l'idéologie jihadiste se répand particulièrement facilement grâce à l'internet, mais plutôt parce que, de la Palestine à l'Irak, et de la Tchétchénie à l'Afghanistan, la violence de l'environnement occidental augmente objectivement. »

"Ils se multiplient parce que les dichotomies simplificatrices de l'idéologie jihadiste, fondées sur un antagoniste insurmontable entre l'appartenance musulmane et l'appartenance occidentale, sont jour après jour crédibilisées par l'unilatéralisme arrogant de bon nombre des responsables politiques occidentaux vis-à-vis du monde musulman. Ou par l'infinie intolérance de leurs boucliers « Pinochet arabes » et de leurs méthodes barbares plutôt que d'envisager d'avoir à céder un centimètre de leur monopole. »

Comme nous l'avons souligné, honorable président, nombre d'Afghans se sont radicalisés parce qu'ils ne pouvaient pas rentrer dans leur pays et avaient dû chercher un refuge précaire au Soudan, au Yémen, en Bosnie ou en Tchétchénie. Mais la grande majorité des combattants qui s'engagèrent dans la guerre contre l'Occident étaient les enfants lointains de mouvements antioccidentaux nés de la révolte contre l'impérialisme britannique dans les années 20-30. Ces groupes étaient tournés dans les années 60-70 vers un antiaméricanisme viscéral. Exacerbé par le drame palestinien, et l'implication des Américains à côté du Shah pour noyer la révolution iranienne, l'ayatollah Khomeini avait clairement choisi son ennemi numéro un, les États-Unis, nommés le Grand Satan. Tout cela pour montrer que Ben Laden, à travers Al-Qaïda, n'est pas le seul ennemi à soupçonner dans la tragédie du 11 septembre. Les auteurs peuvent être parmi tous ceux-là qui ont toujours écouté en silence les discours racistes et discriminatoires des leaders américains injuriant tout ce qui a un rapport avec l'islam.

Le révérend Charles Jerry Vines, ancien président de la Convention baptiste du Sud, qualifie le prophète Mahomet de « pédophile possédé par le démon ». Quant au révérend télévangéliste Jerry Falwell, il déclare dans l'émission de CBS 60 minutes : « Je crois que le prophète Mahomet était un terroriste », et le décrivit comme « un homme violent ».

Le révérend Benny Hinn, un autre télévangéliste, assure que le conflit israélo-arabe « n'était pas une guerre entre Juifs et Arabes, mais un combat entre Dieu et le diable ». Franklin Graham, fils de l'évangéliste Billy Graham, lors de la cérémonie d'investiture du président Bush, traite l'islam de « religion maléfique et diabolique ».

Le journaliste de droite, Ann Coulter, propose pour sa part « d'envahir leur pays, de liquider leurs chefs et de les convertir au christianisme ». Paul Weyrich, un conservateur influent, tient l'islam pour une « menace » et suggère « d'encourager les musulmans à quitter les États-Unis », car ils représentent une « cinquième colonne au cœur du pays ».

Le général de corps aérien, William G. Boykin, devenu en juin 2003 sous-secrétaire à la Défense chargé du renseignement, se présente en uniforme devant les congrégations de fidèles pour clamer son mépris à l'islam. « Si certains pays avaient perdu leurs valeurs et leur moralité, l'Amérique demeurait une nation chrétienne [et] le seul moyen de vaincre les terroristes était de les affronter au nom de Jésus. »

LES TERRORISTES NE SONT PAS SEULEMENT DES MUSULMANS

Un autre mythe veut que le terrorisme soit un problème du Moyen-Orient. D'après ce même mythe, tous les groupes terroristes sont basés en Afghanistan, Syrie, Iran, Irak, Arabie saoudite, Égypte, Pakistan, Yémen ou Soudan. Cependant, divers exemples montrent une toute autre histoire. Par exemple, un rapport récent révèle que sur le sol américain, entre 1990 à 2001, des centaines de citoyens américains ont été tués par des groupes d'extrême droite pour des raisons idéologiques. En Espagne, au cours de conflits violents, le groupe séparatiste basque ETA a causé la mort d'environ 829 personnes.

Honorable président, voici une chronologie des attaques terroristes commises au XXe siècle pour prouver que le terrorisme n'est pas un problème musulman mais une activité criminelle mondiale. C'est un fléau qui existe depuis la nuit des temps.

FRANCE

- Le 9 octobre 1934, assassinat à Marseille (France) du ministre Louis Barthou et du roi Alexandre 1er de Yougoslavie. Planifié par les Oustachis croates, l'assassinat fut exécuté par un révolutionnaire bulgare, Vlado Chenozemski, appartenant à l'organisation révolutionnaire intérieure macédonienne.
- Le 13 février 1936, tentative d'assassinat du président du Conseil Léon Blum, organisée par la Cagoule. La Cagoule est une organisation politique et militaire clandestine de nature terroriste, active dans les années 1930 en France. Originellement nommée Organisation secrète d'action révolutionnaire nationale (OSARN),

cette organisation d'extrême droite, anticommuniste, antisémite, antirépublicaine et proche du fascisme, commet plusieurs crimes de droit commun (assassinats, attentat à la bombe, sabotages et trafics d'armes).

- Le 23 janvier 1937, assassinat par la Cagoule de l'économiste soviétique Dimitri Navachine, ancien gouverneur de la Banque Commerciale pour l'Europe du Nord-Eurobank, contrôlée par l'URSS.
- Le 11 septembre 1937, deux attentats à la bombe à Paris, contre la Confédération générale du patronat français tuant deux agents de police. Ces deux actions terroristes perpétrées par la Cagoule, et qui avaient pour objectif de faire accuser les communistes, sont connues sous le nom d'attentats de l'Étoile, en raison de la proximité de la place de ce nom.
- 6 janvier 1961, six attentats de l'OAS à Paris. L'Organisation de l'armée secrète, surtout connue par le sigle OAS, est une organisation politico-militaire, créée le 11 février 1961 pour la défense de la présence française en Algérie par tous les moyens, y compris le terrorisme à grande échelle.
- 4 avril 1961, bombe à la Bourse (14 blessés).
- 18 juin 1961, attentat du train assurant le trajet Strasbourg-Paris (28 morts et 170 blessés).
- Janvier 1962, série d'attentats de l'OAS. Le 4 janvier 1962, attentat du siège du PCF par l'OAS. Le 18 janvier 1962, Nuit bleue de l'OAS à Paris, 17 attentats. Le 22 janvier 1962, attentat au quai d'Orsay (1 mort, 12 blessés). Le 24 janvier 1962, 22 bombes dans Paris.
- 15 février 1962, onze attentats de l'OAS à Paris.
- 10 mars 1962, voiture piégée à Issy-les-Moulineaux (3 morts, 50 blessés).
- 28 mars 1962, quinze attentats à la bombe dans Paris.
- 29 mars 1962, quinze nouveaux attentats dans Paris.
- 22 août 1962, attentat au Petit-Clamart contre le général de Gaulle, organisé par l'OAS.
- 8 décembre 1968, attentats contre Renault et plusieurs banques dans Paris.

- 22 juin 1972, attentat à la station Invalides (8 blessés).
- 8 décembre 1972, attentat du Mossad (service de renseignement israélien) à Paris contre Mahmoud Hamchari.
- 5 septembre 1973, prise d'otages à l'ambassade d'Arabie saoudite par un commando palestinien.
- 14 décembre 1973, attentat devant le consulat algérien à Marseille, organisé par le Groupe Charles-Martel (4 morts, 12 blessés).
- 22 mars 1974, attentats contre les voies ferrées françaises menant à l'Espagne par les Groupes d'action révolutionnaire internationalistes.
- 3 août 1974, voitures piégées contre l'Aurore Minute et l'Arche par des Palestiniens.
- 15 septembre 1974, attentat à la grenade au Drugstore Saint-Germain à Paris, revendiqué par Carlos (2 morts, 34 blessés).
- 19 décembre 1974, assassinat du colonel Ramon Trabal, attaché militaire d'Uruguay, ex-chef du renseignement militaire uruguayen (SID). Revendiqué par les Brigades internationales Raoul Sendic.
- 19 janvier 1975, attaque d'un commando palestinien à l'aéroport d'Orly contre un avion israélien (20 blessés).
- 2 mars 1975, double attentat à l'explosif contre les bureaux de Toulouse et Lyon de la compagnie Air Algérie, revendiqué par le Groupe Charles-Martel.
- 9 mars 1975, bombe à la gare de l'Est (1 mort, 6 blessés).
- 24 octobre 1975, l'ambassadeur de Turquie, Ismail Erez, et son chauffeur sont abattus par l'ASALA.
- 3 février 1976, prise d'otages d'un car scolaire à Djibouti dans la zone de Loyada (2 enfants morts, 6 blessés).
- 11 mai 1976, assassinat de Joaquim Anaya, ambassadeur de Bolivie (revendiqué par les Brigades internationales Che Guevara).
- 25 décembre 1977, bombe au cabaret Raspoutine à Paris.
- 26 juin 1978, attentat à la bombe au château de Versailles, revendiqué par l'Armée républicaine bretonne.
- 27 mars 1979, bombe contre un foyer d'étudiants juifs à Paris, revendiqué par le Collectif autonome d'intervention contre la présence sioniste en France et la paix israélo-égyptienne (33 blessés).

- 12 avril 1979, huit attentats du FLNC contre des banques parisiennes.
- 25 avril 1979, attentat du FLNC au palais de justice de Paris.
- 18 juillet 1980, tentative d'assassinat du premier ministre du chah d'Iran Shapour Bakhtiar à son domicile (2 policiers tués, 1 civil tué).
- 25 juillet 1981, double attentat sur les Champs Élysées.
- 18 janvier 1982, assassinat de Charles Robert Ray, attaché militaire américain, à Paris. Revendiqué par les FARL.
- Le 31 décembre 1983, deux attentats attribués à Carlos perpétrés à la gare Saint-Charles de Marseille et dans le TGV Marseille-Paris font 5 morts et 45 blessés.
- Le 15 juillet 1983, un homme syro-arménien de 29 ans donne sa valise, dans laquelle est placée une bombe, au passager d'un avion. La bombe explose prématurément sur le tapis des bagages et cause 8 morts et entre 56 et 63 blessés.
- 29 mars 1985, un attentat à la bombe détruit le cinéma Rivoli Beaubourg (4e arr. de Paris) lors d'un festival du film juif où l'on projette Eichmann, l'homme du 3e Reich.
- 7 décembre 1985, attentats dans des grands magasins (Galeries Lafayette et le Printemps) à Paris. 41 blessés.
- Perpétré devant le magasin Tati, dans le 6ème arrondissement de Paris, l'attentat de la rue de Rennes, le 17 septembre 1986, fait 7 morts et 55 blessés. C'est le dernier et le plus meurtrier d'une série de 13 attentats qui ont débuté en février 1985, qui a en tout fait 13 morts et près de 300 blessés. L'attentat a été revendiqué par le Comité de solidarité avec les prisonniers arabes et du Proche-Orient.
- 24 décembre 1994, détournement du vol AF 8969 par le GIA.
- En 1995, un vague d'attentats ébranle la France. Le plus marquant est celui du RER B à Saint-Michel, le 25 juillet 1995, qui a coûté la vie à 8 personnes et fait 117 blessés.

ÉTATS-UNIS

Depuis 2001, sur le territoire américain, le nombre d'attaques terroristes provenant de suprématistes blancs est largement supérieur à celles revendiquées par des jihadistes. Depuis le 11 septembre 2001 jusqu'à maintenant, onze attaques revendiquées comme islamistes ont été perpétuées sur le sol américain alors que trente-trois autres ont été lancées par des fanatiques d'extrême-droite. L'attentat le plus meurtrier imputé à l'extrême droite américaine date de 1995, lorsque Timothy Mc-Veigh a fait exploser le tribunal fédéral d'Oklahoma City, tuant cent soixante-huit personnes.

Les chiffres récoltés par le Global Terrorism Database de l'Université du Maryland montrent une baisse d'attaques terroristes dans le monde à partir de 2001. En fait, la moyenne du nombre d'attentats par année pour la décennie 2000-2010 est légèrement inférieure à celle ayant précédé l'attaque contre les tours jumelles.

BILANS ANNUELS DU TERRORISME MONDIAL

Attaques	Morts	Blessés
1970 651	171	192
1971 470	173	82
1972 494	566	222
1973 473	370	495
1974 580	521	754
1975 740	617	617
1976 923	672	755
1977 1,319	456	518
1978 1,526	1,459	1,600
1979 2,661	2,100	2,502
1980 2,663	4,428	3,668
1981 2,585	4,851	3,337
1982 2,545	5,135	3,341
1983 2,870	9,443	4,040
1984 3,494	10,449	5,291
1985 2,915	7,094	5,130
1986 2,860	5,003	5,787

1987 3,184	6,478	5,784
1988 3,721		
1989 4,322	8,121	5,498
1990 3,887	7,148	6,128
1991 4,683	8,429	7,591
1992 5,073	9,745	9,927
1993 -	-	
1994 3,458	7,691	7,573
1995 3,081	6,094	14,288
1996 3,056	6,948	10,781
1997 3,200	10,948	9,329
1998 9,33	4,666	7,992
1999 1,396	3,375	5,225
2000 1,813	4,391	5,797
2001 1,908	4,965	6,381
2002 1,322	4,301	7,089
2003 1,262	3,232	6,851
2004 1,161	5,701	11,477
2005 2011 2,751	9,320	12,389

- Source : Global Terrorism Database de l'Université du Maryland

LE TERRORISME : UN PROBLÈME UNIVERSEL

James et Brenda Litz résument d'une façon brillante le problème universel que le terrorisme pose au monde :

« Le terrorisme n'a pas commencé avec les attentats du 11 septembre 2001 à New York et Washington D.C., ni en avril 1995 avec l'attentat à la bombe à Oklahoma City, ni même avec la prise d'otages aux Jeux Olympiques de Munich en 1972. Le terrorisme n'a pas non plus commencé avec la guerre froide, ni avec la création de l'Union soviétique après la Première Guerre mondiale. Le terrorisme ne s'est pas non plus limité aux activités de groupes du Moyen-Orient ou des parties du monde à forte population musulmane. Le terrorisme a été un phénomène presque universel. » Personne ne peut nier qu'il y a un terrorisme d'État. Par exemple, la répression française en Algérie, entre 1954 et 1962. On peut encore mentionner le cas des terroristes qui ont marqué l'histoire de l'Algérie, de l'Irlande du Nord, de la Corse, d'Israël ou de la Palestine.

Restons sur ces deux derniers pays, à savoir Israël et Palestine. Certains avancent qu'une des motivations des attaques du 11 septembre 2001 a été à la base le conflit israélo-palestinien. Mais est-il juste d'établir un lien entre le conflit israélo-palestinien et la montée d'Al-Qaïda ? En observant le plan et les motifs qui ont abouti à la création d'Al-Qaïda, il serait bien difficile d'établir ce lien. Al-Qaïda a été fondée dans les années 80 à partir d'une infrastructure de volontaires arabes venus en Afghanistan pour combattre l'armée soviétique. En effet, au début des années 80, c'est le communisme et l'invasion de l'Afghanistan par l'armée soviétique. Oussama se met au service de la cause des moudjahidines afghans. Le pouvoir saoudien, ébranlé par la révolution islamique iranienne et l'affaire de la Grande Mosquée de la Mecque, encourage et finance l'afflux de combattants musulmans en Afghanistan avec la bénédiction et les encouragements de la CIA.

En 1989, à la suite de la défaite soviétique, Ben Laden a fondé Al-Qaïda. Donc, Al-Qaïda n'a pas vu le jour en 1948 ni en 1967 en réponse aux événements qui ont marqué la création de l'État d'Israël ni en réponse à la guerre des Six jours. La motivation de la création d'Al-Qaïda provient de la sensation du triomphe de Ben Laden et des moudjahidines qui ont réussi à vaincre une superpuissance, l'URSS. Ben Laden dans ses premiers messages a insisté sur la reconstruction de l'histoire islamique, celle des forces de Mohamed qui ont réussi à vaincre les armées des empires perse et byzantin.

Le conflit israélo-palestinien n'a jamais joué un rôle important dans la motivation de Ben Laden de créer Al-Qaïda. Son mentor était certes un palestinien nommé Abdallah Azam. Ce dernier avait quitté la Cisjordanie pour devenir un activiste des Frères musulmans en Jordanie. C'est bien lui qui a orienté Ben Laden en Afghanistan dans les années 80. Si Azam était vraiment préoccupé par la question palestinienne, il aurait rejoint l'organisation Hamas en 1987, au moment où ce groupe a été créé. Au contraire, il a préféré errer dans les montagnes d'Afghanistan pour soutenir les talibans en guerre contre les Russes. Arafat en décembre 2002, attaqua ouvertement Ben Laden. Dans une entrevue accordée au Sunday Times de

Londres, il déclara : « Je lui dis tout net de ne pas se cacher derrière la cause palestinienne. Pourquoi Ben Laden parle-t-il maintenant de la Palestine ? Il ne nous a jamais aidés. »

Honorable président, le procureur, en présentant ses preuves, cherche à lier les attentats commis à Madrid le 11 mars 2004 à ceux perpétrés aux États-Unis le 11 septembre 2001. D'après l'accusation, des indices irréfutables ont montré qu'Al-Qaïda est responsable des deux attaques. Nous disons que le gouvernement Aznar a condamné l'ETA et non Al-Qaïda pour les attentats du 11 mars 2004. Ensuite l'instruction de l'enquête qui dura deux ans pour trouver les auteurs n'a trouvé aucun lien entre les sept suspects maghrébins qui se suicidèrent en faisant exploser leur appartement alors qu'ils étaient assiégés par la police. Le verdict est rendu en octobre 2007 : la justice a validé certes la thèse de l'attentat islamiste, mais les commanditaires présumés de l'attentat étaient absous, seul un prévenu fut reconnu coupable d'avoir posé des bombes dans les trains, et la plupart des vingt-neuf inculpés furent condamnés pour leur appartenance à des groupes jihadistes et non pour leur implication dans l'attentat de Madrid. Le jugement en appel confirmait cette sentence en juillet 2008.

D'après la documentation, depuis janvier 2003, la police surveillait étroitement un groupe islamiste comprenant plusieurs terroristes qui ultimement se suicidèrent à Léganes. Ce groupe fut soumis à des filatures pendant quatre-vingt-une journées régulièrement réparties entre janvier 2003 et février 2004. Après l'explosion de l'appartement de Léganes, des documents concernant l'ETA ont été trouvés parmi les décombres. La question est : où est la main d'Al-Qaïda dans cette histoire ?

Honorable président, la défense ne soutient pas les attaques du 11 septembre 2001. D'après elle, les attentats sur les tours jumelles et le Pentagone représentent les attentats les plus odieux de l'histoire moderne. Elle condamne de toutes ses forces les auteurs et les complices, qui doivent être arrêtés, jugés, et condamnés. Mais elle condamne également l'hypocrisie de l'Occident face au phénomène du terrorisme dans le monde. Ces politiques ont deux poids et deux mesures. En effet, pour les pays tels que la France, la Grande-Bretagne, le Canada, l'Allemagne, l'Italie, l'Espagne, les États-Unis et la Belgique, les terroristes sont considérés comme des extrémistes à combattre jusqu'à leur extermination. De l'autre côté, les terroristes qui opèrent et qui sont secondés par les mêmes pays occidentaux sont considérés comme des combattants de la liberté et des héros de l'indépendance nationale. Les groupes armés qui ont imposé la fondation et la reconnaissance de l'État d'Israël, n'étaient-ils pas des terroristes ? Et les divers groupes armés en Palestine ? Ceux qui ont combattu en Irlande ? Les Afghans qui se battaient contre l'Union soviétique ? Et les Tchéchènes ? À partir de quel moment un terroriste cesse-t-il d'être dénoncé comme un criminel pour être salué comme un militant engagé dans un combat légitime ? À supposer, comme le soutien l'accusation, que « Ben Laden » soit reconnu comme l'un des plus grands terroristes de la planète, tout le monde sait que le monstre qu'on dit qu'il est ne s'est pas créé tout seul. Sa formation doit tant aux États-Unis qui l'ont aidé directement ou indirectement pendant la guerre des rebelles afghans contre les troupes soviétiques.

L'ancien directeur de la CIA Robert Gates l'affirme dans ses mémoires : les services secrets américains ont commencé à aider les moudjahidines afghans six mois avant l'intervention soviétique. Selon la version officielle de l'histoire, l'aide de la CIA aux moudjahidines a débuté en 1980, c'est-à-dire après que l'armée soviétique eût envahi l'Afghanistan, le 24 décembre 1979. Mais la réalité, gardée secrète jusqu'à présent, est tout autre : c'est le 3 juillet 1979 le président Carter a signé la première directive sur l'assistance clandestine aux opposants du régime prosoviétique de Kaboul.

Ainsi, les États-Unis qui ont financé et armé les talibans en Afghanistan dans le seul but d'infliger une défaite sanglante à l'Union soviétique, vingt ans plus tard, continuent de subir les retombées de cette politique. Ces moudjahidines-de-tous-les-pays qui se ruent à l'assaut des Soviétiques retournent alors leurs armes contre notre pays, l'ennemi numéro un, appelé le Grand Satan américain conspué par Khomeiny.

Le journaliste Seymour Hersh, qui avait déjà fait éclater le scandale de la prison d'Abou Ghraib, dans une conférence au Caire, émet l'opinion que Dick Cheney, Elliott Abrams et le prince saoudien Bandar Ben Saoud continuent de financer dans les années 2000 les membres du réseau Al-Qaïda dans les opérations secrètes au Liban et en Iran (deux pays à majorité chiite) visant à déstabiliser ces deux pays en passant à des luttes interconfessionnelles. En effet, le prince saoudien, craignant pour son trône, allait vite accepter l'invitation pressante des États-Unis de financer la campagne de libération du Koweït et l'installation de troupes américaines sur son territoire. On sait le rôle déterminant que joue cet épisode dans la montée de la contestation islamiste au Moyen-Orient.

L'Amérique parle de guerre, mais elle est bien incapable de déterminer l'ennemi avec qui elle est en guerre. Le président Bush par exemple dans son discours du 20 septembre 2001 avait employé quatorze fois le terme « guerre » et la formule « nous sommes en guerre contre la terreur » avait fait date. Le 20 septembre 2001, George W. Bush annonçait qu'il avait mobilisé son armée, et le 7 octobre, moins d'un mois après les attentats du 11 septembre, les forces américaines et britanniques bombardaient l'Afghanistan. Certes, Al-Qaïda est certes l'ennemi numéro un des Américains, mais ce groupe ou cette organisation n'est pas un État. Dans la conception scientifique du mot « guerre » c'est une confrontation directe ou indirecte entre deux États ennemis. Mais dans la guerre déclenchée par les Américains après les attentats du 11 septembre, l'ennemi n'est pas un État. Il se nomme Oussama Ben Laden.

Un jour, on dira : le « 11 septembre » c'était le temps d'une nouvelle guerre. On réalisera, certes, que toute expérience de la terreur, même si elle a des conséquences énormes sur notre vie quotidienne, est une leçon d'histoire. Je reprends ici une pensée de l'historien français Emmanuel Todd qui déclarait en 2002 : « Les États-Unis sont en train de devenir pour le monde un problème. Nous étions plutôt habitués à voir en eux une solution. Garants de la liberté politique et de l'ordre économique durant un demi-siècle, ils apparaissent de plus en plus comme un facteur de désordre international, entretenant, là où ils le peuvent, l'incertitude et le conflit. »

Honorable président, le procureur, dans le développement de ses arguments, réduit le terrorisme à un problème entre l'Occident et Al-Qaïda. Nous devons nous inquiéter du fait que de telles attitudes détournent notre attention du terrorisme mondial plus large et du rôle joué par des dizaines de groupes à caractère terroriste qui existent dans les pays sous-développés comme dans les pays développés. Le procureur a péché dans son réquisitoire du fait que son analyse nous empêche de prendre du recul et de chercher des réponses plus méthodiques à un problème sérieux, qui a touché toutes les époques, tous les peuples et toutes les religions.

On parle souvent de la propagation du terrorisme et de l'extrémisme en Moyen-Orient, sans prendre en compte le rôle de l'Occident qui, en appuyant des dictatures dans la région, a joué un rôle important dans la montée du terrorisme islamiste fondamentaliste. Ce n'est pas étonnant, l'Occident est allié à des régimes souvent brutaux sur le plan militaire, politique, et économique, et l'opposition dans ces pays pour lutter contre les dictateurs utilise le plus souvent la violence à travers des actions terroristes. Il ne fait aucun doute que le groupe islamiste dénommé Al-Qaïda est un moteur du terrorisme au Moyen-Orient et en Asie du Sud ; cependant, le problème est nettement plus vaste. Juger et condamner Ben Laden, et penser par cette décision nous allons éliminer toutes les menaces terroristes sur le sol américain, c'est ignorer que la politique impérialiste américaine est à la base de la création des groupes extrémistes qui utilisent des actions terroristes pour protester contre la politique de l'Occident, au Moyen-Orient, particulièrement celle des États-Unis.

Comme l'accusé a indiqué dans une entrevue accordée à Al-Jazira après des attentats à la bombe simultanés contre les ambassades des États-Unis au Kenya et en Tanzanie le 7 août 1998 :

« Je dis qu'il y a deux côtés dans la lutte : l'un est l'alliance mondiale des croisés avec les Juifs sionistes, dirigée par l'Amérique, la Grande-Bretagne et Israël, et l'autre est le monde islamique. Il n'est pas acceptable dans une telle lutte que [le croisé] attaque et pénètre dans mon pays et dans mes sanctuaires sacrés, pille le pétrole, puis, quand il se heurte à une résistance de la part des musulmans, de les qualifier de terroristes. C'est stupide, ou considérer les autres comme des stupides. Nous pensons qu'il est de notre devoir juridique de résister de toutes nos forces à cette occupation et de la punir de la même manière qu'elle nous punit. »

Michael Scheuer, ancien agent de la CIA, dans le livre « Why the West is Losing the War on Terror », publié en 2004, a bien illustré la situation :

« Ben Laden s'est montré précis en disant à l'Amérique pour quelles raisons il entrait en guerre. Aucune d'entre elles n'a quoi que ce soit à voir avec notre liberté (freedom), notre indépendance (liberté), et notre démocratie. Elles ont en revanche tout à voir avec les politiques et les menées des États-Unis dans le monde musulman. »

Le tort de l'Amérique est de penser qu'elle peut changer le monde musulman en imposant sa culture, sa politique dite « démocratique » aux pays comme la Syrie, l'Iran, l'Irak, l'Arabie saoudite, l'Afghanistan, le Liban, le Pakistan, l'Indonésie, le Bangladesh, l'Égypte qui ont fait choix de bâtir leur société selon les principes dictés par le prophète Mahomet dans le Coran.

L'essayiste français, Alexandre Adler, dans un article paru dans le Figaro, le 6 septembre 2004, a donné ainsi son opinion sur la question :

« Non, à tout prendre, je préfère que les Frères musulmans soient cooptés par les militaires égyptiens qui gardent l'essentiel du pouvoir plutôt que de les voir gagner des élections libres, instituant un Tariq Ramadan comme ministre de la Culture. [ ] Je soutiens donc le maintien des dictatures les plus éclairées possibles – voire pas éclairées du tout – en Égypte et en Arabie saoudite plutôt que l'application, dans ces régions du monde, des principes démocratiques qui, dans l'immédiat, ne seraient que porteurs de désordres et de violence. »

Richard A. Clarke, un expert du contre-terrorisme, explique dans son livre, *Against All Ennemies,* publié en 2004, que la politique étrangère américaine, avec le face-à-face avec Moscou en Afghanistan, le déploiement des troupes américaines dans le golfe Persique, et la consolidation d'Israël en tant que base pour un flanc sud contre les Soviétiques, a renforcé les motivations d'Al-Qaïda.

Tandis que Jean Baudrillard, dans un essai intitulé *L'esprit du terrorisme,* décrit les attentats du 11 septembre comme le premier événement mondial « remettant en question le processus même de la mondialisation ».

Honorable président, le monde entier sait ce qui s'est passé le 11 septembre 2001. On prend donc pour responsables Al-Qaïda et le leader du groupe, Oussama Ben Laden, malgré le démenti de ce dernier. L'affirmation d'un complot islamiste est la thèse de l'accusation qui tire ses arguments du rapport de la Commission nationale d'enquête sur le 9/11. Toutefois, la défense a clairement démontré les incohérences et les faiblesses de ce rapport. C'est pourquoi elle a pris du temps pour présenter les doutes émis contre la version officielle et réfléchir à la signification d'une possible implication interne au sein de l'administration américaine. Elle a réfuté « la pensée unique » pour s'orienter vers la voie d'une diversité d'enquêtes et d'analyses.

Les enjeux sont trop considérables : le 11 septembre, est l'un des événements les plus cruciaux de l'histoire moderne, et le monde entier veut connaître la vérité. Il ne s'agit pas de dire qu'Al-Qaïda et Ben Laden sont responsables. Il s'agit de connaître pourquoi ces attentats ont été réalisés aussi facilement sur le sol américain, touchant deux symboles de l'Amérique : le Pentagone à Washington et les tours jumelles à New York.

Le 11 septembre 2001, du côté de la défense, on le compare à Pearl Harbor. Le président Franklin D. Roosevelt avait besoin d'un prétexte pour entrer en guerre contre les puissances de l'Axe. Bien qu'au-courant du plan des Japonais, le gouvernement américain n'a pas contré l'attaque du 7 décembre 1941. En effet, quatre mois avant l'attaque, l'espion serbe Dušan Popov, à l'instar de Richard Sorge, informe les services secrets britanniques et américains des intentions nippones. Les actualités de Paramount, dès le 13 novembre 1941, montraient qu'une attaque pourrait avoir lieu sur Pearl Harbor. L'agent double Dušan Popov avait dévoilé par un questionnaire aux services secrets britanniques (M15) que les amiraux japonais avaient réclamé à l'Abwehr, l'organisation de défense de l'armée allemande, une étude détaillée du bombardement par la Royal Air Force de la flotte italienne dans le port de Tarente les 11 et 12 novembre 1940. Bien que le directeur du FBI J. Edgar Hoover ait reçu l'espion Popov le 12 août 1941 dans son bureau, il ne transmit qu'un échantillon du questionnaire à la Maison Blanche.

Nous apprenons que l'assaut fut facilité par le déplacement de San-Diégo en Californie vers Hawaii de la flotte américaine du Pacifique. C'est ce que préconisait le mémorandum du 7 octobre 1940 rédigé par le capitaine de corvette Arthur H. Mc Collum, l'expert américain le plus réputé d'avant-guerre en matière d'espionnage naval du Japon. La thèse avancée par les officiers déchus par les commissions d'enquête, soit : Husband Kimmel, et le contre-amiral Robert Alfred Theobald, affirme que Roosevelt était au courant de l'attaque et qu'il laissa faire les Japonais pour provoquer l'indignation de la population et faire entrer son pays en guerre. L'amiral Theobald qui commandait les destroyers à Pearl Harbor, écrivit dans un ouvrage traduit en français : « Notre conclusion principale est que le président Roosevelt contraignit le Japon à faire la guerre en exerçant en permanence sur lui une pression diplomatique et économique, et l'incita à ouvrir les hostilités par une attaque surprise en maintenant la flotte du Pacifique dans les eaux hawaïennes comme appât. »

Comme l'attaque japonaise sur la flotte américaine à Pearl Harbor avait permis l'entrée spectaculaire des États-Unis dans la Deuxième Guerre mondiale, les attentats du 11 septembre 2001, dit-on, ont donné un prétexte aux Américains pour déclencher une guerre au Moyen-Orient et installer de nouvelles bases militaires dans plusieurs pays de la région. Et, plus encore, de prendre le contrôle des ressources pétrolières de l'Irak. Aux États-Unis, un important magazine à diffusion nationale, *The Nation*, a mis en question le récit officiel. La majorité des citoyens américains questionnés partagent des doutes sur le rapport de la Commission nationale d'enquête sur le 9/11.

Nous continuons alors avec cette question : est-il impossible de bâtir notre défense sur deux fronts parallèles ? À savoir, d'un côté, étudier le 11 septembre comme un acte terroriste étranger recélant une part de responsabilité américaine. Puis, de l'autre côté, étudier le 11 septembre comme une action criminelle commise par des groupes économiques puissants contrôlant le système financier américain. L'analyse simpliste, c'est de prendre Oussama Ben Laden comme le cerveau du coup, sachant bien qu'Al-Qaïda avec sa réputation radicale et extrémiste, serait bien vite acceptée par le public comme étant responsable des attentats du 11 septembre 2001.

Monsieur le Président, contrairement aux arguments de l'accusation qui a qualifié Al-Qaïda comme l'un des groupes terroristes les plus dangereux au monde et a lié les attentats du 11 septembre à cette organisation, nous disons que les attaques d'aujourd'hui sont souvent menées par des individus plutôt que par des groupes organisés, bénéficiant de l'appui d'une organisation centrale. Les attaques terroristes ont pris une forme différente ces derniers temps. Lorsque le major Nidal Malik Hasan, en colère contre les interventions américaines en Irak et en Afghanistan, a abattu treize personnes à la base de l'armée de Fort Hood au Texas, le 5 novembre 2009, il a agi seul.

"J'avais l'habitude de prétendre que ce n'était pas du terrorisme si l'action n'était pas un complot identifiable et organisé", a déclaré au journal Time, en 2009, Bruce Hoffman, expert en terrorisme à l'Université Georgetown. Mais Hoffman a vite changé sa définition, en disant : "Cette nouvelle stratégie (...) de responsabiliser et de motiver les individus à commettre des actes de violence est complètement en dehors de toute chaîne de commandement terroriste... le terrorisme est en train de changer... c'est un changement radical".

Alors, s'il était vrai que les attentats du 11 septembre 2001 avaient été commis par un groupe de terroristes, pourquoi refusons-nous de penser que Mohammed Atta a agi seul ou en complicité d'Ahmed Omar Saeed, et il a recruté personnellement tous les camarades qui ont participé aux attaques ? C'était le 11 avril 1996 à Hambourg, dans la petite mosquée de Steindamm, un mois après le sommet de Charm el-Cheikh (13 mars) contre le terrorisme islamique, que Mohammed Atta semble avoir pris la décision de passer à une action directe. Décidé de l'accomplir au péril de sa vie, il a écrit un testament très détaillé prouvant qu'il avait l'intention de mourir.

L'accusation a parlé du but de Ben Laden qui était d'attaquer les États-Unis pour protester contre les sanctions adoptées contre l'Irak lors de la guerre du Golfe. Regardons donc ensemble les faits qui viendront réfuter cet argument. Le 6 août 1990, après l'invasion irakienne du Koweït, l'ONU a adopté la résolution 661 imposant des sanctions économiques contre l'Irak ainsi qu'un embargo total. Après la fin de la guerre du Golfe et après le retrait des forces irakiennes du Koweït, les sanctions étaient liées au déménagement de leurs armes de destruction massive par la résolution 687. Selon les estimations de l'ONU, entre 500,000 et 1, 2 millions d'enfants sont morts durant les années de sanctions. Les États-Unis ont utilisé leur veto au Conseil de sécurité de l'ONU pour bloquer la proposition de lever les sanctions en raison de la possession de l'échec de la vérification du désarmement de l'Irak. De 1991 à 2003, les effets des sanctions ont conduit à l'inflation, entraînant une pauvreté généralisée et de la malnutrition.

Qu'a fait Ben Laden ? Dans une fatwa publiée le 23 août 1996, il a dénoncé les sanctions contre l'Irak et a accusé les États-Unis et l'Arabie saoudite d'être responsables de la mort de plus de 600,000 enfants irakiens. Dans une vidéo datant de 2004, il a appelé cela « le plus grand massacre de masse d'enfants que l'humanité n'ait jamais connu ».

"Plus de 600,000 enfants irakiens sont morts à cause du manque de nourriture et de médicaments et à la suite d'une injustifiable agression imposée à l'Irak et sa nation. Les enfants de l'Irak sont nos enfants. Vous, les États-Unis avec le régime saoudien, êtes responsables de l'effusion du sang de ces enfants innocents. »

Où est le mal ? L'accusé a simplement fixé les responsabilités. Le rendre responsable des attentats du 11 septembre 2001 et accuser en même temps le gouvernement saoudien d'avoir donné un soutien financier aux dix-neuf terroristes commandités par mon client est un non-sens. Banni de son pays (l'Arabie saoudite) au commencement des années 90, Ben Laden a pris refuge tour à tour au Soudan, en Afghanistan, et enfin au Pakistan. Il était devenu un indésirable pour le roi saoudien qui négociait même son arrestation pour le livrer aux Américains. Comment Ben Laden et les responsables saoudiens pourraient-ils être liés aux mêmes attaques du 11 septembre 2001 ?

UNE IMPLICATION DES FORCES INTERNES AUX ÉTATS-UNIS

L'hypothèse d'une implication des forces internes aux États-Unis apparaît inconcevable à notre pensée, toujours prête à accepter que les autres -ceux qui ont une autre culture, une autre religion, les Muslims- sont censés pouvoir commettre des actes aussi monstrueux. Nous reconnaissons certes que les groupes terroristes comme Al-Qaïda ont commis des dizaines, des vingtaines, voire des centaines d'attaques terroristes, soit directement ou à travers des filiales. C'est une grande erreur toutefois de voir Al-Qaïda derrière tous les attentats dans le monde.

On pourrait se contenter de rappeler qu'Al-Qaïda fut fondée en 1988 par Ben Laden, mais cependant le terrorisme a vu le jour avec la création même du monde. Le jour où Lucifer s'est rebellé contre le bon Dieu. L'emploi de la terreur à des fins politiques, religieuses ou idéologiques, qui est la définition même du terrorisme, est une pratique qui existe depuis la nuit des temps. Un grand nombre d'organisations politiques ou criminelles ont recours au terrorisme pour faire avancer leur cause ou en retirer des profits. Des partis de gauche comme de droite, des groupes nationalistes, religieux, ou révolutionnaires, voire des États, ont commis des actes de terrorisme.

On peut citer entre autres :

- Le Rainbow Warrior, navire de l'organisation écologique Greenpeace faisant route vers Mururoa pour protester contre les essais nucléaires français, fut coulé au port d'Auckland en Nouvelle-Zélande, le 10 juillet 1985, par une opération des services secrets français.
- L'attentat de Lockerbie, le 21 décembre 1988, organisé par la Libye (la Jamahiriya arabe Libyenne) contre le vol intercontinental Pan

Am Flight 103 assurant le trajet Frankfurt-Détroit en passant par Londres et New York. Un total de 259 personnes périt dans la tragédie (243 passagers et 16 membres d'équipage).

- L'attentat contre le vol 772 UTA assurant le trajet Brazzaville-Paris organisé par la Jamahiriya arabe Libyenne et qui a causé la mort de 170 personnes. La tragédie s'est produite le 19 septembre 1989.

- Dépôts de mines dans les ports et organisation d'une lutte armée de paramilitaires (Contras) par les États-Unis au Nicaragua entre 1982 et 1988.

On compte également de nombreux attentats politiques :

- Attentats de la Cagoule le 11 septembre 1937 à Paris. Cette organisation secrète d'action révolutionnaire nationale a participé à plusieurs attaques terroristes dont l'attentat à la bombe du 16 septembre 1937, contre la Confédération générale du patronat français, dans le but de faire accuser les communistes. Deux agents de police sont tués par l'explosion.

- Attentats de L'Irgoun en représailles contre les civils arabes. Idéologiquement, l'organisation armée sioniste s'affirme comme proche du parti de la droite nationaliste, le parti révisionniste, et a pour objectif la fondation d'un État Juif sur les deux rives du fleuve Jourdain.

- Attentats et assassinats contre la Fraction armée rouge en Allemagne. La Fraction armée rouge, également connue sous le sigle RAF est une organisation terroriste allemande d'extrême gauche se présentant comme un mouvement de guérilla urbaine qui opéra en Allemagne de l'Ouest de 1968 à 1998, contribuant au climat de violence sociale et politique de ce que l'on a appelé les « années de plomb ».

- Attentats d'Action directe en France. Ce groupe armé qui a opéré dans les années 1980 à 1987 a commis plus de cent attentats.

- Attentats des Brigades rouges en Italie.

- Assassinats lors de la crise d'Octobre 1970 au Québec causés par le Front de libération du Québec.

- Attentat contre Orlando Letelier perpétré par des agents de Pinochet à Washington en 1976.

- Attentats des cellules communistes combattantes en Belgique.

- Attentats et exécutions lors de l'opération Condor en Amérique du Sud, aux États-Unis et en Europe, organisés par la Dina, la CIA et divers services spéciaux d'États sud-américains, visant à éliminer des hommes politiques et militants de gauche.

- Mitraillage à l'aéroport de Lod en Israël par trois terroristes de l'Armée rouge japonaise le 30 mai 1972, faisant 26 morts et 76 blessés.

- Détournement le 13 août 1977 d'un Boeing de la Lufthansa par Wadie Haddad, assaut réussi du GSG 9 pour libérer les otages.

- Prise d'otages de l'ambassade iranienne à Londres le 5 mai 1980. Elle se solde par la mort de 5 des terroristes et la libération de 10 otages.

- Détournement du vol AF 8969 en provenance d'Alger, en décembre 1994.

- Attentats du GIA en Algérie.

- Attentats islamistes au Liban contre le Hezbollah.

- Attentats-suicide du Hamas en Israël.

- Les Russes se vantaient d'avoir tué le président tchétchène Djokhar Doudaev en 1994 en le visant avec un missile guidé par les ondes du téléphone satellite que la victime utilisait souvent.

- Après avoir d'abord eu le soutien des États-Unis en tant que chaîne courageusement libre dans le monde très censuré de l'audiovisuel arabe, Al-Jazira subit la pression de l'administration Bush pour avoir diffusé les déclarations de Ben Laden, surtout après le 11 septembre. Washington en signe de représailles lâcha une bombe sur les bureaux d'Al-Jazira à Kaboul, après que Ben Laden et Al-Qaïda avaient fui la capitale en novembre.

- En mai 2002, les États-Unis tentèrent d'assassiner Hekmatyar avec un drone Prédateur armé, peu après que le chef de guerre discrédité eut, sous la pression américaine, quitté son abri en Iran pour regagner l'Afghanistan. Il avait cherché refuge à Téhéran après avoir été chassé de Kaboul par les talibans en 1996, au grand soulagement de la population locale (New York Times, 8 mai 2002).

Honorable président, le procureur parle des attaques d'Al-Qaïda contre les États-Unis, mais il n'a jamais mentionné les frappes de drones au Pakistan et dans d'autres régions du Golfe. Depuis 2004, le gouvernement des États-Unis a attaqué des milliers de cibles dans le nord-ouest du Pakistan à l'aide de véhicules aériens nommés drones exploités par l'armée de l'air américaine, sous le contrôle opérationnel de la division des activités spéciales de la « Central Intelligence Agency ». La plupart de ces attaques visent des cibles situées dans les zones tribales situées le long de la frontière afghane au nord-ouest du Pakistan.

Une source a déclaré que 70% des personnes tuées sont des civils à qui l'étiquette de militant a été attribuée parce qu'elles se trouvaient dans un établissement militant à l'époque et qu'elles n'avaient pas été spécifiquement prouvées innocentes. Le nombre de morts de civils est estimé entre 900 et 1,000. Amnesty International a constaté qu'un certain nombre de victimes étaient sans nom et que les attaques américaines pourraient constituer des crimes de guerre. L'Assemblée nationale du Pakistan a approuvé à l'unanimité une résolution contre l'utilisation des drones américains au Pakistan, les qualifiant de « violation de la charte des lois internationales et des normes humanitaires des Nations Unies ». Le Premier ministre pakistanais, Nawaz Sharif, avait de nouveau réclamé la fin des violations, déclarant que « l'utilisation de drones est non seulement une violation continue de notre intégrité territoriale, mais également une atteinte à notre détermination et à nos efforts pour éliminer le terrorisme de notre pays ». La Haute Cour de justice de Peshawar a déclaré que les attaques étaient illégales, inhumaines, et qu'en violant la Déclaration universelle des droits de l'homme, elles constituaient un crime de guerre.

Selon la « New America Fondation » en 2006, deux attaques de drones ont tué un seul militant et 93 civils. Un rapport du gouvernement pakistanais formellement classifié obtenu par le BIJ (Bureau du journalisme d'investigation) donne des détails sur les attaques de 75 drones survenues entre 2006-2009. Selon les 12 pages du rapport, sur cette période, 176 des 746 citoyens rapportés morts étaient des civils.

Honorable président, le programme d'assassinats ciblés mené par les États-Unis en Afghanistan ou au Yémen dans le cadre de sa lutte contre le terrorisme est vaste et très secret. Selon une étude réalisée par l'universitaire Larry Lewis, qui a analysé les résultats des opérations américaines en Afghanistan sur plusieurs années, les frappes réalisées par des drones dans la région ont été beaucoup plus meurtrières pour des civils que les bombardements de l'aviation. Les drones, d'après Lewis, tuent en moyenne dix fois plus de civils que les avions américains.

Qui a financé les attentats du 11 septembre 2001 ?

Honorable président, l'accusation a cité le nom de Khaled Cheikh Mohammed comme chef de la planification des attentats du 11 septembre. Ce dernier fut secondé par son neveu Ramzi Yousef. Yousef condamné et interné en prison, Mohammed, toujours d'après l'accusation, délégua l'organisation financière à Moustapha Ahmed al-Hawsawi, un citoyen saoudien affilié à Al-Qaïda. L'accusation avance qu'il y a des preuves convaincantes qu'Al-Qaïda a financé des attentats du 11 septembre 2001. Selon le procureur, dans les jours qui suivirent le 11 septembre, les enquêteurs partaient à la recherche des traces financières laissées par les terroristes. Le 1ᵉʳ octobre 2001, le FBI découvrit un transfert d'argent au profit de Mohammed Atta, le leader des kamikazes, qui vivait à l'époque en Floride. L'enquête révèle que le transfert provenait du Pakistan et que le financier serait Ahmed Omar Saeed Sheikh, un Britannique d'origine pakistanaise.

Toute la presse occidentale diffusait l'information à l'époque, mais elle n'a jamais révélé qu'Omar n'était pas un agent d'Al-Qaïda mais un dirigeant influent au sein de l'organisation terroriste pakistanaise Lashkar-e-Taiba, et aussi un agent de l'ISI, l'agence de renseignement militaire du Pakistan. D'autres sources disaient que le lieutenant-général Mahmoud Ahmed, le directeur de l'ISI, a été remplacé après que les enquêteurs du FBI aient établi un lien crédible entre lui et Omar Sheikh. Des sources bien informées disaient également qu'il y avait suffisamment d'indications pour les agences de renseignement américaines montrant que c'était à la demande du général Mahmoud que Sheikh a transféré 100,000 dollars US sur le compte de Mohammed Atta. Un autre transfert de 100,000 dollars attribué à Sheikh et Ahmad a eu lieu un an plus tôt, durant l'été 2000, selon le rapport.

L'écrivain français Bernard-Henri Levy a relayé l'information dans son best-seller paru en 2003, « Qui a tué Daniel Pearl ? » Dans les pages 385 à 387, l'écrivain écrit qu'il est à peu près certain du lien entre Ahmad et Sheikh au sein de l'ISI, et il pose la question, « que l'on ne peut plus esquiver, de la responsabilité des services pakistanais, ou d'une faction de ces services, dans l'attaque contre l'Amérique et la destruction des tours :[ ] comment ne pas penser [ ] que l'attentat du 11 septembre a été voulu et financé – au moins en partie – par les barbouzes d'un pays officiellement « ami », membre de la coalition antiterroriste et ayant offert aux États-Unis son aide logistique et ses sources de renseignement ? »

Le procureur prétendait que Ben Laden utilisait sa fortune pour financer les attaques d'Al-Qaïda particulièrement celles du 11 septembre 2001. Il suffisait pourtant de le connaître quand le 18 mai 1996, Ben Laden quitta Khartoum à bord d'un Boeing 727 spécialement affrété par la compagnie afghane Ariana Airlines, avec son entourage et les membres de sa famille pour l'Afghanistan, il était pour tout dire un homme presque ruiné. Les autorités saoudiennes avaient bloqué tous ses avoirs et enlevé sa citoyenneté. Il se plaignait à cette époque d'avoir perdu 100 millions de dollars. Le Soudan ne l'a pas payé pour les importants travaux de construction de 70 kilomètres de route entre Khartoum et Shendi. Tourabi ne se procura jamais l'argent nécessaire au paiement des travaux. Au lieu de cela, Ben Laden reçut une tannerie en faillite, des terres et une concession pour l'exportation de produits de base comme le sésame et la gomme arabique. Il possédait certes d'importantes quantités de matériels qui avaient servi à creuser des tunnels et à construire des fortifications en Afghanistan mais ces équipements transportés par bateau du Soudan à Afghanistan ne valaient rien.

Honorable président, un transfert d'argent de Karachi pour les pirates en Floride n'a jamais été entièrement examiné ou expliqué. Ahmad n'a jamais été convoqué pour s'expliquer là-dessus. La question du transfert n'a jamais été soulevée lors du procès d'Omar Sheikh jugé et condamné pour des actions criminelles autres que le 11 septembre. L'implication pakistanaise mais aussi saoudienne - confirmée par d'étonnantes révélations - n'a jamais été prise au sérieux. Bob Graham, président du Comité du renseignement du Sénat, a maintes fois affirmé que des États étrangers avaient participé aux attentats du 11 septembre. Le 24 juillet 2003, un panel regroupant les comités de surveillance du Sénat et de la Chambre des représentants américains publie son rapport sur les attentats. Sur un total de 900 pages, l'administration Bush en a censuré 28 concernant, d'après une source officieuse, l'implication du gouvernement saoudien dans la préparation et le financement des attentats. Pourquoi malgré tout continuons-nous à braquer nos regards uniquement sur Ben Laden ?

Une question capitale sur le 11 septembre est restée en suspens. Thomas Kean et Lee Hamilton, présidents de la commission du 11 septembre, ont déclaré : « Les pirates de l'air ont-ils reçu le soutien de gouvernements étrangers ? » L'idée qu'un groupe associé aux attentats du 11 septembre n'avait pas agi seul était là depuis le début. « Les terroristes ne fonctionnent pas dans l'aspirateur », a déclaré à la presse le secrétaire américain à la Défense Donald Rumsfeld la semaine qui suit le 11 septembre. « Je connais beaucoup de choses et ce que j'ai dit, aussi clairement que je le sache, c'est que des États soutiennent ces personnes ». Par exemple, le procureur a parlé du financement d'Al-Qaïda par des organisations caritatives et par d'autres groupes financiers. Ce qu'il n'a pas mentionné, c'est qu'en 2010, un million de dollars provenant d'un fonds mis à la disposition du gouvernement afghan par la CIA a atterri dans les coffres d'Al-Qaïda. C'est un exemple parmi d'autres de financement de groupes terroristes par les États-Unis.

L'INCOMPÉTENCE DU TRIBUNAL

Honorable président, il est de règle, dans un procès pénal, que le premier devoir du juge soit de statuer sur sa compétence. Le juge peut en décider d'office ou décider sur la requête d'une partie. D'où la raison pour laquelle la défense soulève à cette phase des débats l'incompétence du tribunal. En effet, l'exception d'incompétence peut être soulevée à n'importe quel moment de la procédure. La défense ne l'a pas soulevée, tout au début de l'audience, parce qu'elle voulait que la Cour ait tous les éléments justificatifs en main, afin de prendre une décision juste et équitable.

Honorable président, le président américain George W. Bush, dans un discours prononcé le 12 septembre 2001, a déclaré sans ambigüité : « Les attaques délibérées et meurtrières qui ont été perpétrées contre notre pays étaient plus que des actes de terrorisme, c'était des actes de guerre. » Le président dans le même discours a ajouté : « Le peuple américain doit savoir que nous faisons face à un ennemi différent de tous ceux qui nous ont combattus. Il se cache dans l'ombre et n'a aucun respect pour la vie humaine. » Ce discours se clôt par un slogan universel : « L'Amérique est unie. Les pays épris de liberté sont à nos côtés. Ce sera un combat monumental du Mal contre le Bien. Mais le Bien l'emportera. »

Le 12 septembre, devant le Conseil de sécurité des Nations Unies, le président américain a parlé d'une guerre d'un type nouveau. Le 14 septembre 2001, le président déclara l'état d'urgence nationale et signa l'Exécutive Order 13,223 soumettant les forces armées de réserve à un régime d'activité. Dans cette guerre contre Al-Qaïda, le président Bush annonça clairement les moyens qui seront employés pour parvenir à la victoire : « Notre riposte devra être dévastatrice, prolongée et efficace. » Dans un autre discours prononcé le 20 septembre 2001 devant les deux chambres du Congrès réunies, le président fut clair dans la stratégie de guerre livrée par les États-Unis à Al-Qaïda : « Nous ne ferons aucune distinction entre les terroristes qui ont perpétré les actions et ceux qui les protègent. Notre but est de continuer la guerre contre Al-Qaïda et contre tous les ennemis de notre nation jusqu'à la victoire finale. » Il a été dès le départ très clair, pour se venger des attentats du 11 septembre 2001, que les États-Unis entendaient partir en guerre contre Al-Qaïda. La question que nous soulevons maintenant est la suivante : si les attentats du 11 septembre 2001 sont des actes de guerre, pourquoi le choix d'un tribunal civil pour juger Oussama Ben Laden ?

Honorable président, au regard de ce qu'a déclaré le président américain à savoir l'Amérique est en guerre contre Al-Qaïda, la défense soulève l'incompétence de la Chambre pénale de New York - une juridiction civile - pour entendre l'affaire. Attendu qu'Oussama Ben Laden, se trouvait en Afghanistan, au moment des attaques sur le World Trade Center et le Pentagone, nous soutenons que la justice américaine n'est pas compétente pour prendre une décision contre l'accusé. Au cas, où le tribunal décide de passer outre à cette exception et décide tout de même de trancher, nous vous demandons, honorable président, de faire jouer le bénéfice du doute en faveur de notre client.

LE BÉNÉFICE DU DOUTE

Honorable président, la défense demande au tribunal de considérer les failles dans le rapport de la Commission nationale d'enquête du 11 septembre 2001, et en vertu de toutes les lacunes dans le rapport d'enquêtes, de faire jouer le bénéfice du doute en faveur d'Oussama Ben Laden. Ce sera justice.

Le président

L'audience est suspendue et sera reprise le 11 septembre avec le verdict de la cour.

CHAPITRE IV

LE VERDICT DE LA COUR

L e juge Kaplan revêtu de sa toge noire, l'air grave, le visage calme et serein, agite sa clochette pour annoncer la reprise de l'audience. La vie s'est alors immobilisée dans la ville de New York. Dans la salle d'audience, une foule se presse : journalistes, hommes de lois, agents de l'ordre, parents et amis des victimes du 11 septembre, ils sont tous présents dans la première chambre pénale du tribunal criminel de Manhattan, localisé au 100 Centre St., NY 10013. C'est dans une atmosphère de fièvre et d'attente que le président prononce enfin le verdict.

À la demande de juger et condamner Oussama Ben Laden par contumace, le tribunal déclare :

Attendu qu'au matin du 11 septembre 2001, dix-neuf terroristes détournent quatre avions de ligne afin de les faire s'écraser sur les tours jumelles du World Trade Center, à Manhattan, et le troisième avion sur le Pentagone, siège du Département de la Défense, à Washington. Le quatrième avion, volant en direction de Washington, s'écrase dans une campagne de Shanckville, en Pennsylvanie. 6,291 personnes sont blessées lors de ces attaques qui causent la mort de 2,973 personnes dont 343 membres du New York City Fire Department (FDNY), 37 membres du Port Authority Police Department et 23 membres du New York City Police Department.

D'après le rapport de la Commission nationale d'enquête sur le 11 septembre, après une demi-heure de vol, les pirates ont détourné le vol AA11 de l'American Airlines, au cours du trajet Boston-Los Angeles. Ils entraient de force dans le cockpit, maîtrisant le commandant de bord et le premier officier, et blessant plusieurs membres d'équipage et des passagers. Marwan al-Shehhi, un pilote entraîné, prit le contrôle du Boeing. Le vol UA175 s'écrasa contre la tour sud à 9h03 du matin, 17 minutes après le crash du vol AA11.

Les terroristes identifiés étaient : Mohamed Atta, Mohamed Atef, Nawaf al-Hazni, Khalid al-Mihdhar, Satam M. al Suqami, Waleed M. Alshehri, Wail M. Alshehri, Marwan Alsshehri, Majed Moqed, Hanza al-Ghamdi, Ahmed Alghamdi, Ziad Samir Jarrah, Ahmed al-Nami, Hani Hanjour, Salem al-Hazmi, Abdulaziz Alomari, Fayez Rashid, Saeed Alghamdi, Ahmad Ibrahim A. al-Haznawi. Quinze des comploteurs étaient originaires d'Arabie saoudite, deux étaient de nationalité d'Émirats arabes unis, un originaire d'Égypte, et le dernier était originaire du Liban.

La Commission nationale d'enquête sur les attaques terroristes contre les États-Unis créée en 2002, dans son rapport publié fin août 2004, établissait la responsabilité du réseau Al-Qaïda, en affirmant que les dix-neuf terroristes, auteurs de ces attentats-suicide, en étaient membres et que le commanditaire était Oussama Ben Laden.

Le tribunal au regard de toutes les pièces soumises au dossier – acte d'accusation, mandat d'arrêt international contre Ben Laden, rapport de la Commission nationale d'enquête sur le 11 septembre - complétées avec la plaidoirie orale du procureur général de New York et de celle de l'avocat de la défense, dira-t-il que Ben Laden est coupable d'actes terroristes pour avoir ordonné les attaques contre les tours jumelles et le Pentagone ? Dira-t-il au contraire que l'accusé n'est pas coupable des crimes reprochés et dans ce cas le renverra hors des liens de l'accusation ?

LES POINTS DE DROIT

Attendu que définissant le terrorisme, la définition légale courte de l'ONU est : « l'équivalent en temps de paix d'un crime de guerre ». La « définition de consensus académique » de l'ONU, rédigée par l'expert en terrorisme A.P. Schmid et largement utilisée en sciences sociales, est la suivante :

"Le terrorisme est une méthode d'action violente répétée inspirant l'anxiété, employée par des acteurs clandestins individuels, en groupes ou étatiques semi-clandestins, pour des raisons idiosyncratiques, criminelles ou politiques, selon laquelle – par opposition à l'assassinat – les cibles directes de la violence ne sont les cibles principales. Les victimes humaines immédiates de la violence sont généralement choisies au hasard (cibles d'occasion) ou sélectivement (cibles représentatives ou symboliques) dans une population cible, et servent de générateurs de message. »

Attendu qu'en novembre 2004, le Secrétaire général de l'ONU sous la recommandation d'un Groupe de personnalités de haut niveau a défini le terrorisme comme « toute action [ ] qui a pour intention de causer la mort ou de graves blessures corporelles à des civils ou à des non-combattants, lorsque le but d'un tel acte est, de par sa nature ou son contexte, d'intimider une population, ou de forcer un gouvernement ou une organisation internationale à prendre une quelconque mesure ou à s'en abstenir ».

La convention du Conseil de l'Europe pour la prévention du terrorisme (16 mai 2005), définit ainsi les actes du terrorisme : « par leur nature et leur contexte, les actes visant à intimider gravement une population, ou à contraindre indûment un gouvernement ou une organisation internationale à accomplir ou à s'abstenir d'accomplir un acte quelconque, ou à gravement déstabiliser ou détruire les structures fondamentales politiques, constitutionnelles, économiques ou sociales d'un pays ou d'une organisation internationale ».

Le département d'État (DOS) utilise la définition donnée dans le titre 22 du code des États-Unis : « violence préméditée, à motivations politiques, exercée contre des cibles non-combattantes par des groupes subi-nationaux ou des agents clandestins, dont le but est généralement d'influencer une opinion ». Le Fédéral Bureau des Investigations (FBI) se réfère quant à lui au Code fédéral des régulations et définit le terrorisme comme « l'usage illégal, ou la menace de faire usage de la force ou de la violence, par un groupe ou un individu basé et opérant entièrement à l'intérieur des États-Unis et de ses territoires sans ordre venu de l'étranger, contre des personnes ou des biens, pour intimider ou contraindre un gouvernement, la population civile, ou une partie de celle-ci, dans le but de promouvoir des objectifs politiques ou sociaux ». Pour le département de la Défense (DOD) le terrorisme est « l'usage illégal – ou la menace – de la force ou de la violence contre des individus ou des biens, pour contraindre ou intimider des gouvernements ou des sociétés, souvent pour atteindre des objectifs politiques, religieux ou idéologiques ». Tandis que pour la CIA le terrorisme est « la menace ou l'usage de la violence à des fins politiques par des individus ou groupes, s'ils agissent pour, ou en opposition à, un gouvernement établi, lorsque ces actions ont pour dessein d'influencer un groupe-ciblé plus large que la ou les seules victimes ».

Attendu que depuis les années 1970, un réseau complexe de programmes et d'activités a été développé aux États-Unis pour dire et combattre le « terrorisme ». La politique américaine de lutte anti-terroriste a pour la première fois été formalisée par la directive de sécurité nationale 207, signée par le président Reagan en 1986. Depuis lors, plus qu'une quarantaine de départements, d'agences, de services et de bureaux participent à la réponse qui doit être apportée à la menace terroriste. Le statut *Lead Agency* depuis le début des années 1980 donne des responsabilités élargies en matière de coordination, de procédure et de programmation de la réponse anti-terroriste. L'agence est désignée parmi les agences gouvernementales américaines pour coordonner l'ensemble des activités des différentes agences dans la conduite quotidienne des mesures à prendre pour combattre le terrorisme. Cette politique américaine de lutte anti-terroriste a été formalisée par la directive de sécurité nationale 207, signée par le président Reagan en 1986, qui estimait déjà à l'époque que les États-Unis étaient victimes du terrorisme à l'étranger. Cette politique a été renforcée par les directives présidentielles 39 et 62, signées par le président Clinton en 1995 et 1998, après les attentats perpétrés contre le World Trade Center en 1993 et le bâtiment fédéral d'Oklahoma City en 1995. Ces directives ont réaffirmé le statut de *Lead Agency* du département d'État, elles ont aussi donné une deuxième tête pensante à la politique anti-terroriste : le FBI.

La directive 39 pose trois éléments de stratégie nationale contre le terrorisme :

- Réduire la vulnérabilité des États-Unis face aux attaques terroristes pour prévenir et empêcher les attentats ;
- Répondre à ces attaques, appréhender et punir leurs auteurs ;

- Gérer les conséquences des attentats.

La même directive a défini le rôle de chacun des acteurs jugés utile à la réponse anti-terroriste. Chaque département a ainsi en charge la sécurité de tout ce qui relève de sa juridiction. Le département des transports assure la sécurité de tous les moyens et infrastructures de transport aux États-Unis et à l'étranger ; le DOS, celle des personnels, équipements et infrastructures militaires et des équipements américains, aux États-Unis comme à l'étranger. Le département du trésor (DOT) est chargé de la sûreté des flux et échanges financiers et veille à ce que les fonds en circulation n'aient pas pour objectif le financement d'organisations terroristes. Pour cela, il travaille en collaboration avec les douanes et administre les sanctions contre les États dits sponsors du terrorisme.

Attendu que le renseignement est un élément indispensable et le premier outil de la lutte anti-terroriste. Dans la politique américaine nous trouvons deux acteurs qui sont prépondérants en matière de renseignement pour tout ce qui relève du terrorisme : le FBI, au niveau national, et la CIA, au niveau international.

Attendu que c'est à partir du travail de ces deux agences que toute une série d'informations a été collectée pour faire la lumière sur les attentats du 11 septembre.

LES MOTIFS

Attendu que le 11 septembre 2001, des terroristes d'Al-Qaïda ont détourné trois avions pour les faire s'écraser sur les tours jumelles du World Trade Center et le Pentagone. Environ 3 000 personnes trouvaient la mort lors de ces attaques. Ce 11 septembre 2001, le vol AA11 de l'American Airlines et le vol UA175 de l'United Airlines s'écrasaient respectivement sur la façade nord et sud des tours, tandis que le vol AA77 s'écrasait à près de 800km/h sur le Pentagone, le bâtiment du département de la Défense américaine.

Attendu qu'après les conclusions de l'enquête officielle, après une demi-heure de vol, les pirates qui ont détourné le vol AA11 de l'American Airlines, au cours du trajet Boston-Los Angeles, entraient de force dans le cockpit, maîtrisant le commandant de bord et le premier officier, et blessant plusieurs membres d'équipage et des passagers. Marwan al-Shehhi, un membre d'Al-Qaïda et pilote entraîné, prit le contrôle du Boeing. Le vol UA175 s'écrasa contre la tour sud du World Trade Center à 9h03, 17 minutes après le crash du vol AA11. L'impact et l'incendie qui ont résulté causaient l'effondrement de la tour sud, 56 minutes après le crash, ce qui a augmenté par centaines le nombre des victimes.

Attendu que la Commission nationale d'enquête sur les attaques terroristes contre les États-Unis créée en 2002, dans son rapport publié fin août 2004, établissait la responsabilité du réseau Al-Qaïda, en affirmant que les dix-neuf terroristes, auteurs de ces attentats-suicide, en étaient membres et que le commanditaire en était Oussama Ben Laden. Ce dernier dans un enregistrement, quelques mois plus tard en Afghanistan, revendiquait la responsabilité des attaques.

Les terroristes identifiés étaient : Mohamed Atta, Nawaf al-Hazni, Khalid al-Mihdhar, Satam M. al Suqami, Waleed M. Alshehri, Wail M. Alshehri, Marwan Alsshehri, Majed Moqed, Hanza al-Ghamdi, Ahmed Alghamdi, Ziad Samir Jarrah, Ahmed al-Nami, Hani Hanjour, Salem al-Hazmi, Abdulaziz Alomari, Fayez Rashid, Saeed Alghamdi, Ahmad Ibrahim A. al-Haznawi. Quinze des comploteurs étaient originaires d'Arabie saoudite, deux étaient de nationalité d'Émirats arabes unis, un était originaire d'Égypte, et le dernier était originaire du Liban.

Attendu que le but ainsi que les motivations de Ben Laden et de ses complices pour commettre les attentats du 11 septembre 2001 ont été formulés de manière explicite par l'accusé, et ce à de nombreuses reprises. Parmi les principales sources, on trouve la fatwa d'Oussama Ben Laden, les vidéos d'Ayman al-Zawahiri, les différentes vidéos d'Oussama Ben Laden ainsi que ses entrevues. Les idées concernant les motivations des attentats sont principalement le soutien des États-Unis à Israël, la présence américaine en Arabie saoudite et l'application de sanctions américaines contre l'Irak après la guerre du Golfe. En février 1998, il a lancé un appel à attaquer les intérêts américains partout dans le monde.

Attendu que les agences de renseignements des États-Unis, le FBI et la CIA, accusent Ben Laden d'avoir financé les attentats du 11 septembre. Tous les faits sont là pour prouver que le groupe d'Al-Qaïda a organisé le crime du 11 septembre 2001 et que Ben Laden en est l'auteur intellectuel. En effet, des images recueillies pendant l'enquête ont montré Ben Laden et ses lieutenants, dont Mohammed Atef mort en Afghanistan, en novembre 2001, au cours d'une attaque américaine, en train de préparer les attentats. Khalid Cheikh Mohammed a été recruté pour orchestrer l'opération sur le sol américain. Tout condamne donc l'accusé qui n'a pas dénié les accusations et en plus a continué à envoyer des messages enregistrés pour motiver ses partisans.

Attendu que le 10 décembre 2001, quinze jours avant Noël, dans une vidéo diffusée par l'administration Bush, on voyait, recevant une cinquantaine de convives à Kandahar, quelques jours avant l'écroulement du régime taliban à la mi-novembre, Oussama, l'air jovial, fournir les explications les plus détaillées sur les attentats du 11 septembre. L'accusé corrobora froidement les informations essentielles sur les différentes étapes des attaques sur les tours jumelles et le Pentagone. Il donna la liste exacte des nationalités et révéla avant même le FBI et la CIA l'identité des dix-neuf membres du commando-suicide, tous Saoudiens sauf quatre. Oussama confirma l'existence de quatre équipes de détournement, et se félicita de l'habileté avec laquelle les terroristes gardaient le secret. Ben Laden disait qu'il avait sa radio branchée pour être mis au courant dès que le premier avion s'écraserait sur la tour nord du World Trade Center.

UN CRIME PRÉMÉDITÉ

Attendu que les dix-neuf terroristes qui ont détourné les avions pour les faire s'écraser sur le World Trade Center et la Pentagone étaient des membres identifiés d'appartenir au réseau terroriste d'Al-Qaïda. Les terroristes, dont trois avaient pris des cours de pilotage aux États-Unis afin de piloter des avions commerciaux, avaient utilisé leurs connaissances pour accomplir les actions criminelles du 11 septembre.

Attendu que la Commission nationale d'enquête sur le 9/11 avait indiqué en 2004 dans son rapport final que le groupe terroriste d'Al-Qaïda dirigé par Ben Laden avait planifié, financé et exécuté les attentats du 11 septembre. Un rapport des services secrets américains a confirmé Al-Qaïda reste active même après le 11 septembre. Le groupe s'allie avec des branches saoudiennes et yéménites qui ont fusionné sous le nom Al-Qaïda dans le péninsule arabique (Aqpa), organisation considérée par l'Organisation des Nations Unies comme la plus active des branches du réseau terroriste international.

Attendu qu'une source au sein des services de justice avaient indiqué que le 26 février 1993, Khalid Sheikh Mohammed, le cerveau des attentats du 11 septembre 2001, avait utilisé en 1993 les services de Ramzi Yousef pour commettre un premier attentat au camion piégé sur la tour nord du World Trade Center. Un total de six personnes a perdu la vie dans la tragédie et un millier a été blessé. Ce premier attentat était exécuté par des terroristes proches d'Al-Qaïda dont Ramzi Yousef, Mahmud Abouhalima, Mohammed Salameh, Nidal A. Ayyad, Abdul Rahman Yasin, et Ahmed Ajaj à partir d'un financement de Khalid Sheikh Mohammed. Au mois de mars 1994, quatre des terroristes ont été jugés et reconnus coupables dans les attentats de 1993 : Abouhalima Ajaj, Ayyad et Salameh. En novembre 1994, deux autres membres d'Al-Qaïda ont été condamnés dans le même dossier : Ramzi Yousef et Eyad Ismoil. Le 17 octobre 2001, Abdul Rahman Yasin qui a toujours échappé à la justice pour le rôle joué dans l'attentat de 1993 sur le WTC, a été placé sur la liste des individus associés avec Al-Qaïda et Ben Laden.

Attendu qu'en vertu des éléments de l'investigation, il est évident que les attentats du 11 septembre 2001 furent une action planifiée et préméditée des mois, voire des années à l'avance par Ben Laden.

« Je vous le dis, Allah sait qu'il ne nous était pas venu à l'esprit de frapper les tours. Mais après qu'il fut devenu insupportable de voir l'oppression et la tyrannie de la coalition américano-israélienne contre notre peuple de Palestine et du Liban, j'ai alors eu cette idée », a déclaré l'accusé.

Attendu que Ben Laden a délivré plusieurs messages pour revendiquer les attentats du 11 septembre. Le 7 octobre 2001, au premier jour des frappes américano-britanniques en Afghanistan, il apparaît sur une vidéo diffusée par Al-Jazira. Entouré de trois de ses lieutenants, il y explique d'un ton calme le but de son jihad : « Voici l'Amérique frappée par Dieu Tout-Puissant à l'un de ses organes vitaux. L'Amérique a été remplie d'horreur du nord au sud et de l'est à l'ouest et, Dieu, en soit loué, ce que l'Amérique vit maintenant n'est qu'une réplique de ce que nous avons enduré. » Et de promettre de plus que les États-Unis ne connaîtront plus jamais la sécurité.

Une nouvelle vidéo tournée à la mi-septembre et diffusée par le Pentagone à la mi-décembre est sans équivoque. Selon les images d'archives de l'Ina reprenant un extrait du JT de France 2 du 13 septembre 2001, on voit Ben Laden en train d'expliquer à un ami saoudien la préparation du 11 septembre, soulignant que le résultat avait dépassé son espérance.

« Nous avons calculé à l'avance le nombre de victimes de l'ennemi qui seraient tuées, en fonction de la position des tours. Moi, j'étais le plus optimiste de tous grâce à mon expérience dans le domaine de la construction. Je pensais que l'incendie, à cause du carburant de l'appareil, ferait fendre la structure en métal du bâtiment, qu'il détruirait l'endroit où l'avion toucherait sa cible, mais aussi tous les étages qui étaient au-dessus. C'est tout ce que nous espérons. »

Le 26 décembre 2001, dans une autre vidéo diffusée par Al-Jazira, Oussama Ben Laden annonce que les attentats du 11 septembre avaient pour but de faire cesser le soutien de Washington à Israël. Voici le libellé d'un message du chef d'Al-Qaïda rendu public le 1er novembre 2004 :

« Les évènements qui m'ont marqué directement remontent à 1982 et des faits qui ont suivi lorsque l'Amérique a donné son feu vert à Israël pour envahir le Liban et que la troisième flotte américaine a aidé Israël dans les bombardements du Liban ; ceci a causé de nombreux morts et blessés et a terrorisé et expulsé d'autres personnes Derrière ces images et ses semblables est venu le 11 septembre comme réponse aux grandes injustices ; peut-on accuser de terrorisme un être humain qui se défend et qui punit son bourreau en usant des mêmes armes ? »

Attendu que Khalid Skeikh Mohammed, arrêté le 1er mars 2003, à Rawalpindi, une ville pakistanaise, et détenu maintenant à Guantanamo, est celui qui a coordonné sur le terrain les attentats du 11 septembre. Mohammed a confessé aux agents du FBI et de la CIA le rôle qu'il a joué dans la plupart des attaques orchestrées par Al-Qaïda pendant les vingt dernières années. Ces informations devraient aider les investigateurs à comprendre que les attentats du 11 septembre ont été perpétrés par Oussama Ben Laden à travers Al-Qaïda. Depuis lors, Ben Laden est devenu l'homme le plus recherché du monde, l'ennemi numéro un des États-Unis.

Attendu que même terré dans les grottes afghanes pour fuir la justice, l'accusé a continué à diriger Al-Qaïda par personne interposée et que depuis sa cachette il donne des ordres. Mieux que tout autre dirigeant d'organisation criminelle, il maîtrise l'art de la guerre des nerfs et du message pré-enregistré. Quand les rumeurs circulaient sur son état de santé défaillant, dans les montagnes perdues de la zone tribale pakistanaise, il délivrait des messages sur un ton monocorde et bas, des messages souvent adressés à des destinataires bien précis (les Européens ou encore les Américains). Il y alternait des « explications » de son action et des menaces, manière de déjouer le plan des services de surveillance (FBI, CIA) et, en même temps, en vue de rassurer ses partisans. Ses déclarations sonores étaient souvent accompagnées d'images vidéo. Sur une de ces vidéos, largement diffusée en octobre 2001, le porte-parole d'Al-Qaïda, Sulaiman Abu Ghaith, qui est aussi le gendre de Ben Laden, a expliqué qu'au soir du 11 septembre, l'accusé lui aurait confessé avoir organisé les attentats de New York.

En décembre 2004 (après avoir rappelé que son combat ne visait pas encore, à ce jour, les dirigeants saoudiens, mais seulement les occupants américains), il a rappelé en ces termes la logique de son combat : « Ce qui se passe maintenant est tout juste une extension de la guerre contre la coalition des croisés, dirigée par l'Amérique, qui mène partout la guerre contre nous. Nous agissons donc de même et cela inclut le pays des deux saintes mosquées. Nous avons l'intention de les expulser de là, si Dieu veut. »

Attendu que tous les faits et les éléments de preuve montrent qu'Oussama Ben Laden est bien l'auteur des attentats du 11 septembre 2001, un crime planifié et exécuté par le groupe terroriste Al-Qaïda, une organisation criminelle fondée et dirigée par l'accusé. En outre, tous les pirates qui ont détourné des avions et les ont faits écraser sur le World Trade Center à New York, le Pentagone à Washington, et après que les passagers se soient révoltés, dans un champ à Pennsylvanie, étaient des membres d'Al-Qaïda avec une filiation directe à Ben Laden. À savoir : Mohamed Atta, Mohamed Atef, Nawaf al-Hazni, Khalid al-Mihdhar, Satam M. al Suqami, Waleed M. Alshehri, Wail M. Alshehri, Marwan Alsshehri, Majed Moqed, Hanza al-Ghamdi, Ahmed Alghamdi, Ziad Samir Jarrah, Ahmed al-Nami, Hani Hanjour, Salem al-Hazmi, Abdulaziz Alomari, Fayez Rashid, Saeed Alghamdi, Ahmad Ibrahim A. al-Haznawi. Quinze des comploteurs étaient originaires d'Arabie saoudite, deux étaient de nationalité d'Émirats arabes unis, un originaire d'Égypte, et le dernier était originaire du Liban.

PAR CES CAUSES

Le tribunal déclare Oussama Ben Laden coupable de crimes terroristes et de crimes contre l'humanité en élaborant et en finançant les attentats du 11 septembre 2001. L'accusé pour avoir fait l'aveu d'avoir dirigé les attaques sur New York et Washington est condamné à la peine de mort.

Quant à la demande de l'accusation de condamner le gouvernement saoudien comme étant complice d'Al-Qaïda par le fait de financer les attentats du 11 septembre :

Attendu que dans son rapport, la Commission nationale d'enquête a déclaré qu'elle n'a trouvé aucun élément de preuve indiquant que le gouvernement saoudien avait coopéré avec Al-Qaïda pour développer ou mener des attaques contre les États-Unis.

Attendu qu'également la conclusion du rapport est contestée par nombre d'experts qui ont vu la main cachée d'une puissance étrangère qui a aidé financièrement Al-Qaïda ; le tribunal sans décider sur le fond à savoir si oui ou non Al-Qaïda a reçu l'aide financière d'un pays étranger pour exécuter les attaques du 11 septembre, rejette la demande de condamner le gouvernement saoudien vu l'absence d'une loi autorisant un tribunal américain à exercer sa juridiction personnelle sur tout soutien d'un pays étranger à un acte de terrorisme international contre un citoyen ou des biens américains, indépendamment du fait que ce pays soit ou non considéré comme soutenant le terrorisme. (1)

Le tribunal déclare que cette ordonnance est exécutoire sur minute et sera affichée à la porte de cette chambre criminelle.

Donné de nous, à la Première Chambre Criminelle du Tribunal de Manhattan, ce 11 septembre 2010.

Lewis Vance Kaplan, juge

----

(1) Adoptée au Sénat américain sans opposition en mai 2016 et, en septembre 2016, adoptée à l'unanimité par la Chambre des représentants, la loi « Jasta » autorise des poursuites judiciaires contre l'Arabie saoudite, concernant les attentats du 11 septembre 2001. Cette loi permet aux citoyens américains d'attaquer en justice le personnel, les institutions, ainsi

que les gouvernements étrangers, pour leur rôle présumé dans le fait de soutenir ou de faciliter les actes de terrorisme contre les citoyens des États-Unis. Auparavant, les citoyens américains avaient le droit de poursuivre en justice un État étranger, s'il avait été considéré par le département d'État des États-Unis comme un pays soutenant le terrorisme, et si des citoyens américains avaient été lésés par le soutien de ce pays au terrorisme international.

La loi « Jasta » modifie la loi sur l'immunité souveraine des États étrangers (Foreign Sovereign Immunities Act) ainsi que la loi sur la lutte contre le terrorisme et l'application effective de la peine capitale (Anti-Terrorism and Effective Death Penalty Act), en ce qui concerne les poursuites civiles contre un État étranger, pour blessures, mort ou dommages causés par un acte de terrorisme international. Cette loi autorise les cours fédérales à exercer leur juridiction personnelle sur tout soutien d'un pays étranger à un acte de terrorisme international contre un citoyen ou des biens américains, indépendamment du fait que ce pays soit ou non considéré comme soutenant le terrorisme.

CHAPITRE V

LA BATAILLE JUDICIAIRE CONTINUE

La majorité des pirates qui ont détourné des avions et les ont faits écraser sur le World Trade Center à New York et le Pentagone à Washington était des ressortissants saoudiens. L'enquête a révélé que l'Arabie saoudite, ainsi qu'une association caritative affiliée à ce gouvernement, avaient sciemment fourni de l'argent et une assistance matérielle à Al-Qaïda qui les a utilisés pour réaliser les attentats du 11 septembre 2001.

Une plainte a été déposée par les familles des victimes contre le gouvernement saoudien. D'après cette plainte, l'Arabie saoudite a fourni une aide matérielle à Al-Qaïda pour réaliser le 9/11. Le juge Rochard Casey de Manhattan a débouté cette demande en 2005, arguant que les supposés activités illégales de l'Arabie saoudite relevaient de son « pouvoir souverain » lui conférant l'immunité selon la loi sur l'immunité souveraine des nations étrangères.

Une seconde juridiction avait confirmé cette décision sur des bases différentes en 2008. À la suite du décès du juge Casey en 2007, les familles ont alors demandé au juge George Daniels qui a repris le dossier de casser le jugement de 2005. Le juge a refusé. Dans son ordonnance, il a déclaré en mars 2012, que c'était « pure spéculation » de considérer que ces décisions étaient contradictoires étant donné qu'il s'agit d'accusés différents avec des charges différentes.

Le 19 décembre 2013, une cour d'appel a réexaminé les plaintes déposées par des familles des victimes. Le juge Chester Straub a écrit à un comité de trois juges qu'il serait « particulièrement anormal » de traiter différemment ces deux groupes de plaignants. Il a renvoyé l'affaire au juge du district, Georges Daniels, pour instruction.

« Cette décision est totalement fondée et donnera aux victimes la possibilité de s'expliquer devant un tribunal », a déclaré Stephen Cozen, un associé du cabinet Cozen O'connor qui représente les plaignants. Michael Kellogg, un associé du cabinet Kellogg, Hansen, Todd, Figel & Frederick, représente l'Arabie saoudite. Il a déclaré que ce pays demanderait un réexamen de cette décision inappropriée et qui est contraire aux lois en vigueur. « Il est extrêmement regrettable et pénible qu'un pays souverain, qui plus est allié des États-Unis, doive encore plaider cette affaire plus de dix ans après qu'elle ait été classée. »

Le 22 septembre 2001, le Congrès des États-Unis, dans le cadre de son dispositif de sauvetage des compagnies aériennes, a voté la loi pour la création du fonds de compensation des victimes du 11 septembre 2001. En échange du renoncement à tout procès contre ces compagnies aériennes et des entreprises de sécurité, les parents des victimes reçurent la promesse de toucher environ 1,5 millions de dollars, nets d'impôts, plans d'assurance-vie en faveur des victimes. Un total de 7 milliards de dollars a été mis à la disposition de plus de 5,000 victimes des attentats contre le World Trade Center. Plus de 7 500 réclamations ont été traitées par les services du ministère de la Justice. En 2003, Le gouvernement américain a annoncé que le fonds paierait entre 250,000 et 7 millions de dollars aux familles éprouvées lors des attentats, et plusieurs millions de dollars seront distribués aux personnes qui ont été blessées.

Au total, 2,964 réclamations ont été formulées par les parents de victimes tuées, tandis que les parents de victimes blessées en adressaient 4,429, dont 1,919 impliquant des salariés participant aux opérations de sauvetage. Avant la date de clôture du fonds, le 22 décembre 2003, 60% des parents de victimes tuées s'étaient manifestés. L'administrateur du fonds, M. Kenneth Feinberg, s'est félicité en disant que plus de 98% des familles ayant perdu un parent pendant les attentats avaient obtenu réparation.

LE JUGEMENT DE SALIM HAMDAN

Le 24 août 2008, une cour d'appel américaine a annulé la condamnation de Salim Hamdan, l'ancien chauffeur et garde du corps d'Oussama Ben Laden, accusé de soutien au terrorisme, dans une affaire découlant des procès militaires américains tenus à Guantanamo Bay, contre les membres d'Al-Qaïda. La Cour d'appel américaine du district de Columbia a conclu que fournir une aide au terrorisme n'était pas un crime de guerre à l'époque des faits reprochés à Hamdan de 1996 à 2001 et qu'elle ne pouvait donc pas appuyer une condamnation.

« Parce que la loi sur les commissions militaires ne sanctionne pas les actions rétroactives pour les nouveaux crimes et que l'appui matériel au terrorisme n'était pas un crime de guerre préexistant ; la condamnation de Hamdan pour un soutien matériel au terrorisme ne peut être maintenue », a écrit le juge Brett Kavanaugh pour le groupe de trois juges.

Hamdan a été reconnu coupable en août 2008 d'avoir fourni des services personnels à l'appui du terrorisme en conduisant et en surveillant Ben Laden, le dirigeant d'Al-Qaïda. Hamdan a été condamné à 66 mois de prison, mais on lui a attribué un crédit pour le temps passé au centre de détention américain de Guantanamo Bay. Il a été renvoyé au Yémen en novembre 2008 et libéré en janvier 2009 pour retourner vivre avec sa famille à Sanaa.

Après la décision de la Cour suprême, le Congrès a adopté la loi de 2006 sur la commission militaire, qui énumère un certain nombre de nouveaux crimes de guerre pouvant faire l'objet de poursuites par une commission militaire, notamment contre quiconque apporte un soutien au terrorisme.

En 2014, la municipalité de New York et la compagnie d'assurance WTC Captive ont accepté d'indemniser les bénévoles et employés qui ont travaillé sur les décombres des tours jumelles après les attentats du 11 septembre. 657 millions de dollars ont été déboursés pour plus de 10,000 victimes qui ont porté plainte. Cet accord est intervenu après une bataille judiciaire de plusieurs années.

Au total, 70 procès seulement ont été intentés contre les compagnies aériennes. Trente familles de victimes n'ont pas sollicité le fonds, ni intenté d'actions en justice pour demander réparation. La loi « Jasta », adoptée par le Congrès américain et le Sénat en 2016, qui autorise les Américains à poursuivre un État étranger pour son implication dans le terrorisme a permis à plus de 800 blessés et proches des victimes de l'attaque terroriste du 11 septembre 2001 à New York d'intenter un procès en dommages-intérêts contre l'Arabie saoudite. Le 1ᵉʳ octobre 2016, l'Américaine Stéphanie Ross Desimone, qui avait perdu son mari dans l'attaque du 11 septembre 2001, est devenue la première personne à intenter des poursuites judiciaires contre l'Arabie saoudite en vertu de la loi.

L'OUVERTURE DU PROCÈS DU GENDRE DE BEN LADEN

Le lundi 3 Mars 2014 s'ouvre le procès d'Abou Ghaith, le gendre de Ben Laden. L'ancien porte-parole d'Al-Qaïda, décrit comme le bras droit de son chef, est censé recruter du personnel pour l'organisation. Déchu de la nationalité koweïtienne après les attentats du 11 septembre, Souleymane Abou Ghaith, 48 ans, est inculpé de complot visant à tuer des Américains et visant à apporter un soutien matériel à des terroristes.

Selon le procureur Nicholas Lewin, Abou Ghaith n'est pas accusé d'avoir planifié ou mis à exécution les attentats du 11 septembre 2001, mais d'avoir recruté du personnel pour Al-Qaïda. Le procureur affirme qu'il était aussi complice de la tentative d'attentat à la chaussure piégée de décembre 2001, sur un vol reliant Paris à Miami.

L'accusation a décrit Abou Ghaith comme un « fidèle » d'Al-Qaïda ayant rencontré Oussama Ben Laden après avoir quitté le Koweït pour l'Afghanistan au printemps 2001. Il a passé cette période à parler à des centaines de jeunes recrues dans des camps d'entraînement afghans, les préparant à la guerre contre l'Occident, particulièrement contre les Américains.

Dans une vidéo de propagande le 12 septembre 2001, il était aux côtés de Ben Laden et d'Ayman al-Zawahiri, le numéro deux d'Al-Qaïda. Selon le procureur, Abou Ghaith a répondu à un appel personnel de Ben Laden quelques heures après le 11 septembre. Ben Laden lui a demandé de délivrer le décret de la mort d'Al-Qaïda au reste du monde. « Et qu'est-ce que l'accusé a fait ? » Il a accepté, a martelé Nicholas Lewin.

Toujours d'après l'accusation, marié à la fille de Ben Laden Fatima, Abou Ghaith a travaillé pour l'organisation jusqu'en 2002, avant de fuir l'Afghanistan à la suite de l'invasion américaine pour se rendre en Iran.

L'accusation a cité deux témoins qui s'expriment par circuit vidéo depuis le Royaume-Uni et le Yémen. Le Britannique Saajid Badat, qui avait plaidé coupable et coopéré avec les enquêteurs après avoir été accusé de complicité avec Richard Reid, et un ancien chauffeur de Ben Laden, Salim Hamdan, qui vit désormais au Yémen.

Abu Ghaith est condamné à la prison à vie. Avant que sa peine ne soit prononcée, il n'a présenté aucune excuse pour ses actions et n'a pas demandé l'indulgence. Au lieu de cela, il a dit au juge qu'il ne « demanderait la miséricorde de personne, sauf de Dieu », et a mis en garde contre les répercussions de son emprisonnement.

« L'islam est la religion qui ne meurt pas lorsque ses fidèles meurent ou se font tuer », a-t-il déclaré, « et il ne s'arrête pas quand ils sont capturés ou emprisonnés ».

« Au même moment où vous me ligotez les mains et voulez m'enterrer vivant, vous déchaînez les mains de centaines de jeunes musulmans et vous enlevez la poussière de leurs esprits. »

« Bientôt et très bientôt, a-t-il ajouté, le monde entier verra la fin de ces pièces de théâtre, également appelées procès. »

M. Abou Ghaith a été reconnu coupable sous trois chefs d'accusation : complot en vue de tuer des Américains, soutien matériel à des terroristes et complot en vue de le faire.

Le juge Lewis A. Kaplan, de la Cour fédérale du district de New York, a déclaré lors de la détermination de la peine à l'accusé : « Monsieur, vous vous engagez à faire tout ce qui est en votre pouvoir pour aider Al-Qaïda à tuer des Américains- coupable ou innocent, combattant ou non-combattant, adulte ou bébé, sans tenir compte du carnage causé. »

Le procureur général Eric H. Hoder Jr. a déclaré dans un communiqué que « le procès et la condamnation ont mis en évidence le pouvoir des tribunaux civils de rendre une justice rapide et certaine dans les affaires impliquant des accusés du terrorisme ».

"Nous allons continuer à nous appuyer sur ce système robuste et éprouvé pour demander des comptes à quiconque voudrait nuire à notre pays et à son peuple », a ajouté M. Holder.

Stanley L. Cohen, principal avocat de la défense de M. Ghaith, avait demandé une peine de quinze ans d'emprisonnement. Il avait déclaré au tribunal que son client encourait « les peines les plus sévères pour avoir parlé - et seulement parlé ».

Preet Bharara, le procureur du district sud de l'État de New York aux États-Unis, a déclaré dans un communiqué : « Aucune peine ne peut restituer ce qui a été pris aux familles des victimes d'Al-Qaïda. Mais la sentence d'aujourd'hui garantit que Sulaiman Abou Ghaith ne sera plus jamais libre d'inciter ou de soutenir un crime de masse. »

EN MÉMOIRE

Ce livre est écrit en mémoire des victimes des attaques terroristes dans le monde, particulièrement des victimes des attentats du 11 septembre 2001 aux États-Unis. Il est écrit en mémoire de tous ceux et toutes celles qui ont donné leurs vies dans la lutte pour éradiquer le fléau du terrorisme dans le but de créer un monde juste et sécuritaire.

Près de 3, 000 personnes à New York, en Virginie et en Pennsylvanie ont perdu leurs vies le 11 septembre 2001, après que des terroristes orchestrés par Oussama Ben Laden aient détourné quatre avions et les aient utilisés comme armes pour attaquer des gratte-ciels de Manhattan et tenter de toucher plusieurs cibles à Washington. Pour honorer les victimes de la tragédie, j'écris ce livre.

Voici la liste des 3,000 noms tels qu'ils apparaissent inscrits en bronze sur le mémorial à New York. Chaque nom peut être localisé par le panneau sur lequel il est inscrit. Une adresse de panneau est composée de la lettre N ou S (N pour le pool nord, S pour le pool sud) suivis des numéros 1 à 76.

A

Gordon M. Aamoth, Jr. S-49
Edelmiro Abad S-40
Marie Rose Abad S-34
Andrew Anthony Abate N-57
Vincent Paul Abate N-57
Laurence Christopher Abel N-32
Alona Abraham S-4
William F. Abrahamson N-7

Richard Anthony Aceto N-4

Heinrich Bernhard Ackermann S-55

Paul Acquaviva N-37

Christian Adams S-68

Donald LaRoy Adams N-55

Patrick Adams S-45

Shannon Lewis Adams N-49

Stephen George Adams N-70

Ignatius Udo Adanga N-71

Christy A. Addamo N-8

Terence Edward Adderley, Jr. N-58

Sophia B. Addo N-68

Lee Adler N-37

Daniel Thomas Afflitto N-25

Emmanuel Akwasi Afuakwah N-71

Alok Agarwal N-36

Mukul Kumar Agarwala S-43

Joseph Agnello S-11

David Scott Agnes N-47

Joao Alberto da Fonseca Aguiar, Jr. S-34

Brian G. Ahearn S-13

Jeremiah Joseph Ahern S-47

Joanne Marie Ahladiotis N-37

Shabbir Ahmed N-70

Terrance Andre Aiken N-17

Godwin O. Ajala S-65

Trudi M. Alagero N-5

Andrew Alameno N-52

Margaret Ann Alario S-63

Gary M. Albero S-63

Jon Leslie Albert N-7

Peter Craig Alderman N-21

Jacquelyn Delaine Aldridge- Frederick N-10

David D. Alger N-59

Ernest Alikakos S-47

Edward L. Allegretto N-40

Eric Allen S-21

Joseph Ryan Allen N-41

Richard Dennis Allen S-21

Richard L. Allen N-19

Christopher E. Allingham N-42

Anna S. W. Allison N-2

Janet Marie Alonso N-5

Anthony Alvarado N-23

Antonio Javier Alvarez N-70

Victoria Alvarez-Brito N-8

Telmo E. Alvear N-71

Cesar Amoranto Alviar N-16

Tariq Amanullah S-42

Angelo Amaranto N-64

James M. Amato S-7

Joseph Amatuccio S-24

Paul W. Ambrose S-70

Christopher Charles Amoroso S-28

Craig Scott Amundson S-74

Kazuhiro Anai N-63

Calixto Anaya, Jr. S-21

Joseph P. Anchundia S-52

Kermit Charles Anderson N-9

Yvette Constance Anderson S-48

John Jack Andreacchio S-44

Michael Rourke Andrews N-53

Jean Ann Andrucki N-66

Siew-Nya Ang N-5

Joseph Angelini, Sr. S-9

Joseph John Angelini, Jr. S-9

David Lawrence Angell N-1

Mary Lynn Edwards Angell N-1

Laura Angilletta N-32

Doreen J. Angrisani N-15

Lorraine Antigua N-53

Seima David Aoyama N-2

Peter Paul Apollo N-26

Faustino Apostol, Jr. S-6

Frank Thomas Aquilino N-39

Patrick Michael Aranyos S-30

David Gregory Arce S-13

Michael George Arczynski S-54

Louis Arena S-5

Barbara Jean Arestegui N-74

Adam P. Arias S-31

Michael J. Armstrong N-43

Jack Charles Aron N-4

Joshua Todd Aron N-42

Richard Avery Aronow N-66

Myra Joy Aronson N-74

Japhet Jesse Aryee S-48

Carl Francis Asaro S-10

Michael A. Asciak N-63

Michael Edward Asher N-36

Janice Marie Ashley N-58

Thomas J. Ashton N-19

Manuel O. Asitimbay N-68

Gregg A. Atlas S-5

Gerald Thomas Atwood S-11

James Audiffred N-64

Louis F. Aversano, Jr. S-58

Ezra Aviles N-65

Sandy Ayala N-70

B

Arlene T. Babakitis N-66

Eustace R. Bacchus N-71

John J. Badagliacca N-52

Jane Ellen Baeszler N-43

Robert J. Baierwalter S-63

Andrew J. Bailey N-12

Brett T. Bailey S-31

Garnet Ace Bailey S-3

Tatyana Bakalinskaya N-17

Michael S. Baksh N-16

Sharon M. Balkcom N-7

Michael Andrew Bane N-14

Katherine Bantis N-12

Gerard Baptiste S-14

Walter Baran S-40

Gerard A. Barbara S-18

Paul Vincent Barbaro N-36

James William Barbella S-26

Victor Daniel Barbosa S-37

Christine Johnna Barbuto N-1

Colleen Ann Barkow N-32

David Michael Barkway N-42

Matthew Barnes S-21

Melissa Rose Barnes S-72

Sheila Patricia Barnes S-58

Evan Jay Baron N-60

Renee Barrett-Arjune N-48

Arthur Thaddeus Barry S-20

Diane G. Barry S-56

Maurice Vincent Barry S-28

Scott D. Bart N-9

Carlton W. Bartels N-50

Guy Barzvi N-48

Inna B. Basina N-48

Alysia Christine Burton Basmajian N-47

Kenneth William Basnicki N-21

Steven Joseph Bates S-6

Paul James Battaglia N-4

W. David Bauer N-37

Ivhan Luis Carpio Bautista N-69

Marlyn Capito Bautista N-6

Mark Lawrence Bavis S-3

Jasper Baxter S-45

Lorraine G. Bay S-67

Michele Beale N-20

Todd M. Beamer S-68

Paul Frederick Beatini S-63

Jane S. Beatty N-9

Alan Anthony Beaven S-67

Lawrence Ira Beck N-31

Manette Marie Beckles S-42

Carl John Bedigian S-21

Michael Ernest Beekman S-48

Maria A. Behr N-27

Max J. Beilke S-1

Yelena Belilovsky N-61

Nina Patrice Bell N-8

Debbie S. Bellows N-37

Stephen Elliot Belson S-17

Paul M. Benedetti S-62

Denise Lenore Benedetto S-60

Bryan Craig Bennett N-55

Eric L. Bennett N-65

Oliver Bennett N-20

Margaret L. Benson N-66

Dominick J. Berardi N-31

James Patrick Berger S-56

Steven Howard Berger S-48

John P. Bergin S-6

Alvin Bergsohn N-25

Daniel David Bergstein N-66

Graham Andrew Berkeley S-3

Michael J. Berkeley N-67

Donna M. Bernaerts N-16

David W. Bernard S-66

William H. Bernstein N-56

David M. Berray N-20

David Shelby Berry S-36

Joseph John Berry S-36
William Reed Bethke N-10
Yeneneh Betru S-69
Timothy D. Betterly N-41
Carolyn Mayer Beug N-1
Edward Frank Beyea N-65
Paul Michael Beyer S-14
Anil Tahilram Bharvaney N-22
Bella J. Bhukhan N-49
Shimmy D. Biegeleisen S-42
Peter Alexander Bielfeld S-18
William G. Biggart S-66
Brian Eugene Bilcher S-14
Mark Bingham S-67
Carl Vincent Bini S-6
Gary Eugene Bird N-13
Joshua David Birnbaum N-42
George John Bishop S-59
Kris Romeo Bishundat S-72
Jeffrey Donald Bittner S-35
Albert Balewa Blackman, Jr. N-48
Christopher Joseph Blackwell S-15
Carrie Rosetta Blagburn S-1
Susan Leigh Blair S-56
Harry Blanding, Jr. S-62
Janice Lee Blaney N-16
Craig Michael Blass N-28
Rita Blau S-41
Richard Middleton Blood, Jr. S-62
Michael Andrew Boccardi N-59
John Paul Bocchi N-46
Michael L. Bocchino S-19
Susan M. Bochino S-62
Deora Frances Bodley S-68
Bruce Douglas Boehm N-41
Mary Catherine Murphy Boffa N-3

Nicholas Andrew Bogdan N-13

Darren Christopher Bohan S-56

Lawrence Francis Boisseau S-23

Vincent M. Boland, Jr. N-10

Touri Hamzavi Bolourchi S-4

Alan Bondarenko S-65

Andre Bonheur, Jr. N-58

Colin Arthur Bonnett N-14

Frank J. Bonomo S-12

Yvonne Lucia Bonomo N-18

Sean Booker, Sr. N-19

Kelly Ann Booms N-1

Canfield D. Boone S-74

Mary Jane Booth S-69

Sherry Ann Bordeaux S-42

Krystine Bordenabe S-34

Jerry J. Borg S-66

Martin Michael Boryczewski N-26

Richard Edward Bosco N-58

Klaus Bothe S-3

Carol Marie Bouchard N-75

J. Howard Boulton S-31

Francisco Eligio Bourdier S-38

Thomas Harold Bowden, Jr. N-26

Donna M. Bowen S-75

Kimberly S. Bowers N-36

Veronique Nicole Bowers N-70

Larry Bowman S-65

Shawn Edward Bowman, Jr. N-49

Kevin L. Bowser N-16

Gary R. Box S-6

Gennady Boyarsky N-18

Pamela Boyce N-58

Allen P. Boyle S-73

Michael Boyle S-13

Alfred J. Braca N-41

Sandra Conaty Brace N-18

Kevin Hugh Bracken S-15

Sandy Waugh Bradshaw S-67

David Brian Brady N-22

Alexander Braginsky N-22

Nicholas W. Brandemarti S-33

Daniel Raymond Brandhorst S-4

David Reed Gamboa Brandhorst S-4

Michelle Renee Bratton N-34

Patrice Braut N-10

Lydia Estelle Bravo N-11

Ronald Michael Breitweiser S-42

Edward A. Brennan III N-53

Frank H. Brennan N-55

Michael E. Brennan S-10

Peter Brennan S-8

Thomas More Brennan S-52

Daniel J. Brethel S-17

Gary Lee Bright S-64

Jonathan Eric Briley N-68

Mark A. Brisman S-45

Paul Gary Bristow N-20

Marion R. Britton S-67

Mark Francis Broderick N-28

Herman Charles Broghammer S-58

Keith A. Broomfield N-64

Bernard C. Brown II S-70

Janice Juloise Brown N-11

Lloyd Stanford Brown N-29

Patrick John Brown S-8

Bettina B. Browne-Radburn S-61

Mark Bruce S-52

Richard George Bruehert N-5

Andrew Brunn S-6

Vincent Edward Brunton S-20

Ronald Bucca S-14

Brandon J. Buchanan N-29

Greg J. Buck S-12

Dennis Buckley N-43

Nancy Clare Bueche S-61

Patrick Joseph Buhse N-53

John Edward Bulaga, Jr. N-34

Stephen Bruce Bunin N-37

Christopher L. Burford S-71

Matthew J. Burke N-29

Thomas Daniel Burke N-54

William Francis Burke, Jr. S-18

Charles F. Burlingame III S-69

Thomas E. Burnett, Jr. S-68

Donald J. Burns S-18

Kathleen Anne Burns S-43

Keith James Burns N-28

John Patrick Burnside S-12

Irina Buslo S-44

Milton G. Bustillo N-34

Thomas M. Butler S-7

Patrick Dennis Byrne S-8

Timothy G. Byrne S-50

C

Daniel M. Caballero S-72

Jesus Neptali Cabezas N-68

Lillian Caceres N-4

Brian Joseph Cachia N-34

Steven Dennis Cafiero, Jr. S-55

Richard Michael Caggiano N-26

Cecile Marella Caguicla N-7

John Brett Cahill S-3

Michael John Cahill N-11

Scott Walter Cahill N-42

Thomas Joseph Cahill N-40

George C. Cain S-20

Salvatore B. Calabro S-8

Joseph M. Calandrillo N-18

Philip V. Calcagno N-15

Edward Calderon S-26

Jose O. Calderon-Olmedo S-74

Kenneth Marcus Caldwell N-65

Dominick E. Calia N-43

Felix Bobby Calixte N-73

Francis Joseph Callahan S-17

Liam Callahan S-29

Suzanne M. Calley S-71

Gino Luigi Calvi N-51

Roko Camaj S-37

Michael F. Cammarata S-15

David Otey Campbell S-34

Geoffrey Thomas Campbell N-22

Robert Arthur Campbell S-44

Sandra Patricia Campbell N-37

Sean Thomas Canavan S-64

John A. Candela N-26

Vincent A. Cangelosi N-41

Stephen J. Cangialosi N-43

Lisa Bella Cannava N-58

Brian Cannizzaro S-8

Michael R. Canty N-61

Louis Anthony Caporicci N-53

Jonathan Neff Cappello N-52

James Christopher Cappers N-15

Richard Michael Caproni N-10

Jose Manuel Cardona N-62

Dennis M. Carey, Sr. S-7

Edward Carlino N-11

Michael Scott Carlo S-12

David G. Carlone S-63

Rosemarie C. Carlson N-67

Mark Stephen Carney N-65

Joyce Ann Carpeneto N-72

Jeremy Caz Carrington N-45

Michael T. Carroll S-8

Peter J. Carroll S-6

James Joseph Carson, Jr. N-35

Christoffer Mikael Carstanjen S-3

Angelene C. Carter S-76

James Marcel Cartier S-64

Sharon Ann Carver S-1

Vivian Casalduc N-65

John Francis Casazza N-52

Paul Regan Cascio S-30

Neilie Anne Heffernan Casey N-75

William Joseph Cashman S-68

Thomas Anthony Casoria S-18

William Otto Caspar N-13

Alejandro Castaño S-38

Arcelia Castillo N-5

Leonard M. Castrianno N-44

Jose Ramon Castro N-23

William E. Caswell S-70

Richard G. Catarelli N-9

Christopher Sean Caton N-54

Robert John Caufield N-19

Mary Teresa Caulfield N-9

Judson Cavalier S-52

Michael Joseph Cawley S-11

Jason David Cayne N-43

Juan Armando Ceballos S-37

Marcia G. Cecil-Carter N-63

Jason Michael Cefalu N-56

Thomas Joseph Celic N-12

Ana Mercedes Centeno N-14

Joni Cesta S-38

John J. Chada S-1

Jeffrey Marc Chairnoff S-51

Swarna Chalasani S-42

William A. Chalcoff N-16

Eli Chalouh S-48

Charles Lawrence Chan N-44

Mandy Chang S-44

Rosa Maria Chapa S-71

Mark Lawrence Charette N-4

David M. Charlebois S-69

Gregorio Manuel Chavez N-70

Pedro Francisco Checo S-39

Douglas MacMillan Cherry S-60

Stephen Patrick Cherry N-26

Vernon Paul Cherry S-11

Nestor Julio Chevalier, Jr. N-33

Swede Joseph Chevalier N-28

Alexander H. Chiang N-10

Dorothy J. Chiarchiaro N-58

Luis Alfonso Chimbo N-70

Robert Chin S-39

Eddie Wing-Wai Ching N-23

Nicholas Paul Chiofalo S-7

John G. Chipura S-21

Peter A. Chirchirillo N-5

Catherine Ellen Chirls N-55

Kyung Hee Casey Cho N-14

Abul K. Chowdhury N-36

Mohammad Salahuddin Chowdhury N-67

Kirsten Lail Christophe S-54

Pamela Chu N-29

Steven Paul Chucknick S-31

Wai Ching Chung S-53

Christopher Ciafardini N-60

Alex F. Ciccone N-8

Frances Ann Cilente N-37

Elaine Cillo N-6

Patricia Ann Cimaroli Massari and her unborn child N-11

Edna Cintron N-12

Nestor Andre Cintron III N-44

Robert D. Cirri, Sr. S-29

Juan Pablo Cisneros N-52

Benjamin Keefe Clark S-39

Eugene Clark S-56

Gregory Alan Clark N-31

Mannie Leroy Clark N-10

Sara M. Clark S-70

Thomas R. Clark S-51

Christopher Robert Clarke S-50

Donna Marie Clarke N-14

Michael J. Clarke S-16

Suria Rachel Emma Clarke N-34

Kevin Francis Cleary S-32

James D. Cleere N-5

Geoffrey W. Cloud N-47

Susan Marie Clyne N-8

Steven Coakley S-13

Jeffrey Alan Coale N-69

Patricia A. Cody N-8

Daniel Michael Coffey N-5

Jason Matthew Coffey N-5

Florence G. Cohen S-47

Kevin S. Cohen N-33

Anthony Joseph Coladonato N-36

Mark Joseph Colaio N-42

Stephen J. Colaio N-42

Christopher Michael Colasanti N-53

Kevin Nathaniel Colbert S-35

Michel P. Colbert N-52

Keith E. Coleman N-30

Scott Thomas Coleman N-30

Tarel Coleman S-23

Liam Joseph Colhoun N-73

Robert D. Colin S-61

Robert J. Coll S-31

Jean Marie Collin S-63

John Michael Collins S-22

Michael L. Collins N-36

Thomas Joseph Collins S-50

Joseph Kent Collison N-72

Jeffrey Dwayne Collman N-74

Patricia Malia Colodner N-6

Linda M. Colon N-3

Sol E. Colon S-58

Ronald Edward Comer N-11

Jaime Concepcion N-70

Albert Conde S-63

Denease Conley S-65

Susan P. Conlon N-73

Margaret Mary Conner N-31

Cynthia Marie Lise Connolly S-56

John E. Connolly, Jr. S-32

James Lee Connor S-50

Jonathan M. Connors N-25

Kevin Patrick Connors S-30

Kevin F. Conroy N-4

Brenda E. Conway N-12

Dennis Michael Cook N-40

Helen D. Cook N-72

Jeffrey W. Coombs N-2

John A. Cooper S-49

Julian T. Cooper S-73

Joseph John Coppo, Jr. N-43

Gerard J. Coppola N-63

Joseph Albert Corbett N-53

John J. Corcoran III S-4

Alejandro Cordero N-6

Robert Joseph Cordice S-7

Ruben D. Correa S-9

Danny A. Correa-Gutierrez N-7

Georgine Rose Corrigan S-68

James J. Corrigan, Ret. S-5

Carlos Cortés-Rodriguez S-65

Kevin Michael Cosgrove S-60

Dolores Marie Costa N-58

Digna Alexandra Costanza N-13

Charles Gregory Costello, Jr. N-64

Michael S. Costello N-26

Asia S. Cottom S-70

Conrod Kofi Cottoy, Sr. N-62

Martin John Coughlan S-64

John G. Coughlin S-23

Timothy J. Coughlin N-54

James E. Cove S-59

Andre Colin Cox N-23

Frederick John Cox S-50

James Raymond Coyle S-7

Michele Coyle-Eulau N-11

Christopher Seton Cramer S-42

Eric A. Cranford S-72

Denise Elizabeth Crant N-10

James Leslie Crawford, Jr. N-27

Robert James Crawford S-18

Tara Kathleen Creamer N-75

Joanne Mary Cregan N-37

Lucia Crifasi N-18

John A. Crisci S-8

Daniel Hal Crisman N-15

Dennis A. Cross S-6

Kevin R. Crotty S-52

Thomas G. Crotty S-53

John R. Crowe S-55

Welles Remy Crowther S-50

Robert L. Cruikshank N-58

John Robert Cruz N-49

Grace Alegre Cua S-39
Kenneth John Cubas S-43
Francisco Cruz Cubero S-65
Thelma Cuccinello N-1
Richard Joseph Cudina N-51
Neil James Cudmore N-20
Thomas Patrick Cullen III S-13
Joan Cullinan N-31
Joyce Rose Cummings S-39
Brian Thomas Cummins N-27
Michael Joseph Cunningham S-31
Robert Curatolo S-19
Laurence Damian Curia N-41
Paul Dario Curioli S-63
Patrick Joseph Currivan N-74
Beverly L. Curry N-35
Andrew Peter Charles Curry Green N-1
Michael Sean Curtin S-24
Patricia Cushing S-67
Gavin Cushny N-31

D

Caleb Arron Dack N-21
Carlos S. da Costa S-25
Jason M. Dahl S-67
Brian Paul Dale N-76
John D'Allara S-24
Vincent Gerard D'Amadeo N-32
Thomas A. Damaskinos N-32
Jack L. D'Ambrosi, Jr. N-45
Jeannine Damiani-Jones N-42
Manuel João DaMota N-71
Patrick W. Danahy S-40
Mary D'Antonio N-6
Vincent G. Danz S-24

Dwight Donald Darcy N-66

Elizabeth Ann Darling N-12

Annette Andrea Dataram N-69

Edward A. D'Atri S-6

Michael D. D'Auria S-16

Lawrence Davidson S-62

Michael Allen Davidson N-30

Scott Matthew Davidson S-10

Titus Davidson S-46

Niurka Davila N-66

Ada M. Davis S-75

Clinton Davis, Sr. S-28

Wayne Terrial Davis N-21

Anthony Richard Dawson N-22

Calvin Dawson S-32

Edward James Day S-15

William Thomas Dean N-11

Robert J. DeAngelis, Jr. S-64

Thomas Patrick DeAngelis S-16

Dorothy Alma de Araujo S-4

Ana Gloria Pocasangre Debarrera S-2

Tara E. Debek N-9

James D. Debeuneure S-70

Anna M. DeBin N-47

James V. DeBlase, Jr. N-51

Jayceryll Malabuyoc de Chavez S-40

Paul DeCola N-36

Gerald F. DeConto S-72

Simon Marash Dedvukaj N-64

Jason Christopher DeFazio N-40

David A. DeFeo S-49

Jennifer De Jesus S-46

Monique Effie DeJesus N-29

Nereida De Jesus S-60

Emy De La Peña S-40

Donald Arthur Delapenha S-36

Azucena Maria de la Torre N-47

Vito Joseph DeLeo N-63

Danielle Anne Delie N-3

Joseph A. Della Pietra N-40

Andrea DellaBella S-58

Palmina DelliGatti N-4

Colleen Ann Deloughery S-59

Joseph DeLuca S-68

Manuel Del Valle, Jr. S-16

Francis Albert De Martini S-27

Anthony Demas S-55

Martin N. DeMeo S-9

Francis Deming N-17

Carol Keyes Demitz S-42

Kevin Dennis N-44

Thomas Francis Dennis, Sr. N-56

Jean C. DePalma N-12

Jose Nicolas De Pena N-69

Robert John Deraney N-21

Michael DeRienzo N-53

David Paul DeRubbio S-14

Jemal Legesse DeSantis N-58

Christian Louis DeSimone N-4

Edward DeSimone III N-53

Andrew J. Desperito S-18

Michael Jude D'Esposito N-6

Cindy Ann Deuel N-59

Melanie Louise de Vere N-20

Jerry DeVito N-60

Robert P. Devitt, Jr. N-32

Dennis Lawrence Devlin S-15

Gerard P. Dewan S-8

Sulemanali Kassamali Dhanani S-53

Michael Louis DiAgostino N-49

Matthew Diaz N-24

Nancy Diaz N-70

Obdulio Ruiz Diaz N-71

Michael A. Diaz-Piedra III N-72

Judith Berquis Diaz-Sierra S-40

Patricia Florence Di Chiaro N-8

Rodney Dickens S-70

Jerry D. Dickerson S-74

Joseph Dermot Dickey, Jr. N-46

Lawrence Patrick Dickinson N-67

Michael D. Diehl S-40

John Difato N-58

Vincent Francis DiFazio N-55

Carl Anthony DiFranco N-4

Donald Joseph DiFranco N-64

John DiGiovanni N-73

Eddie A. Dillard S-70

Debra Ann Di Martino S-36

David DiMeglio N-2

Stephen Patrick Dimino N-53

William John Dimmling N-12

Christopher More Dincuff N-60

Jeffrey Mark Dingle N-21

Rena Sam Dinnoo N-12

Anthony Dionisio N-33

George DiPasquale S-17

Joseph Di Pilato S-46

Douglas Frank DiStefano N-49

Donald Americo DiTullio N-75

Ramzi A. Doany N-14

Johnnie Doctor, Jr. S-72

John Joseph Doherty S-60

Melissa Cándida Doi S-46

Brendan Dolan N-61

Robert E. Dolan, Jr. S-73

Neil Matthew Dollard N-40

James Domanico S-48

Benilda Pascua Domingo S-37

Alberto Dominguez N-2

Carlos Dominguez N-3

Jerome Mark Patrick Dominguez S-25

Kevin W. Donnelly S-6

Jacqueline Donovan S-33

William H. Donovan S-73

Stephen Scott Dorf S-32

Thomas Dowd N-55

Kevin Christopher Dowdell S-11

Mary Yolanda Dowling S-59

Raymond Matthew Downey, Sr. S-9

Frank Joseph Doyle S-34

Joseph Michael Doyle N-33

Randall L. Drake S-38

Patrick Joseph Driscoll S-68

Stephen Patrick Driscoll S-24

Charles A. Droz III S-70

Mirna A. Duarte N-16

Luke A. Dudek N-70

Christopher Michael Duffy S-35

Gerard J. Duffy S-10

Michael Joseph Duffy S-35

Thomas W. Duffy N-4

Antoinette Duger N-72

Jackie Sayegh Duggan N-69

Sareve Dukat S-48

Patrick Dunn S-72

Felicia Gail Dunn-Jones S-66

Christopher Joseph Dunne N-13

Richard Anthony Dunstan S-59

Patrick Thomas Dwyer N-25

E

Joseph Anthony Eacobacci N-50

John Bruce Eagleson S-66

Edward T. Earhart S-72

Robert Douglas Eaton N-46

Dean Phillip Eberling S-33

Margaret Ruth Echtermann S-48

Paul Robert Eckna N-28

Constantine Economos S-51

Barbara G. Edwards S-70

Dennis Michael Edwards N-54

Michael Hardy Edwards S-50

Christine Egan S-53

Lisa Erin Egan N-49

Martin J. Egan, Jr. S-11

Michael Egan S-53

Samantha Martin Egan N-49

Carole Eggert N-6

Lisa Caren Ehrlich S-62

John Ernst Eichler N-71

Eric Adam Eisenberg S-58

Daphne Ferlinda Elder N-8

Michael J. Elferis S-18

Mark Joseph Ellis S-25

Valerie Silver Ellis N-25

Albert Alfy William Elmarry N-36

Robert R. Elseth S-73

Edgar Hendricks Emery, Jr. S-41

Doris Suk-Yuen Eng N-70

Christopher Epps N-6

Ulf Ramm Ericson S-65

Erwin L. Erker N-5

William John Erwin N-46

Sarah Ali Escarcega N-20

Jose Espinal S-66

Fanny Espinoza N-47

Billy Scoop Esposito N-40

Bridget Ann Esposito N-18

Francis Esposito S-7

Michael A. Esposito S-7

Ruben Esquilin, Jr. S-39

Sadie Ette N-69

Barbara G. Etzold N-59

Eric Brian Evans S-59

Robert Edward Evans S-15

Meredith Emily June Ewart S-54

F

Catherine K. Fagan N-13

Patricia Mary Fagan S-55

Ivan Kyrillos Fairbanks-Barbosa N-43

Keith George Fairben S-26

Sandra Fajardo-Smith N-7

Charles S. Falkenberg S-69

Dana Falkenberg S-69

Zoe Falkenberg S-69

Jamie L. Fallon S-72

William F. Fallon N-65

William Lawrence Fallon, Jr. N-37

Anthony J. Fallone, Jr. N-51

Dolores Brigitte Fanelli N-5

Robert John Fangman S-2

John Joseph Fanning S-11

Kathleen Anne Faragher N-22

Thomas James Farino S-19

Nancy C. Doloszycki Farley N-18

Paige Marie Farley-Hackel N-75

Elizabeth Ann Farmer N-47

Douglas Jon Farnum N-10

John Gerard Farrell N-53

John W. Farrell S-51

Terrence Patrick Farrell S-11

Joseph D. Farrelly S-22

Thomas Patrick Farrelly N-17

Syed Abdul Fatha S-49

Christopher Edward Faughnan N-54

Wendy R. Faulkner S-61

Shannon Marie Fava N-35

Bernard D. Favuzza N-42

Robert Fazio, Jr. S-24

Ronald Carl Fazio, Sr. S-60

William M. Feehan S-18

Francis Jude Feely N-7

Garth Erin Feeney N-21

Sean Bernard Fegan N-60

Lee S. Fehling S-7

Peter Adam Feidelberg S-54

Alan D. Feinberg S-10

Rosa Maria Feliciano N-15

Edward P. Felt S-68

Edward Thomas Fergus, Jr. N-41

George J. Ferguson III S-37

J. Joseph Ferguson S-69

Henry Fernandez N-70

Judy Hazel Santillan Fernandez N-36

Julio Fernandez S-45

Elisa Giselle Ferraina N-20

Anne Marie Sallerin Ferreira N-44

Robert John Ferris S-60

David Francis Ferrugio N-56

Louis V. Fersini, Jr. N-43

Michael David Ferugio S-63

Bradley James Fetchet S-35

Jennifer Louise Fialko S-59

Kristen Nicole Fiedel N-6

Amelia V. Fields S-75

Samuel Fields S-65

Alexander Milan Filipov N-2

Michael Bradley Finnegan N-45

Timothy J. Finnerty N-52

Michael C. Fiore S-5

Stephen J. Fiorelli N-66

Paul M. Fiori N-24

John B. Fiorito N-41

John R. Fischer S-13

Andrew Fisher N-22

Bennett Lawson Fisher S-40

Gerald P. Fisher S-75

John Roger Fisher N-66

Thomas J. Fisher S-41

Lucy A. Fishman S-61

Ryan D. Fitzgerald S-40

Thomas James Fitzpatrick S-52

Richard P. Fitzsimons S-23

Salvatore Fiumefreddo N-24

Darlene E. Flagg S-70

Wilson F. Flagg S-70

Christina Donovan Flannery S-50

Eileen Flecha S-41

Andre G. Fletcher S-7

Carl M. Flickinger N-40

Matthew M. Flocco S-72

John Joseph Florio S-22

Joseph Walkden Flounders S-32

Carol Ann Flyzik N-1

David Fodor S-41

Michael N. Fodor S-11

Stephen Mark Fogel N-47

Thomas J. Foley S-16

Jane C. Folger S-67

David J. Fontana S-6

Chih Min Foo S-44

Delrose E. Forbes Cheatham N-48

Godwin Forde S-46

Donald A. Foreman S-27

Christopher Hugh Forsythe N-44

Claudia Alicia Foster N-56

Noel John Foster S-62

Sandra N. Foster S-71

Ana Fosteris S-61

Robert Joseph Foti S-20

Jeffrey Fox S-35

Virginia Elizabeth Fox N-10

Pauline Francis N-24

Virgin Lucy Francis N-69

Gary Jay Frank S-58

Morton H. Frank N-26

Peter Christopher Frank N-59

Colleen L. Fraser S-68

Richard K. Fraser S-59

Kevin J. Frawley S-33

Clyde Frazier, Jr. S-27

Lillian Inez Frederick S-58

Andrew Fredericks S-21

Tamitha Freeman S-58

Brett Owen Freiman S-46

Peter L. Freund S-7

Arlene Eva Fried N-46

Alan W. Friedlander S-58

Andrew Keith Friedman N-59

Paul J. Friedman N-75

Gregg J. Froehner S-29

Lisa Anne Frost S-3

Peter Christian Fry S-32

Clement A. Fumando N-33

Steven Elliot Furman N-50

Paul James Furmato N-26

Karleton Douglas Beye Fyfe N-1

G

Fredric Neal Gabler N-26

Richard Peter Gabriel S-70

Richard S. Gabrielle S-55

James Andrew Gadiel N-31

Pamela Lee Gaff S-55

Ervin Vincent Gailliard S-66

Deanna Lynn Galante and her
unborn child N-37

Grace Catherine Galante N-37

Anthony Edward Gallagher N-50

Daniel James Gallagher N-28

John Patrick Gallagher N-49

Lourdes J. Galletti N-47

Cono E. Gallo N-61

Vincent Gallucci N-5

Thomas E. Galvin N-39

Giovanna Galletta Gambale N-34

Thomas Gambino, Jr. S-15

Giann F. Gamboa S-37

Ronald L. Gamboa S-4

Peter James Ganci, Jr. S-17

Michael Gann N-20

Charles William Garbarini S-12

Andrew Sonny Garcia S-68

Cesar R. Garcia N-5

David Garcia N-17

Jorge Luis Morron Garcia S-65

Juan Garcia N-23

Marlyn Del Carmen Garcia N-3

Christopher Samuel Gardner S-57

Douglas Benjamin Gardner N-38

Harvey Joseph Gardner III N-72

Jeffrey Brian Gardner N-4

Thomas A. Gardner S-8

William Arthur Gardner N-37

Frank Garfi N-25

Rocco Nino Gargano N-28

James M. Gartenberg N-64
Matthew David Garvey S-6
Bruce Gary S-15
Boyd Alan Gatton S-43
Donald Richard Gavagan, Jr. N-42
Peter Alan Gay N-2
Terence D. Gazzani N-51
Gary Paul Geidel S-10
Paul Hamilton Geier N-51
Julie M. Geis S-57
Peter Gerard Gelinas N-56
Steven Paul Geller N-29
Howard G. Gelling, Jr. S-51
Peter Victor Genco, Jr. N-41
Steven Gregory Genovese N-26
Alayne Gentul S-42
Linda M. George N-75
Edward F. Geraghty S-9
Suzanne Geraty N-35
Ralph Gerhardt N-45
Robert Gerlich N-18
Denis P. Germain S-16
Marina Romanovna Gertsberg N-48
Susan M. Getzendanner S-40
Lawrence D. Getzfred S-72
James G. Geyer N-55
Cortez Ghee S-75
Joseph M. Giaccone N-36
Vincent Francis Giammona S-6
Debra Lynn Gibbon S-54
James Andrew Giberson S-16
Brenda C. Gibson S-1
Craig Neil Gibson N-16
Ronnie E. Gies S-8
Andrew Clive Gilbert N-45
Timothy Paul Gilbert N-45

Paul Stuart Gilbey S-32

Paul John Gill S-9

Mark Y. Gilles N-50

Evan Hunter Gillette S-50

Ronald Lawrence Gilligan N-33

Rodney C. Gillis S-24

Laura Gilly N-35

John F. Ginley S-16

Donna Marie Giordano S-55

Jeffrey John Giordano S-8

John Giordano S-18

Steven A. Giorgetti N-13

Martin Giovinazzo N-3

Kum-Kum Girolamo S-54

Salvatore Gitto N-10

Cynthia Giugliano N-64

Mon Gjonbalaj S-37

Dianne Gladstone S-47

Keith Alexander Glascoe S-11

Thomas Irwin Glasser S-49

Edmund Glazer N-75

Harry Glenn N-16

Barry H. Glick N-66

Jeremy Logan Glick S-67

Steven Glick N-21

John T. Gnazzo N-32

William Robert Godshalk S-35

Michael Gogliormella N-35

Brian F. Goldberg S-42

Jeffrey G. Goldflam N-38

Michelle Goldstein S-62

Monica Goldstein N-48

Steven Ian Goldstein N-50

Ronald F. Golinski S-75

Andrew H. Golkin N-46

Dennis James Gomes S-43

Enrique Antonio Gomez N-68

Jose Bienvenido Gomez N-68

Manuel Gomez, Jr. S-44

Wilder Alfredo Gomez N-69

Jenine Nicole Gonzalez S-53

Mauricio Gonzalez S-64

Rosa J. Gonzalez N-66

Lynn Catherine Goodchild S-3

Calvin Joseph Gooding N-39

Peter Morgan Goodrich S-3

Harry Goody S-48

Kiran Kumar Reddy Gopu N-8

Catherine C. Gorayeb N-22

Lisa Fenn Gordenstein N-75

Kerene Gordon N-24

Sebastian Gorki S-38

Kieran Joseph Gorman S-36

Thomas Edward Gorman S-28

Michael Edward Gould N-25

O. Kristin Osterholm White Gould S-68

Douglas Alan Gowell S-4

Yuji Goya S-45

Jon Richard Grabowski N-15

Christopher Michael Grady N-46

Edwin J. Graf III N-41

David Martin Graifman S-34

Gilbert Franco Granados S-58

Lauren Catuzzi Grandcolas and
her unborn child S-68

Elvira Granitto N-64

Winston Arthur Grant N-65

Christopher S. Gray N-44

Ian J. Gray S-71

James Michael Gray S-13

Tara McCloud Gray N-72

John M. Grazioso N-25

Timothy George Grazioso N-25

Derrick Auther Green S-42

Wade B. Green N-23

Wanda Anita Green S-67

Elaine Myra Greenberg N-20

Donald Freeman Greene S-67

Gayle R. Greene N-9

James Arthur Greenleaf, Jr. N-62

Eileen Marsha Greenstein S-56

Elizabeth Martin Gregg N-59

Denise Marie Gregory N-63

Donald H. Gregory N-39

Florence Moran Gregory S-58

Pedro Grehan N-51

John Michael Griffin N-63

Tawanna Sherry Griffin N-23

Joan Donna Griffith S-39

Warren Grifka N-15

Ramon B. Grijalvo N-65

Joseph F. Grillo N-66

David Joseph Grimner N-12

Francis Edward Grogan S-4

Linda Gronlund S-68

Kenneth George Grouzalis S-25

Joseph Grzelak S-19

Matthew James Grzymalski N-54

Robert Joseph Gschaar S-53

Liming Gu N-3

Richard J. Guadagno S-67

Jose A. Guadalupe S-10

Cindy Yan Zhu Guan S-48

Geoffrey E. Guja S-12

Joseph P. Gullickson S-9

Babita Girjamatie Guman S-39

Douglas Brian Gurian N-39

Janet Ruth Gustafson S-61

Philip T. Guza S-53
Barbara Guzzardo S-55
Peter Mark Gyulavary S-65

H

Gary Robert Haag N-5
Andrea Lyn Haberman N-61
Barbara Mary Habib N-9
Philip Haentzler N-73
Nezam A. Hafiz N-6
Karen Elizabeth Hagerty S-54
Steven Michael Hagis N-55
Mary Lou Hague S-35
David Halderman S-21
Maile Rachel Hale N-21
Diane Hale-McKinzy S-1
Richard B. Hall S-54
Stanley R. Hall S-70
Vaswald George Hall N-67
Robert J. Halligan S-54
Vincent Gerard Halloran S-13
Carolyn B. Halmon S-75
James Douglas Halvorson N-0
Mohammad Salman Hamdani S-66
Felicia Hamilton S-41
Robert W. Hamilton S-12
Carl Max Hammond, Jr. S-3
Frederic K. Han N-46
Christopher James Hanley N-22
Sean S. Hanley S-12
Valerie Joan Hanna N-9
Thomas Paul Hannafin S-5
Kevin James Hannaford, Sr. N-50
Michael Lawrence Hannan N-10
Dana Rey Hannon S-19

Christine Lee Hanson S-4

Peter Burton Hanson S-4

Sue Kim Hanson S-4

Vassilios G. Haramis S-65

James A. Haran N-51

Gerald Francis Hardacre S-4

Jeffrey Pike Hardy N-24

T.J. Hargrave N-55

Daniel Edward Harlin S-16

Frances Haros S-35

Harvey L. Harrell S-5

Stephen G. Harrell S-5

Melissa Harrington-Hughes N-22

Aisha Ann Harris N-72

Stewart D. Harris N-47

John Patrick Hart S-39

Eric Hartono S-4

John Clinton Hartz S-43

Emeric Harvey N-67

Peter Paul Hashem N-2

Thomas Theodore Haskell, Jr. S-22

Timothy Shawn Haskell S-22

Joseph John Hasson III N-55

Leonard W. Hatton, Jr. S-26

Terence S. Hatton S-9

Michael Helmut Haub S-10

Timothy Aaron Haviland N-14

Donald G. Havlish, Jr. S-56

Anthony Maurice Hawkins N-31

Nobuhiro Hayatsu S-39

James Edward Hayden S-4

Robert Jay Hayes N-76

Philip T. Hayes, Ret. S-13

W. Ward Haynes N-49

Scott Jordan Hazelcorn N-54

Michael K. Healey S-12

Roberta B. Heber N-7

Charles Francis Xavier Heeran N-29

John F. Heffernan S-15

Michele M. Heidenberger S-69

Sheila M.S. Hein S-75

H. Joseph Heller, Jr. N-62

JoAnn L. Heltibridle N-14

Ronald John Hemenway S-71

Mark F. Hemschoot S-62

Ronnie Lee Henderson S-23

Brian Hennessey N-35

Edward R. Hennessy, Jr. N-76

Michelle Marie Henrique S-41

Joseph Patrick Henry S-10

William L. Henry, Jr. S-10

Catherina Henry-Robinson N-72

John Christopher Henwood N-52

Robert Allan Hepburn N-14

Mary Herencia S-55

Lindsay C. Herkness III S-46

Harvey Robert Hermer N-24

Norberto Hernandez N-68

Raul Hernandez N-31

Gary Herold S-58

Jeffrey Alan Hersch N-47

Thomas J. Hetzel S-17

Leon Bernard Heyward MC

Sundance S-36

Brian Christopher Hickey S-12

Enemencio Dario Hidalgo Cedeño N-69

Timothy Brian Higgins S-22

Robert D. W. Higley II S-59

Todd Russell Hill S-46

Clara Victorine Hinds N-69

Neal O. Hinds S-37

Mark Hindy N-25

Katsuyuki Hirai S-39
Heather Malia Ho N-70
Tara Yvette Hobbs S-59
Thomas Anderson Hobbs N-50
James J. Hobin N-9
Robert Wayne Hobson III N-49
DaJuan Hodges N-8
Ronald G. Hoerner S-65
Patrick A. Hoey N-66
John A. Hofer N-2
Marcia Hoffman N-36
Stephen Gerard Hoffman N-42
Frederick Joseph Hoffmann N-39
Michele L. Hoffmann N-39
Judith Florence Hofmiller N-16
Wallace Cole Hogan, Jr. S-74
Thomas Warren Hohlweck, Jr. S-60
Jonathan R. Hohmann S-8
Cora Hidalgo Holland N-2
John Holland N-70
Joseph F. Holland N-61
Jimmie I. Holley S-75
Elizabeth Holmes S-32
Thomas P. Holohan S-14
Herbert Wilson Homer S-2
LeRoy W. Homer, Jr. S-67
Bradley V. Hoorn N-58
James P. Hopper N-30
Montgomery McCullough Hord N-29
Michael Joseph Horn N-27
Matthew Douglas Horning N-16
Robert L. Horohoe, Jr. N-39
Michael Robert Horrocks S-2
Aaron Horwitz N-42
Charles J. Houston S-32
Uhuru G. Houston S-28

Angela M. Houtz S-73
George Gerard Howard S-28
Brady Kay Howell S-73
Michael C. Howell N-60
Steven Leon Howell N-3
Jennifer L. Howley and her unborn child S-56
Milagros Hromada S-55
Marian R. Hrycak S-48
Stephen Huczko, Jr. S-30
Kris Robert Hughes S-34
Paul Rexford Hughes N-16
Robert T. Hughes, Jr. N-73
Thomas F. Hughes, Jr. N-71
Timothy Robert Hughes N-44
Susan Huie N-20
Lamar Demetrius Hulse N-17
John Nicholas Humber, Jr. N-1
William Christopher Hunt S-33
Kathleen Anne Hunt-Casey S-50
Joseph Gerard Hunter S-8
Peggie M. Hurt S-75
Robert R. Hussa N-62
Stephen N. Hyland, Jr. S-74
Robert J. Hymel S-71
Thomas Edward Hynes S-37
Walter G. Hynes S-17

I

Joseph Anthony Ianelli N-9
Zuhtu Ibis N-36
Jonathan Lee Ielpi S-7
Michael Patrick Iken S-33
Daniel Ilkanayev N-48
Frederick J. Ill, Jr. S-16
Abraham Nethanel Ilowitz N-64

Anthony P. Infante, Jr. S-27
Louis S. Inghilterra S-43
Christopher Noble Ingrassia N-30
Paul Innella N-36
Stephanie Veronica Irby N-7
Douglas Jason Irgang S-50
Kristin Irvine-Ryan S-51
Todd Antione Isaac N-56
Erik Hans Isbrandtsen N-25
Taizo Ishikawa S-45
Waleed Joseph Iskandar N-1
Aram Iskenderian, Jr. N-47
John F. Iskyan N-52
Kazushige Ito S-45
Aleksandr Valeryevich Ivantsov N-27
Lacey Bernard Ivory S-74

J

Virginia May Jablonski N-5
Bryan C. Jack S-70
Brooke Alexandra Jackman N-41
Aaron Jeremy Jacobs N-29
Ariel Louis Jacobs N-21
Jason Kyle Jacobs S-40
Michael G. Jacobs S-42
Steven A. Jacobson N-71
Steven D. Jacoby S-70
Ricknauth Jaggernauth N-71
Jake Denis Jagoda N-34
Yudhvir S. Jain N-37
Maria Jakubiak N-11
Robert Adrien Jalbert S-2
Ernest James N-5
Gricelda E. James N-67
Mark Steven Jardim N-23

Amy Nicole Jarret S-2
Muhammadou Jawara N-70
Francois Jean-Pierre N-71
Maxima Jean-Pierre N-24
Paul Edward Jeffers N-52
John Charles Jenkins N-76
Joseph Jenkins, Jr. S-64
Alan Keith Jensen S-43
Prem Nath Jerath N-67
Farah Jeudy S-60
Hweidar Jian N-27
Eliezer Jimenez, Jr. N-69
Luis Jimenez, Jr. N-13
Charles Gregory John S-45
Nicholas John N-23
Dennis M. Johnson S-74
LaShawna Johnson N-72
Scott Michael Johnson S-33
William R. Johnston S-14
Allison Horstmann Jones S-51
Arthur Joseph Jones III N-59
Brian Leander Jones S-39
Charles Edward Jones N-74
Christopher D. Jones N-41
Donald T. Jones II N-43
Donald W. Jones N-55
Judith Lawter Jones S-73
Linda Jones S-56
Mary S. Jones N-65
Andrew Brian Jordan, Sr. S-22
Robert Thomas Jordan N-42
Albert Gunnis Joseph S-46
Ingeborg Joseph S-46
Karl Henry Joseph S-20
Stephen Joseph S-44
Jane Eileen Josiah S-43

Anthony Jovic S-10

Angel L. Juarbe, Jr. S-16

Karen Sue Juday N-31

Ann C. Judge S-70

Mychal F. Judge S-18

Paul William Jurgens S-30

Thomas Edward Jurgens S-26

K

Shashikiran Lakshmikantha
Kadaba N-18

Gavkharoy Kamardinova S-64

Shari Kandell N-32

Howard Lee Kane N-69

Jennifer Lynn Kane N-4

Vincent D. Kane S-18

Joon Koo Kang N-29

Sheldon Robert Kanter N-36

Deborah H. Kaplan N-66

Robin Lynne Kaplan N-1

Alvin Peter Kappelmann, Jr. S-63

Charles H. Karczewski S-56

William A. Karnes N-9

Douglas Gene Karpiloff S-26

Charles L. Kasper S-11

Andrew K. Kates N-38

John A. Katsimatides N-39

Robert Michael Kaulfers S-28

Don Jerome Kauth, Jr. S-36

Hideya Kawauchi S-44

Edward T. Keane N-66

Richard M. Keane N-15

Lisa Yvonne Kearney-Griffin N-18

Karol Ann Keasler S-34

Barbara A. Keating N-76

Paul Hanlon Keating S-5
Leo Russell Keene III S-33
Brenda Kegler S-1
Chandler Raymond Keller S-69
Joseph John Keller S-46
Peter R. Kellerman N-28
Joseph P. Kellett N-61
Frederick H. Kelley III N-43
James Joseph Kelly N-56
Joseph A. Kelly N-51
Maurice P. Kelly N-24
Richard John Kelly, Jr. S-15
Thomas Michael Kelly S-30
Thomas Richard Kelly S-20
Thomas W. Kelly S-20
Timothy Colin Kelly N-43
William Hill Kelly, Jr. N-21
Robert Clinton Kennedy N-12
Thomas J. Kennedy S-8
Yvonne E. Kennedy S-69
John Richard Keohane S-63
Ralph Francis Kershaw S-3
Ronald T. Kerwin S-8
Howard L. Kestenbaum S-53
Douglas D. Ketcham N-29
Ruth Ellen Ketler S-40
Boris Khalif N-17
Norma Cruz Khan S-71
Sarah Khan N-24
Taimour Firaz Khan N-62
Rajesh Khandelwal N-12
SeiLai Khoo N-59
Michael Vernon Kiefer S-22
Satoshi Kikuchihara S-39
Andrew Jay-Hoon Kim N-60
Lawrence Don Kim N-10

Mary Jo Kimelman N-54

Heinrich Kimmig S-3

Karen Ann Kincaid S-70

Amy R. King S-2

Andrew M. King N-44

Lucille Teresa King S-61

Robert King, Jr. S-14

Lisa King-Johnson S-36

Brian K. Kinney S-3

Takashi Kinoshita S-44

Chris Michael Kirby S-64

Robert Kirkpatrick N-73

Howard Barry Kirschbaum N-8

Glenn Davis Kirwin N-38

Helen Crossin Kittle and her
unborn child N-35

Richard Joseph Klares S-63

Peter Anton Klein N-17

Alan David Kleinberg N-52

Karen Joyce Klitzman N-45

Ronald Philip Kloepfer S-25

Stephen A. Knapp N-73

Eugueni Kniazev N-69

Andrew James Knox N-24

Thomas Patrick Knox N-50

Rebecca Lee Koborie N-4

Deborah A. Kobus S-39

Gary Edward Koecheler S-32

Frank J. Koestner N-28

Ryan Kohart N-27

Vanessa Lynn Przybylo Kolpak S-36

Irina Kolpakova S-45

Suzanne Rose Kondratenko S-63

Abdoulaye Koné N-68

Bon Seok Koo N-73

Dorota Kopiczko N-15

Scott Michael Kopytko S-21

Bojan George Kostic N-27

Danielle Kousoulis N-40

David P. Kovalcin N-2

John J. Kren S-32

William Edward Krukowski S-11

Lyudmila Ksido N-17

Toshiya Kuge S-68

Shekhar Kumar N-35

Kenneth Bruce Kumpel S-22

Frederick Kuo, Jr. S-65

Patricia A. Kuras N-3

Nauka Kushitani S-41

Thomas Joseph Kuveikis S-22

Victor Kwarkye N-68

Raymond Kui Fai Kwok N-33

Angela Reed Kyte N-11

L

Andrew La Corte N-62

Carol Ann La Plante N-15

Jeffrey G. La Touche N-70

Kathryn L. LaBorie S-2

Amarnauth Lachhman N-24

Ganesh K. Ladkat N-34

James Patrick Ladley N-40

Joseph A. Lafalce N-32

Jeanette Louise Lafond-Menichino N-10

David James LaForge S-12

Michael Patrick LaForte N-53

Alan Charles LaFrance N-69

Juan Mendez Lafuente N-71

Neil Kwong-Wah Lai S-47

Vincent Anthony Laieta S-53

William David Lake S-16

Franco Lalama N-66

Chow Kwan Lam S-48

Michael S. Lamana S-72

Stephen LaMantia N-56

Amy Hope Lamonsoff N-20

Robert T. Lane S-7

Brendan Mark Lang N-26

Rosanne P. Lang N-26

Vanessa Lang Langer and her
unborn child S-49

Mary Lou Langley S-53

Peter J. Langone S-23

Thomas Michael Langone S-23

Michele Bernadette Lanza S-40

Ruth Sheila Lapin S-37

Ingeborg A.D. Lariby S-49

Robin Blair Larkey N-44

Judith Camilla Larocque N-2

Christopher Randall Larrabee N-25

Hamidou S. Larry N-9

Scott Larsen S-21

John Adam Larson S-57

Natalie Janis Lasden N-75

Gary Edward Lasko N-7

Nicholas Craig Lassman N-36

Paul Laszczynski S-29

Charles A. Laurencin S-46

Stephen James Lauria N-7

Maria LaVache N-6

Denis Francis Lavelle N-16

Jeannine Mary LaVerde S-36

Anna A. Laverty S-39

Steven Lawn S-54

Robert A. Lawrence, Jr. S-49

Nathaniel Lawson N-23

David W. Laychak S-1

Eugen Gabriel Lazar N-33
James Patrick Leahy S-25
Joseph Gerard Leavey S-21
Neil J. Leavy S-13
Robert G. LeBlanc S-3
Leon Lebor N-64
Kenneth Charles Ledee N-14
Alan J. Lederman S-60
Elena F. Ledesma N-9
Alexis Leduc S-43
Daniel John Lee N-2
David S. Lee S-42
Dong Chul Lee S-70
Gary H. Lee N-35
Hyun Joon Lee S-48
Juanita Lee S-54
Kathryn Blair Lee N-9
Linda C. Lee N-22
Lorraine Mary Greene Lee S-56
Myoung Woo Lee S-47
Richard Y.C. Lee N-29
Stuart Soo-Jin Lee N-21
Yang Der Lee N-70
Stephen Paul Lefkowitz S-48
Adriana Legro N-61
Edward Joseph Lehman S-54
Eric Lehrfeld N-22
David R. Leistman N-39
David Prudencio Lemagne S-29
Joseph Anthony Lenihan S-34
John Joseph Lennon, Jr. S-28
John Robinson Lenoir S-52
Jorge Luis León, Sr. N-35
Matthew G. Leonard N-46
Michael Lepore N-13
Charles A. Lesperance N-71

Jeff LeVeen N-26

John Dennis Levi S-29

Alisha Caren Levin S-44

Neil David Levin N-65

Robert Levine N-39

Robert Michael Levine S-37

Shai Levinhar N-29

Daniel M. Lewin N-75

Adam Jay Lewis S-35

Jennifer Lewis S-69

Kenneth E. Lewis S-69

Margaret Susan Lewis N-66

Ye Wei Liang N-8

Orasri Liangthanasarn N-69

Daniel F. Libretti S-17

Ralph Michael Licciardi S-64

Edward Lichtschein N-36

Samantha L. Lightbourn-Allen S-76

Steven Barry Lillianthal N-56

Carlos R. Lillo S-11

Craig Damian Lilore N-25

Arnold Arboleda Lim S-41

Darya Lin S-63

Wei Rong Lin N-67

Nickie L. Lindo N-58

Thomas V. Linehan, Jr. N-12

Robert Thomas Linnane S-12

Alan Patrick Linton, Jr. S-52

Diane Theresa Lipari N-61

Kenneth P. Lira Arévalo S-45

Francisco Alberto Liriano N-58

Lorraine Lisi S-40

Paul Lisson S-49

Vincent M. Litto N-25

Ming-Hao Liu S-64

Nancy Liz S-56

Harold Lizcano N-59

Martin Lizzul N-36

George A. Llanes N-63

Elizabeth C. Logler N-34

Catherine Lisa Loguidice N-55

Jérôme Robert Lohez N-65

Michael William Lomax S-57

Stephen V. Long S-73

Laura Maria Longing N-8

Salvatore P. Lopes S-53

Daniel Lopez N-62

George Lopez S-41

Luis Manuel Lopez S-37

Maclovio Lopez, Jr. S-3

Manuel L. Lopez N-14

Joseph Lostrangio N-17

Chet Dek Louie N-46

Stuart Seid Louis S-50

Joseph Lovero S-29

Sara Elizabeth Low N-74

Jenny Seu Kueng Low Wong N-14

Michael W. Lowe S-46

Garry W. Lozier S-52

John P. Lozowsky N-17

Charles Peter Lucania S-64

Edward Hobbs Luckett N-55

Mark Gavin Ludvigsen S-36

Lee Charles Ludwig S-42

Sean Thomas Lugano S-35

Daniel Lugo S-65

Marie Lukas N-35

William Lum, Jr. N-18

Michael P. Lunden N-53

Christopher E. Lunder N-42

Anthony Luparello S-37

Gary Frederick Lutnick N-38

Linda Anne Luzzicone N-45
Alexander Lygin N-48
CeeCee Lyles S-67
Farrell Peter Lynch N-57
James Francis Lynch S-28
James T. Lynch, Jr. S-73
Louise A. Lynch N-15
Michael Cameron Lynch N-41
Michael Francis Lynch S-15
Michael Francis Lynch S-9
Richard D. Lynch, Jr. S-31
Robert Henry Lynch, Jr. S-26
Sean P. Lynch N-26
Sean Patrick Lynch N-57
Terence M. Lynch S-75
Michael J. Lyons S-13
Monica Anne Lyons N-0
Nehamon Lyons IV S-72
Patrick John Lyons S-23

M

Robert Francis Mace N-47
Marianne MacFarlane S-2
Jan Maciejewski N-69
Susan A. Mackay N-1
William Macko N-73
Catherine Fairfax MacRae N-59
Richard Blaine Madden S-58
Simon Maddison N-31
Noell C. Maerz S-30
Jennieann Maffeo N-73
Joseph Maffeo S-9
Jay Robert Magazine N-71
Brian Magee N-20
Charles W. Magee N-63

Joseph V. Maggitti N-4
Ronald Magnuson N-48
Daniel L. Maher N-13
Thomas A. Mahon N-51
William J. Mahoney S-11
Joseph Daniel Maio N-30
Linda C. Mair-Grayling N-8
Takashi Makimoto S-44
Abdu Ali Malahi S-45
Debora I. Maldonado N-0
Myrna T. Maldonado-Agosto N-66
Alfred Russell Maler N-54
Gregory James Malone S-32
Edward Francis Maloney III N-50
Joseph E. Maloney S-7
Gene Edward Maloy N-3
Christian H. Maltby N-44
Francisco Miguel Mancini N-71
Joseph Mangano N-3
Sara Elizabeth Manley N-59
Debra M. Mannetta N-61
Marion Victoria Manning N-13
Terence John Manning N-21
James Maounis S-40
Alfred Gilles Padre Joseph
Marchand S-2
Joseph Ross Marchbanks, Jr. S-5
Laura A. Marchese N-65
Hilda Marcin S-67
Peter Edward Mardikian N-21
Edward Joseph Mardovich S-33
Charles Joseph Margiotta S-16
Louis Neil Mariani S-4
Kenneth Joseph Marino S-9
Lester V. Marino N-24
Vita Marino S-51

Kevin D. Marlo S-50

Jose Juan Marrero S-32

John Daniel Marshall S-15

Shelley A. Marshall S-71

James Martello N-26

Michael A. Marti N-51

Karen Ann Martin N-74

Peter C. Martin S-18

Teresa M. Martin S-75

William J. Martin, Jr. N-51

Brian E. Martineau S-62

Betsy Martinez N-32

Edward J. Martinez N-35

Jose Angel Martinez, Jr. N-24

Robert Gabriel Martinez S-65

Waleska Martinez S-67

Lizie D. Martinez-Calderon S-55

Paul Richard Martini S-12

Anne Marie Martino-Cramer S-42

Joseph A. Mascali S-6

Bernard Mascarenhas N-7

Stephen Frank Masi N-35

Ada L. Mason-Acker S-1

Nicholas George Massa S-53

Michael Massaroli N-32

Philip William Mastrandrea, Jr. N-30

Rudy Mastrocinque N-5

Joseph Mathai N-21

Charles William Mathers N-4

William A. Mathesen S-32

Marcello Matricciano N-36

Margaret Elaine Mattic N-72

Dean E. Mattson S-74

Robert D. Mattson S-40

Walter A. Matuza, Jr. N-63

Timothy J. Maude S-74

Jill Maurer-Campbell S-37

Charles A. Mauro, Jr. S-56

Charles J. Mauro N-68

Dorothy Mauro N-9

Nancy T. Mauro N-8

Robert J. Maxwell S-1

Renée A. May and her unborn child S-69

Tyrone May S-48

Keithroy Marcellus Maynard S-14

Robert J. Mayo S-23

Kathy N. Mazza S-29

Edward Mazzella, Jr. N-28

Jennifer Lynn Mazzotta N-33

Kaaria Mbaya N-37

James Joseph McAlary, Jr. N-61

Brian Gerard McAleese S-15

Patricia Ann McAneney N-8

Colin R. McArthur S-58

John Kevin McAvoy S-6

Kenneth M. McBrayer S-52

Brendan F. McCabe S-43

Michael McCabe N-28

Thomas Joseph McCann S-14

Justin McCarthy N-30

Kevin M. McCarthy N-40

Michael Desmond McCarthy N-60

Robert G. McCarthy N-27

Stanley McCaskill N-16

Katie Marie McCloskey N-17

Juliana Valentine McCourt S-3

Ruth Magdaline McCourt S-3

Charles Austin McCrann N-12

Tonyell F. McDay N-13

Matthew T. McDermott N-30

Joseph P. McDonald N-45

Brian Grady McDonnell S-24

Michael P. McDonnell S-36

John F. McDowell, Jr. S-51

Eamon J. McEneaney N-57

John Thomas McErlean, Jr. N-39

Daniel Francis McGinley S-35

Mark Ryan McGinly N-60

William E. McGinn S-21

Thomas Henry McGinnis N-61

Michael Gregory McGinty N-4

Ann Walsh McGovern S-55

Scott Martin McGovern S-31

William J. McGovern S-6

Stacey Sennas McGowan S-51

Francis Noel McGuinn N-51

Thomas F. McGuinness, Jr. N-74

Patrick J. McGuire S-30

Thomas M. McHale N-56

Keith David McHeffey N-28

Ann M. McHugh S-30

Denis J. McHugh III S-33

Dennis P. McHugh S-18

Michael Edward McHugh, Jr. N-34

Robert G. McIlvaine N-22

Donald James McIntyre S-30

Stephanie Marie McKenna N-18

Molly L. McKenzie S-75

Barry J. McKeon S-40

Evelyn C. McKinnedy S-37

Darryl Leron McKinney N-29

George Patrick McLaughlin, Jr. N-59

Robert C. McLaughlin, Jr. N-52

Gavin McMahon S-59

Robert D. McMahon S-13

Edmund M. McNally S-43

Daniel Walker McNeal S-51

Walter Arthur McNeil S-28

Christine Sheila McNulty N-19
Sean Peter McNulty N-28
Robert William McPadden S-15
Terence A. McShane S-9
Timothy Patrick McSweeney S-7
Martin E. McWilliams S-17
Rocco A. Medaglia N-71
Abigail Medina N-16
Ana Iris Medina S-54
Damian Meehan N-61
William J. Meehan, Jr. N-27
Alok Kumar Mehta N-34
Raymond Meisenheimer S-14
Manuel Emilio Mejia N-69
Eskedar Melaku N-14
Antonio Melendez N-70
Mary P. Melendez S-43
Christopher D. Mello N-75
Yelena Melnichenko N-10
Stuart Todd Meltzer N-50
Diarelia Jovanah Mena N-27
Dora Marie Menchaca S-69
Charles R. Mendez S-20
Lizette Mendoza S-60
Shevonne Olicia Mentis N-7
Wolfgang Peter Menzel S-3
Steve John Mercado S-16
Wilfredo Mercado N-73
Wesley Mercer S-47
Ralph Joseph Mercurio N-50
Alan Harvey Merdinger N-0
George L. Merino S-42
Yamel Josefina Merino S-26
George Merkouris N-60
Deborah Merrick N-66
Raymond Joseph Metz III S-32

Jill Ann Metzler S-62

David Robert Meyer N-41

Nurul H. Miah N-15

William Edward Micciulli N-29

Martin Paul Michelstein S-63

Patricia E. Mickley S-71

Ronald D. Milam S-73

Peter Teague Milano N-40

Gregory Milanowycz S-58

Lukasz Tomasz Milewski N-23

Sharon Christina Millan S-45

Corey Peter Miller N-31

Craig J. Miller S-27

Douglas C. Miller S-6

Henry Alfred Miller, Jr. S-20

Joel Miller N-16

Michael Matthew Miller N-55

Nicole Carol Miller S-67

Philip D. Miller S-58

Robert Alan Miller S-48

Robert Cromwell Miller, Jr. S-61

Benny Millman S-64

Charles M. Mills, Jr. S-26

Ronald Keith Milstein S-39

Robert J. Minara S-22

William George Minardi N-54

Louis Joseph Minervino N-15

Thomas Mingione S-22

Wilbert Miraille N-31

Domenick N. Mircovich S-31

Rajesh Arjan Mirpuri N-21

Joseph D. Mistrulli N-71

Susan J. Miszkowicz N-66

Paul Thomas Mitchell S-20

Richard P. Miuccio S-47

Jeffrey Peter Mladenik N-1

Frank V. Moccia, Sr. S-65

Louis Joseph Modafferi S-6

Boyie Mohammed N-62

Dennis Mojica S-8

Manuel D. Mojica, Jr. S-21

Kleber Rolando Molina S-43

Manuel De Jesus Molina N-64

Carl Molinaro S-17

Justin John Molisani, Jr. S-30

Brian Patrick Monaghan S-64

Franklyn Monahan N-32

John Gerard Monahan N-33

Kristen Leigh Montanaro N-3

Craig Montano N-42

Michael G. Montesi S-9

Carlos Alberto Montoya N-75

Antonio De Jesus Montoya Valdes N-74

Cheryl Ann Monyak N-9

Thomas Carlo Moody S-18

Sharon Moore S-52

Krishna V. Moorthy S-43

Laura Lee Defazio Morabito N-75

Abner Morales S-41

Carlos Manuel Morales N-31

Paula E. Morales S-59

Sonia Mercedes Morales Puopolo N-76

Gerard P. Moran, Jr. S-73

John Christopher Moran N-20

John Michael Moran S-11

Kathleen Moran S-63

Lindsay Stapleton Morehouse S-36

George William Morell N-54

Steven P. Morello N-3

Vincent S. Morello S-16

Yvette Nicole Moreno N-59

Dorothy Morgan N-15

Richard J. Morgan S-30

Nancy Morgenstern N-31

Sanae Mori N-22

Blanca Robertina Morocho Morocho N-68

Leonel Geronimo Morocho Morocho N-68

Dennis Gerard Moroney N-47

Lynne Irene Morris N-33

Odessa V. Morris S-76

Seth Allan Morris N-54

Steve Morris N-19

Christopher Martel Morrison N-23

Ferdinand V. Morrone S-27

William David Moskal N-3

Brian A. Moss S-71

Marco Motroni N-62

Cynthia Motus-Wilson N-67

Iouri A. Mouchinski N-71

Jude Joseph Moussa N-50

Peter Moutos N-9

Damion O'Neil Mowatt N-23

Teddington H. Moy S-1

Christopher Michael Mozzillo S-7

Stephen Vincent Mulderry S-33

Richard T. Muldowney, Jr. S-21

Michael D. Mullan S-17

Dennis Michael Mulligan S-17

Peter James Mulligan N-29

Michael Joseph Mullin N-26

James Donald Munhall S-52

Nancy Muñiz N-65

Francisco Heladio Munoz N-4

Carlos Mario Muñoz N-70

Theresa Munson S-57

Robert Michael Murach N-47

Cesar Augusto Murillo N-29

Marc A. Murolo N-53

Brian Joseph Murphy N-55
Charles Anthony Murphy N-56
Christopher W. Murphy S-33
Edward Charles Murphy N-50
James F. Murphy IV N-23
James Thomas Murphy N-54
Kevin James Murphy N-5
Patrick Jude Murphy S-73
Patrick Sean Murphy N-5
Raymond E. Murphy S-19
Robert Eddie Murphy, Jr. S-45
John Joseph Murray N-45
John Joseph Murray S-45
Susan D. Murray N-14
Valerie Victoria Murray N-64
Richard Todd Myhre N-33

N

Louis J. Nacke II S-68
Robert B. Nagel S-10
Mildred Rose Naiman N-75
Takuya Nakamura N-63
Alexander John Robert Napier S-54
Frank Joseph Naples III N-45
John Philip Napolitano S-17
Catherine Ann Nardella S-61
Mario Nardone, Jr. S-30
Manika K. Narula N-33
Shawn M. Nassaney S-3
Narender Nath N-11
Karen Susan Navarro N-62
Joseph M. Navas S-28
Francis Joseph Nazario N-32
Glenroy I. Neblett N-18
Rayman Marcus Neblett S-60

Jerome O. Nedd N-71

Laurence F. Nedell S-58

Luke G. Nee N-43

Pete Negron S-0

Laurie Ann Neira N-76

Ann N. Nelson N-42

David William Nelson N-61

Ginger Risco Nelson N-60

James A. Nelson S-30

Michele Ann Nelson N-49

Peter Allen Nelson S-12

Oscar Francis Nesbitt S-47

Gerard Terence Nevins S-8

Renee Tetreault Newell N-74

Christopher C. Newton S-71

Christopher Newton-Carter S-51

Nancy Yuen Ngo N-17

Khang Ngoc Nguyen S-73

Jody Tepedino Nichilo N-47

Kathleen Ann Nicosia N-74

Martin Stewart Niederer N-26

Alfonse Joseph Niedermeyer S-28

Frank John Niestadt, Jr. S-62

Gloria Nieves S-40

Juan Nieves, Jr. N-70

Troy Edward Nilsen N-35

Paul Nimbley N-30

John Ballantine Niven S-61

Katherine McGarry Noack N-22

Curtis Terrance Noel N-72

Michael A. Noeth S-72

Daniel R. Nolan N-3

Robert Walter Noonan N-49

Jacqueline June Norton N-2

Robert Grant Norton N-2

Daniela Rosalia Notaro N-58

Brian Christopher Novotny N-45
Soichi Numata S-44
Brian Nunez N-45
Jose Nunez N-71
Jeffrey Roger Nussbaum N-62

O

Dennis Patrick O'Berg S-20
James P. O'Brien, Jr. N-55
Michael P. O'Brien N-43
Scott J. O'Brien N-22
Timothy Michael O'Brien N-57
Daniel O'Callaghan S-10
Dennis James O'Connor, Jr. N-30
Diana J. O'Connor S-49
Keith Kevin O'Connor S-34
Richard J. O'Connor N-12
Amy O'Doherty N-39
Marni Pont O'Doherty S-36
James Andrew O'Grady S-50
Thomas G. O'Hagan S-13
Patrick J. O'Keefe S-10
William O'Keefe S-11
Gerald Thomas O'Leary N-27
Matthew Timothy O'Mahony N-57
John P. O'Neill N-63
Peter J. O'Neill, Jr. S-52
Sean Gordon Corbett O'Neill N-25
Kevin M. O'Rourke S-17
Patrick J. O'Shea N-61
Robert William O'Shea N-60
Timothy Franklin O'Sullivan N-73
James A. Oakley N-9
Douglas E. Oelschlager S-20
Takashi Ogawa N-22

Albert Ogletree N-24
Philip Paul Ognibene S-36
John A. Ogonowski N-74
Joseph J. Ogren S-7
Samuel Oitice S-9
Gerald Michael Olcott N-11
Christine Anne Olender N-68
Linda Mary Oliva N-59
Edward K. Oliver N-61
Leah Elizabeth Oliver N-12
Eric Taube Olsen S-20
Jeffrey James Olsen S-5
Barbara K. Olson S-70
Maureen Lyons Olson N-7
Steven John Olson S-8
Toshihiro Onda S-44
Seamus L. Oneal N-37
Betty Ann Ong N-74
Michael C. Opperman S-61
Christopher T. Orgielewicz S-49
Margaret Quinn Orloske N-8
Virginia Anne Ormiston N-5
Ruben S. Ornedo S-70
Ronald Orsini N-56
Peter Keith Ortale S-33
Juan Ortega-Campos S-38
Jane Marie Orth N-75
Alexander Ortiz N-65
David Ortiz S-27
Emilio Pete Ortiz N-62
Pablo Ortiz N-67
Paul Ortiz, Jr. N-21
Sonia Ortiz N-64
Masaru Ose S-44
Elsy Carolina Osorio Oliva N-72
James R. Ostrowski N-46

Jason Douglas Oswald N-48
Michael John Otten S-16
Isidro D. Ottenwalder N-68
Michael Chung Ou S-48
Todd Joseph Ouida N-44
Jesus Ovalles N-69
Peter J. Owens, Jr. N-42
Adianes Oyola S-45

P

Angel M. Pabon, Jr. N-28
Israel Pabon, Jr. N-24
Roland Pacheco N-65
Michael Benjamin Packer N-22
Diana B. Padro S-76
Deepa Pakkala N-17
Jeffrey Matthew Palazzo S-5
Thomas Palazzo N-54
Richard A. Palazzolo N-54
Orio Joseph Palmer S-17
Frank Anthony Palombo S-21
Alan N. Palumbo N-51
Christopher Matthew Panatier N-45
Dominique Lisa Pandolfo N-14
Jonas Martin Panik S-73
Paul J. Pansini S-5
John M. Paolillo S-11
Edward Joseph Papa N-54
Salvatore T. Papasso S-26
James Nicholas Pappageorge S-14
Marie Pappalardo S-2
Vinod Kumar Parakat N-29
Vijayashanker Paramsothy S-57
Nitin Ramesh Parandkar N-19
Hardai Parbhu S-56

James Wendell Parham S-29

Debra Marie Paris S-53

George Paris N-33

Gye Hyong Park N-64

Philip Lacey Parker S-61

Michael Alaine Parkes N-12

Robert E. Parks, Jr. N-46

Hashmukh C. Parmar N-37

Robert Parro S-16

Diane Marie Parsons S-47

Leobardo Lopez Pascual N-70

Michael J. Pascuma, Jr. N-67

Jerrold Hughes Paskins N-17

Horace Robert Passananti N-11

Suzanne H. Passaro S-53

Avnish Ramanbhai Patel N-59

Dipti Patel N-33

Manish Patel S-30

Steven Bennett Paterson N-51

James Matthew Patrick N-51

Manuel D. Patrocino N-70

Bernard E. Patterson N-43

Clifford L. Patterson, Jr. S-74

Cira Marie Patti S-34

Robert E. Pattison N-63

James Robert Paul N-60

Patrice Paz S-61

Victor Hugo Paz N-69

Stacey Lynn Peak N-50

Richard Allen Pearlman S-27

Durrell V. Pearsall, Jr. S-11

Thomas Nicholas Pecorelli N-74

Thomas Pedicini N-42

Todd Douglas Pelino N-54

Mike Adrian Pelletier N-49

Anthony G. Peluso S-36

Angel R. Pena S-56
Robert Penninger S-69
Richard Al Penny S-49
Salvatore F. Pepe N-3
Carl Allen B. Peralta N-30
Robert David Peraza N-32
Jon A. Perconti, Jr. N-27
Alejo Perez N-67
Angel Perez, Jr. N-33
Angela Susan Perez N-32
Anthony Perez N-37
Ivan Antonio Perez S-41
Nancy E. Perez N-66
Berry Berenson Perkins N-76
Joseph John Perroncino N-32
Edward J. Perrotta N-50
Emelda H. Perry S-64
Glenn C. Perry, Sr. S-22
John William Perry S-24
Franklin Allan Pershep S-56
Danny Pesce N-55
Michael John Pescherine S-34
Davin N. Peterson N-28
Donald Arthur Peterson S-67
Jean Hoadley Peterson S-67
William Russell Peterson N-15
Mark James Petrocelli N-61
Philip Scott Petti S-16
Glen Kerrin Pettit S-25
Dominick A. Pezzulo S-29
Kaleen Elizabeth Pezzuti N-54
Kevin J. Pfeifer S-14
Tu-Anh Pham N-60
Kenneth John Phelan, Sr. S-13
Sneha Anne Philip S-66
Eugenia McCann Piantieri N-13

Ludwig John Picarro S-63

Matthew Picerno N-43

Joseph O. Pick S-41

Christopher J. Pickford S-12

Dennis J. Pierce S-47

Bernard Pietronico N-41

Nicholas P. Pietrunti N-30

Theodoros Pigis S-49

Susan Elizabeth Pinto N-35

Joseph Piskadlo N-63

Christopher Todd Pitman N-45

Joshua Michael Piver N-33

Robert R. Ploger III S-71

Zandra F. Ploger S-71

Joseph Plumitallo N-41

John M. Pocher N-41

William Howard Pohlmann S-47

Laurence Michael Polatsch N-27

Thomas H. Polhemus N-17

Steve Pollicino N-39

Susan M. Pollio S-33

Darin H. Pontell S-73

Joshua Iosua Poptean N-71

Giovanna Porras N-72

Anthony Portillo S-49

James Edward Potorti N-11

Daphne Pouletsos S-55

Richard N. Poulos N-30

Stephen Emanual Poulos S-60

Brandon Jerome Powell N-23

Scott Alan Powell S-75

Shawn Edward Powell S-20

Antonio Dorsey Pratt N-23

Gregory M. Preziose N-53

Wanda Ivelisse Prince S-42

Vincent A. Princiotta S-20

Kevin M. Prior S-22

Everett Martin Proctor III N-48

Carrie Beth Progen S-59

David Lee Pruim S-62

Richard A. Prunty S-5

John Foster Puckett N-68

Robert David Pugliese N-10

Edward F. Pullis S-62

Patricia Ann Puma N-64

Jack D. Punches S-73

Hemanth Kumar Puttur N-17

Joseph J. Pycior, Jr. S-72

Edward R. Pykon N-61

Q

Christopher Quackenbush S-52

Lars Peter Qualben N-15

Lincoln Quappé S-16

Beth Ann Quigley N-27

Patrick J. Quigley IV S-4

Michael T. Quilty S-15

James Francis Quinn N-30

Ricardo J. Quinn S-18

R

Carol Millicent Rabalais S-61

Christopher Peter Anthony
Racaniello N-32

Leonard J. Ragaglia S-10

Eugene J. Raggio S-24

Laura Marie Ragonese-Snik S-54

Michael Paul Ragusa S-23

Peter Frank Raimondi N-59

Harry A. Raines N-36

Lisa J. Raines S-71

Ehtesham Raja S-39

Valsa Raju N-63

Edward J. Rall S-17

Lukas Rambousek N-58

Maria Ramirez S-45

Harry Ramos N-63

Vishnoo Ramsaroop N-64

Deborah A. Ramsaur S-1

Lorenzo E. Ramzey S-55

Alfred Todd Rancke S-50

Adam David Rand S-8

Jonathan C. Randall N-6

Shreyas S. Ranganath N-7

Anne T. Ransom N-18

Faina Rapoport N-17

Rhonda Sue Rasmussen S-76

Robert A. Rasmussen S-37

Amenia Rasool N-11

R. Mark Rasweiler N-9

Marsha D. Ratchford S-72

David Alan James Rathkey S-46

William Ralph Raub N-25

Gerard F. Rauzi S-47

Alexey Razuvaev S-32

Gregory Reda N-6

Sarah Anne Redheffer N-20

Michele Marie Reed S-62

Judith Ann Reese N-67

Donald J. Regan S-14

Robert M. Regan S-10

Thomas Michael Regan S-54

Christian Michael Otto Regenhard S-23

Howard Reich S-49

Gregg Reidy N-28

James Brian Reilly S-34

Kevin O. Reilly S-20

Timothy E. Reilly N-11

Joseph Reina, Jr. N-33

Thomas Barnes Reinig N-55

Frank Bennett Reisman N-28

Joshua Scott Reiss N-51

Karen Renda N-18

John Armand Reo N-40

Richard Cyril Rescorla S-46

John Thomas Resta N-62

Sylvia San Pio Resta and her
unborn child N-62

Martha M. Reszke S-1

David E. Retik N-1

Todd H. Reuben S-69

Luis Clodoaldo Revilla Mier S-65

Eduvigis Reyes, Jr. N-72

Bruce Albert Reynolds S-28

John Frederick Rhodes S-55

Francis Saverio Riccardelli S-25

Rudolph N. Riccio N-34

Ann Marie Riccoboni N-64

David Harlow Rice S-52

Eileen Mary Rice N-6

Kenneth Frederick Rice III N-13

CeCelia E. Richard S-76

Vernon Allan Richard S-20

Claude Daniel Richards S-25

Gregory David Richards N-39

Michael Richards N-63

Venesha Orintia Richards N-6

Jimmy Riches S-21

Alan Jay Richman N-11

John M. Rigo N-10

Frederick Charles Rimmele III S-2

Rose Mary Riso S-47

Moises N. Rivas N-67

Joseph R. Rivelli, Jr. S-22

Carmen Alicia Rivera S-42

Isaias Rivera N-63

Juan William Rivera N-72

Linda Ivelisse Rivera N-15

David E. Rivers N-20

Joseph R. Riverso N-51

Paul V. Rizza S-40

John Frank Rizzo S-64

Stephen Louis Roach N-54

Joseph Roberto S-35

Leo Arthur Roberts N-43

Michael E. Roberts S-21

Michael Edward Roberts S-16

Donald Walter Robertson, Jr. N-45

Jeffrey Robinson N-16

Michell Lee Jean Robotham S-56

Donald Arthur Robson N-39

Antonio A. Rocha N-51

Raymond James Rocha N-44

Laura Rockefeller N-20

John Michael Rodak S-51

Antonio José Rodrigues S-29

Anthony Rodriguez S-22

Carmen Milagros Rodriguez S-58

Gregory E. Rodriguez N-48

Marsha A. Rodriguez N-6

Mayra Valdes Rodriguez S-59

Richard Rodriguez S-29

David Bartolo Rodriguez-Vargas N-69

Matthew Rogan S-14

Jean Destrehan Rogér N-74

Karlie Rogers N-20

Scott William Rohner N-44

Keith Michael Roma S-25

Joseph M. Romagnolo N-24

Efrain Romero, Sr. S-44
Elvin Romero N-28
James A. Romito S-27
Sean Paul Rooney S-57
Eric Thomas Ropiteau N-33
Aida Rosario N-18
Angela Rosario N-29
Mark H. Rosen S-52
Brooke David Rosenbaum N-33
Linda Rosenbaum N-12
Sheryl Lynn Rosenbaum N-47
Lloyd Daniel Rosenberg N-40
Mark Louis Rosenberg N-7
Andrew Ira Rosenblum N-40
Joshua M. Rosenblum N-27
Joshua Alan Rosenthal S-41
Richard David Rosenthal N-48
Philip Martin Rosenzweig N-2
Daniel Rosetti S-64
Richard Barry Ross N-2
Norman S. Rossinow S-61
Nicholas P. Rossomando S-5
Michael Craig Rothberg N-29
Donna Marie Rothenberg S-60
Mark David Rothenberg S-68
James Michael Roux S-2
Nicholas Charles Alexander Rowe N-23
Edward V. Rowenhorst S-76
Judy Rowlett S-1
Timothy Alan Roy, Sr. S-24
Paul G. Ruback S-21
Ronald J. Ruben S-34
Joanne Rubino N-14
David M. Ruddle S-66
Bart Joseph Ruggiere N-49
Susan A. Ruggiero N-13

Adam Keith Ruhalter N-47

Gilbert Ruiz N-69

Robert E. Russell S-1

Stephen P. Russell S-7

Steven Harris Russin N-52

Michael Thomas Russo, Sr. S-7

Wayne Alan Russo N-6

William R. Ruth S-74

Edward Ryan N-61

John Joseph Ryan S-34

Jonathan Stephan Ryan S-30

Matthew L. Ryan S-9

Tatiana Ryjova S-48

Christina Sunga Ryook N-49

S

Thierry Saada N-41

Jason Elazar Sabbag S-42

Thomas E. Sabella S-17

Scott H. Saber N-23

Charles E. Sabin, Sr. S-71

Joseph Francis Sacerdote N-44

Jessica Leigh Sachs N-74

Francis John Sadocha N-24

Jude Elias Safi N-26

Brock Joel Safronoff N-7

Edward Saiya S-45

John Patrick Salamone N-40

Marjorie C. Salamone S-75

Hernando Rafael Salas S-38

Juan G. Salas N-70

Esmerlin Antonio Salcedo S-65

John Pepe Salerno N-30

Rahma Salie and her unborn child N-1

Richard L. Salinardi, Jr. S-37

Wayne John Saloman N-35

Nolbert Salomon S-46

Catherine Patricia Salter S-60

Frank G. Salvaterra S-51

Paul Richard Salvio N-62

Samuel Robert Salvo, Jr. S-59

Carlos Alberto Samaniego N-42

John P. Sammartino S-71

James Kenneth Samuel, Jr. N-60

Michael San Phillip S-51

Hugo M. Sanay S-31

Alva Cynthia Jeffries Sanchez N-16

Jacquelyn Patrice Sanchez N-47

Jesus Sanchez S-2

Raymond Sanchez S-66

Eric M. Sand N-28

Stacey Leigh Sanders N-3

Herman S. Sandler S-52

Jim Sands, Jr. N-36

Ayleen J. Santiago N-65

Kirsten Reese Santiago N-67

Maria Theresa Concepcion
Santillan N-36

Susan Gayle Santo N-9

Christopher A. Santora S-10

John August Santore S-5

Mario L. Santoro S-26

Rafael Humberto Santos N-34

Rufino C.F. Santos III N-17

Victor J. Saracini S-2

Kalyan K. Sarkar N-66

Chapelle Renee Stewart Sarker N-14

Paul F. Sarle N-56

Deepika Kumar Sattaluri N-18

Gregory Thomas Saucedo S-6

Susan M. Sauer N-11

Anthony Savas N-67

Vladimir Savinkin N-48

John Michael Sbarbaro N-56

David M. Scales S-74

Robert Louis Scandole N-52

Michelle Scarpitta S-31

Dennis Scauso S-8

John Albert Schardt S-12

John G. Scharf S-63

Fred C. Scheffold, Jr. S-6

Angela Susan Scheinberg N-64

Scott Mitchell Schertzer N-33

Sean Schielke N-44

Steven Francis Schlag N-51

Robert A. Schlegel S-72

Jon Schlissel S-48

Karen Helene Schmidt S-46

Ian Schneider N-52

Thomas G. Schoales S-21

Marisa Dinardo Schorpp N-49

Frank G. Schott, Jr. N-13

Gerard Patrick Schrang S-14

Jeffrey H. Schreier N-31

John T. Schroeder N-59

Susan Lee Schuler S-53

Edward W. Schunk N-55

Mark Evan Schurmeier N-22

John Burkhart Schwartz N-40

Mark Schwartz S-26

Adriane Victoria Scibetta N-48

Raphael Scorca N-3

Janice M. Scott S-1

Randolph Scott S-31

Christopher Jay Scudder S-37

Arthur Warren Scullin N-14

Michael H. Seaman N-46

Margaret M. Seeliger S-53
Anthony Segarra N-64
Carlos Segarra N-72
Jason M. Sekzer N-31
Matthew Carmen Sellitto N-46
Michael L. Selves S-75
Howard Selwyn S-31
Larry John Senko N-65
Arturo Angelo Sereno N-58
Frankie Serrano S-45
Marian H. Serva S-75
Alena Sesinova N-3
Adele Christine Sessa N-27
Sita Nermalla Sewnarine S-43
Karen Lynn Seymour N-73
Davis Grier Sezna, Jr. S-52
Thomas Joseph Sgroi N-8
Jayesh Shantilal Shah N-37
Khalid M. Shahid N-33
Mohammed Shajahan N-14
Gary Shamay N-31
Earl Richard Shanahan N-5
Dan F. Shanower S-72
Neil G. Shastri N-58
Kathryn Anne Shatzoff N-10
Barbara A. Shaw N-20
Jeffrey James Shaw N-24
Robert John Shay, Jr. N-53
Daniel James Shea N-38
Joseph Patrick Shea N-38
Kathleen Shearer S-3
Robert M. Shearer S-3
Linda June Sheehan S-50
Hagay Shefi N-21
Antionette M. Sherman S-75
John Anthony Sherry S-30

Atsushi Shiratori N-44

Thomas Joseph Shubert N-29

Mark Shulman N-10

See Wong Shum N-71

Allan Abraham Shwartzstein N-30

Clarin Shellie Siegel-Schwartz S-53

Johanna Sigmund N-60

Dianne T. Signer and her unborn child N-60

Gregory Sikorsky S-12

Stephen Gerard Siller S-5

David Silver N-29

Craig A. Silverstein S-50

Nasima H. Simjee S-41

Bruce Edward Simmons S-51

Diane M. Simmons S-69

Donald D. Simmons S-76

George W. Simmons S-69

Arthur Simon N-58

Kenneth Alan Simon N-58

Michael J. Simon N-49

Paul Joseph Simon N-17

Marianne Liquori Simone N-35

Barry Simowitz S-48

Jane Louise Simpkin S-2

Jeff Lyal Simpson S-27

Cheryle D. Sincock S-75

Khamladai Khami Singh N-68

Roshan Ramesh Singh N-68

Thomas E. Sinton III N-55

Peter A. Siracuse N-39

Muriel F. Siskopoulos S-33

Joseph Michael Sisolak N-6

John P. Skala S-27

Francis Joseph Skidmore, Jr. S-32

Toyena Corliss Skinner N-72

Paul Albert Skrzypek N-50

Christopher Paul Slattery N-30

Vincent Robert Slavin N-27

Robert F. Sliwak N-56

Paul Kenneth Sloan S-33

Stanley S. Smagala, Jr. S-15

Wendy L. Small N-54

Gregg H. Smallwood S-72

Catherine T. Smith N-16

Daniel Laurence Smith S-31

Gary F. Smith S-1

George Eric Smith S-39

Heather Lee Smith N-75

James Gregory Smith N-40

Jeffrey R. Smith S-52

Joyce Patricia Smith N-24

Karl T. Smith, Sr. N-43

Kevin Joseph Smith S-9

Leon Smith, Jr. S-11

Moira Ann Smith S-24

Monica Rodriguez Smith and her unborn child N-73

Rosemary A. Smith N-73

Bonnie Shihadeh Smithwick N-61

Rochelle Monique Snell S-49

Christine Ann Snyder S-67

Dianne Bullis Snyder N-74

Leonard J. Snyder, Jr. S-54

Astrid Elizabeth Sohan N-6

Sushil S. Solanki N-34

Rubén Solares N-31

Naomi Leah Solomon N-21

Daniel W. Song N-56

Mari-Rae Sopper S-69

Michael Charles Sorresse N-5

Fabian Soto N-63

Timothy Patrick Soulas N-44

Gregory Thomas Spagnoletti S-35

Donald F. Spampinato, Jr. N-39

Thomas Sparacio S-32

John Anthony Spataro N-10

Robert W. Spear, Jr. S-19

Robert Speisman S-70

Maynard S. Spence, Jr. N-6

George Edward Spencer III S-31

Robert Andrew Spencer N-45

Mary Rubina Sperando N-21

Frank Spinelli N-44

William E. Spitz N-42

Joseph Patrick Spor, Jr. S-15

Klaus Johannes Sprockamp S-47

Saranya Srinuan N-52

Fitzroy St. Rose N-72

Michael F. Stabile S-32

Lawrence T. Stack S-18

Timothy M. Stackpole S-20

Richard James Stadelberger S-40

Eric Adam Stahlman N-46

Gregory Stajk S-17

Alexandru Liviu Stan N-34

Corina Stan N-34

Mary Domenica Stanley N-14

Anthony Starita N-42

Jeffrey Stark S-13

Derek James Statkevicus S-34

Patricia J. Statz S-75

Craig William Staub S-34

William V. Steckman N-67

Eric Thomas Steen S-30

William R. Steiner N-12

Alexander Robbins Steinman N-25

Edna L. Stephens S-1

Andrew Stergiopoulos N-45

Andrew J. Stern N-43

Norma Lang Steuerle S-69

Martha Jane Stevens S-62

Michael James Stewart N-61

Richard H. Stewart, Jr. N-41

Sanford M. Stoller N-17

Douglas Joel Stone N-74

Lonny Jay Stone N-63

Jimmy Nevill Storey N-12

Timothy Stout N-35

Thomas Strada N-40

James J. Straine, Jr. N-52

Edward W. Straub S-55

George J. Strauch, Jr. S-60

Edward Thomas Strauss S-24

Steven R. Strauss S-46

Larry L. Strickland S-74

Steven F. Strobert N-55

Walwyn Wellington Stuart, Jr. S-29

Benjamin Suarez S-11

David Scott Suarez N-17

Ramon Suarez S-25

Dino Xavier Suarez Ramirez N-75

Yoichi Sumiyama Sugiyama S-44

William Christopher Sugra N-34

Daniel Thomas Suhr S-14

David Marc Sullins S-25

Christopher P. Sullivan S-22

Patrick Sullivan N-40

Thomas G. Sullivan N-67

Hilario Soriano Sumaya, Jr. N-8

James Joseph Suozzo N-41

Colleen M. Supinski S-51

Robert Sutcliffe N-67

Seline Sutter N-65

Claudia Suzette Sutton N-48

John Francis Swaine N-39

Kristine M. Swearson N-34

Brian David Sweeney S-2

Brian Edward Sweeney S-9

Madeline Amy Sweeney N-74

Kenneth J. Swenson N-48

Thomas F. Swift S-46

Derek Ogilvie Sword S-35

Kevin Thomas Szocik S-35

Gina Sztejnberg N-15

Norbert P. Szurkowski N-50

T

Harry Taback N-4

Joann C. Tabeek N-35

Norma C. Taddei N-13

Michael Taddonio S-31

Keiichiro Takahashi S-32

Keiji Takahashi S-44

Phyllis Gail Talbot N-11

Robert R. Talhami N-27

John Talignani S-68

Sean Patrick Tallon S-5

Paul Talty S-24

Maurita Tam S-53

Rachel Tamares S-61

Hector Rogan Tamayo S-45

Michael Andrew Tamuccio N-59

Kenichiro Tanaka S-44

Rhondelle Cherie Tankard S-59

Michael Anthony Tanner N-25

Dennis Gerard Taormina, Jr. N-12

Kenneth Joseph Tarantino N-46

Allan Tarasiewicz S-7

Michael C. Tarrou S-2

Ronald Tartaro N-60

Deborah Tavolarella S-2
Darryl Anthony Taylor N-72
Donnie Brooks Taylor S-59
Hilda E. Taylor S-70
Kip P. Taylor S-74
Leonard E. Taylor S-71
Lorisa Ceylon Taylor N-15
Michael Morgan Taylor N-40
Sandra C. Taylor S-1
Sandra Dawn Teague S-69
Karl W. Teepe S-71
Paul A. Tegtmeier S-21
Yeshavant Moreshwar Tembe S-47
Anthony Tempesta N-53
Dorothy Pearl Temple S-47
Stanley L. Temple N-31
David Gustaf Peter Tengelin N-4
Brian John Terrenzi N-47
Lisa Marie Terry N-11
Goumatie Thackurdeen S-41
Harshad Sham Thatte N-17
Michael Theodoridis N-1
Thomas F. Theurkauf, Jr. S-36
Lesley Anne Thomas N-49
Brian Thomas Thompson S-44
Clive Ian Thompson S-32
Glenn Thompson N-43
Nigel Bruce Thompson N-44
Perry A. Thompson S-60
Vanavah Alexei Thompson N-64
William H. Thompson S-26
Eric Raymond Thorpe S-35
Nichola Angela Thorpe S-33
Tamara C. Thurman S-74
Sal Edward Tieri, Jr. N-10
John Patrick Tierney S-13

Mary Ellen Tiesi S-62
William Randolph Tieste N-25
Kenneth Tietjen S-29
Stephen Edward Tighe N-56
Scott Charles Timmes N-62
Michael E. Tinley N-15
Jennifer M. Tino N-11
Robert Frank Tipaldi N-26
John James Tipping II S-10
David Tirado N-23
Hector Luis Tirado, Jr. S-15
Michelle Lee Titolo N-48
Alicia Nicole Titus S-2
John J. Tobin N-8
Richard J. Todisco S-51
Otis V. Tolbert S-73
Vladimir Tomasevic N-22
Stephen Kevin Tompsett N-22
Thomas Tong S-39
Doris Torres S-42
Luis Eduardo Torres N-51
Amy Elizabeth Toyen N-23
Christopher Michael Traina N-63
Daniel Patrick Trant N-43
Abdoul Karim Traore N-68
Glenn J. Travers, Sr. N-32
Walter Philip Travers N-56
Felicia Yvette Traylor-Bass N-65
James Anthony Trentini N-2
Mary Barbara Trentini N-2
Lisa L. Trerotola N-67
Karamo Baba Trerra S-39
Michael Angel Trinidad N-31
Francis Joseph Trombino S-38
Gregory James Trost S-33
Willie Q. Troy S-1

William P. Tselepis, Jr. N-45
Zhanetta Valentinovna Tsoy N-13
Michael Patrick Tucker N-28
Lance Richard Tumulty S-31
Ching Ping Tung S-44
Simon James Turner N-20
Donald Joseph Tuzio S-39
Robert T. Twomey N-67
Jennifer Lynn Tzemis N-58

U

John G. Ueltzhoeffer N-15
Tyler Victor Ugolyn N-59
Michael A. Uliano N-56
Jonathan J. Uman N-38
Anil Shivhari Umarkar N-34
Allen V. Upton N-39
Diane Marie Urban S-47

V

John Damien Vaccacio N-43
Bradley Hodges Vadas S-35
William Valcarcel S-48
Felix Antonio Vale N-32
Ivan Vale N-32
Benito Valentin N-18
Santos Valentin, Jr. S-25
Carlton Francis Valvo II N-46
Pendyala Vamsikrishna N-74
Erica H. Van Acker S-55
Kenneth W. Van Auken N-52
R. Bruce Van Hine S-13
Daniel M. Van Laere S-62
Edward Raymond Vanacore S-41
Jon Charles Vandevander N-62

Frederick T. Varacchi N-38

Gopalakrishnan Varadhan N-46

David Vargas S-49

Scott C. Vasel N-16

Azael Ismael Vasquez N-24

Ronald J. Vauk S-73

Arcangel Vazquez S-41

Santos Vazquez N-31

Peter Vega S-11

Sankara Sastry Velamuri S-47

Jorge Velazquez S-47

Lawrence G. Veling S-7

Anthony Mark Ventura S-41

David Vera S-31

Loretta Ann Vero N-18

Christopher James Vialonga N-62

Matthew Gilbert Vianna N-34

Robert Anthony Vicario N-24

Celeste Torres Victoria N-20

Joanna Vidal N-20

John T. Vigiano II S-23

Joseph Vincent Vigiano S-23

Frank J. Vignola, Jr. N-48

Joseph Barry Vilardo N-28

Claribel Villalobos Hernandez N-23

Sergio Gabriel Villanueva S-23

Chantal Vincelli N-21

Melissa Renée Vincent N-65

Francine Ann Virgilio S-61

Lawrence Virgilio S-20

Joseph Gerard Visciano S-34

Joshua S. Vitale N-26

Maria Percoco Vola S-62

Lynette D. Vosges S-59

Garo H. Voskerijian N-13

Alfred Anton Vukosa N-35

W

Gregory Kamal Bruno Wachtler N-60
Karen J. Wagner S-74
Mary Alice Wahlstrom N-1
Honor Elizabeth Wainio S-67
Gabriela Silvina Waisman N-23
Wendy Alice Rosario Wakeford N-53
Courtney Wainsworth Walcott S-46
Victor Wald N-63
Kenneth E. Waldie N-2
Benjamin James Walker N-16
Glen Wall N-57
Mitchel Scott Wallace S-26
Peter Guyder Wallace N-6
Robert Francis Wallace S-12
Roy Michael Wallace N-44
Jeanmarie Wallendorf S-36
Matthew Blake Wallens N-39
Meta L. Waller S-1
John Wallice, Jr. N-30
Barbara P. Walsh N-9
Jim Walsh N-34
Jeffrey P. Walz S-14
Ching Wang S-44
Weibin Wang N-36
Michael Warchola S-6
Stephen Gordon Ward N-48
Timothy Ray Ward S-2
James A. Waring N-31
Brian G. Warner N-37
Derrick Christopher Washington S-66
Charles Waters N-32
James Thomas Waters, Jr. S-34
Patrick J. Waters S-8
Kenneth Thomas Watson S-21

Michael Henry Waye N-8
Todd Christopher Weaver S-43
Walter Edward Weaver S-25
Nathaniel Webb S-28
Dinah Webster N-20
William Michael Weems S-4
Joanne Flora Weil S-45
Michael T. Weinberg S-17
Steven Weinberg S-37
Scott Jeffrey Weingard N-27
Steven George Weinstein N-13
Simon Weiser N-65
David M. Weiss S-8
David Thomas Weiss N-46
Chin Sun Pak Wells S-74
Vincent Michael Wells N-44
Deborah Jacobs Welsh S-67
Timothy Matthew Welty S-7
Christian Hans Rudolf Wemmers N-21
Ssu-Hui Wen N-34
John Joseph Wenckus N-2
Oleh D. Wengerchuk S-65
Peter M. West N-43
Whitfield West, Jr. N-35
Meredith Lynn Whalen N-60
Eugene Michael Whelan S-12
Adam S. White N-50
Edward James White III S-13
James Patrick White N-39
John Sylvester White N-63
Kenneth Wilburn White, Jr. N-24
Leonard Anthony White S-66
Malissa Y. White N-15
Maudlyn A. White S-74
Sandra L. White S-75
Wayne White N-9

Leanne Marie Whiteside S-59

Mark P. Whitford S-15

Leslie A. Whittington S-69

Michael T. Wholey S-29

Mary Lenz Wieman S-59

Jeffrey David Wiener N-12

William J. Wik S-60

Alison Marie Wildman N-61

Glenn E. Wilkinson S-14

Ernest M. Willcher S-75

John Charles Willett N-50

Brian Patrick Williams N-41

Candace Lee Williams N-75

Crossley Richard Williams, Jr. S-41

David J. Williams N-64

David Lucian Williams S-73

Debbie L. Williams S-54

Dwayne Williams S-74

Kevin Michael Williams S-50

Louie Anthony Williams N-66

Louis Calvin Williams III S-37

John P. Williamson S-8

Donna Ann Wilson S-56

William Eben Wilson S-61

David Harold Winton S-35

Glenn J. Winuk S-27

Thomas Francis Wise N-9

Alan L. Wisniewski S-52

Frank Paul Wisniewski N-53

David Wiswall S-55

Sigrid Charlotte Wiswe N-18

Michael R. Wittenstein N-52

Christopher W. Wodenshek N-49

Martin Phillips Wohlforth S-52

Katherine Susan Wolf N-3

Jennifer Yen Wong N-20

Siucheung Steve Wong N-4
Yin Ping Wong S-60
Yuk Ping Wong S-48
Brent James Woodall S-33
James John Woods N-26
Marvin Roger Woods S-73
Patrick J. Woods S-64
Richard Herron Woodwell S-35
David Terence Wooley S-9
John Bentley Works S-34
Martin Michael Wortley N-46
Rodney James Wotton S-43
William Wren, Ret. S-22
John W. Wright, Jr. S-50
Neil Robin Wright N-46
Sandra Lee Wright S-57

Y

Jupiter Yambem N-69
John D. Yamnicky, Sr. S-71
Suresh Yanamadala N-16
Vicki Yancey S-70
Shuyin Yang S-70
Matthew David Yarnell S-41
Myrna Yaskulka N-60
Shakila Yasmin N-15
Olabisi Shadie Layeni Yee N-67
Kevin W. Yokum S-72
Edward P. York N-49
Kevin Patrick York S-31
Raymond R. York S-20
Suzanne Martha Youmans S-54
Barrington Leroy Young, Jr. S-31
Donald McArthur Young S-72
Edmond G. Young, Jr. S-74

Jacqueline Young N-3
Lisa L. Young S-1
Elkin Yuen N-61

Z

Joseph C. Zaccoli N-43
Adel Agayby Zakhary N-63
Arkady Zaltsman S-63
Edwin J. Zambrana, Jr. S-49
Robert Alan Zampieri N-62
Mark Zangrilli S-63
Christopher R. Zarba, Jr. N-1
Ira Zaslow S-46
Kenneth Albert Zelman N-19
Abraham J. Zelmanowitz N-65
Martin Morales Zempoaltecatl N-68
Zhe Zeng S-37
Marc Scott Zeplin N-27
Jie Yao Justin Zhao S-39
Yuguang Zheng S-70
Ivelin Ziminski N-5
Michael Joseph Zinzi N-14
Charles Alan Zion N-25
Julie Lynne Zipper S-49
Salvatore J. Zisa N-5
Prokopios Paul Zois N-18
Joseph J. Zuccala S-44
Andrew Steven Zucker S-45
Igor Zukelman S-43

BIBLIOGRAPHIE

1- A. Adam. *La lutte contre le terrorisme, étude comparative Union Européenne/ États-Unis.* L'Harmattan, Collection International, 2005.

2- Abdul Salam Zaeef. *My Life with the Taliban.* New York: Columbia University Press, 2010.

3- Ahmad Zaidan. *Usama Bin Laden Without a Mask: Interviews Banned by the Taliban.* Lebanon : World Book Publishing Company, 2003.

4- Alava Séraphin. *La Citoyenneté : Un rampart contre la radicalisation de la jeunesse.* Cahiers français, 2017.

5- Aly Soufan. *The Black Banners: The Inside Story of 9/11 and the War Against al-Qaeda.* Norton & Company, New York, 2011.

6- Amghar Samir. *La France face au terrorisme islamique : une typologie du salafisme jihadiste.* Presses Universitaires de France, 2008.

7- Amghar Samir. *Le salafisme d'aujourd'hui. Mouvements sectaires en Occident.* Michalon, 2011.

8- Andersen Lars Erslev. *Terrorisme et contre-radicalisation : le modèle danois.* Politique étrangère, 2015.

9- Anthony Summers and Robbyn Swan. *The Eleventh Day*: The Full Story of 9/11. Ballantine Books, 2011.

10- Atran Scott. *L'État islamique est une révolution.* Éditions Les liens qui libèrent, 2016.

11- Bernard Lewis. *The Crisis of Islam: Holy War and Unholy Terror.* Random House Trade 2004.

12- Bernard Lewis. *The Middle East: A Brief History of the Last 2,000 Years.* Scribner, 1996.

13- Bernard Lewis. *What Went Wrong? The Clash Between Islam and Modernity in the Middle East.* Harper Perennial, 2003.

14- Bob Woodward. *Plan of Attack.* New York: Simon and Schuster, 2004.

15- Bruce Lawrence. *Messages to the World: The Statements of Osama Bin Laden.* Verso Edition, London, 2005.

16- Condoleezza Rice. *No Higher Honor: A Memoir of My Time in Washington.* New York, Crown, 2011.

17- D. Cumin. *Tentative de définition du terrorisme à partir du jus bello.* Revue des Sciences Criminelles, 2004.

18- David Ray Griffin. *9/11 and American Empire. Intellectuals Speak Out.* Olive Branch Press, 2006.

19- David Ray Griffin. *Contradictions: An Open Letter to Congress and the Press.* Interlink publishing Group, March 2008.

20- David Ray Griffin. *Osama Ben Laden: Dead or Alive.* Olive Branch Press, May 2009.

21- David Ray Griffin. *The Mysterious Collapse of World Trade Center 7: Why the Final Official Report About 9/11 is Unscientific and False.* Interlink Publishing, September 2009.

22- David Ray Griffin. *9/11 Ten Years Later. When States Crimes Against Democracy Succeed.* Olive Branch Press, September 6, 2011.

23- Dick Cheney. *My Time: A personal and Political Memoir.* New York, Simon and Schuster, 2011).

24- Donald Rumsfeld. *Known and Unknown: A Memoir.* New York : Penguin Group, 2011.

25- E. Zoller. *Procès équitable et Due process of Law.* Dalloz, 2007.

26- François Burgat. *L'Islamisme à l'heure d'Al-Qaïda.* La Découverte, 2005.

27- Gary Berntsen and Ralph Pezzullo. *JawBreaker: The Attack On Bin Laden and Al-Qaeda.* Crown Publishers, New York, 2005.

28- Georges W. Bush. *Decision Points.* New York : Crown 2010).

29- Jame Mayer. *The Dark Side: The Inside Story of How the War on Terror Turned into a War on American Ideals.* New York : Anchor Books, 2008.

30- Janati Idrissi et Zerouali. *Le droit international, à l'aube du terrorisme millénaire.* 1ère édition 2004, Oujda.

31- Jason Burke. *The 9/11 Wars.* London: Penguin Books, 2011.

32- Jason Burke. *Al Qaeda – The True Story of Radical Islam.* 2004

33- Jean Baudrillard. *L'Esprit du terrorisme.*

34- Jim Fetzer & Mike Palecek. *America Nuked on 9/11*. Moon Rock Books, 2016.

35- Joby Warrick. *The Triple Agent: The al-Qaeda Mole Who Infiltrated the CIA*. New York, Doubleday, 2011.

36- Jonathan Randal. *Oussama : la fabrication d'un terroriste*. Albin Michel, 2004.

37- Ken Ballen. *Terrorists in Love: The Real Lives of Islamic Radicals*. New York : Free Press, 2011).

38- Lawrence Wright. *The Looming Tower: Al-Qaeda and the Road of 9/11*. New York : Alfred A. Knopf, 2006.

39- Leigh Neville. *Special Forces in Afghanistan: Afghanistan 2001-2007*. Oxford, UK : Osprey Publishing, 2007.

40- M. Sassoli. *La guerre contre le terrorisme, le droit international humanitaire et le statut de prisonnier de guerre*. CanYIL, 2001.

41- Mark Bowden. *The Finish: The Killing of Osama Bin Laden* (New York: Grove/Atlantic, 2012).

42- Matthew M. Aid. *Intel Wars: The Secret History of the Fight Against Terror*. New York : Bloomsbury, 2012).

43- Michael Scheuer. *Osama Bin Laden*. New York: Oxford University Press 2011.

44- Michael Scott Doran. *Understanding the War on Terror*. 2005

45- Michael, Scott, Doran. *Somebody Else's Civil War*. Foreign Affairs, 01-02-2002.

46- Michael Smith. *Killer Elite: The Inside Story of America's Most Secret Special Operations Teams*. New York, St. Martin's Press, 2011.

47- Mitchell Silber. *The Al-Qaeda Factor. Plots Against the West*. Philadelphia, University of Pennsylvania Press, 2012.

48- N. Chonsky. *Terrorisme, l'arme des puissants*. Le Monde diplomatique, décembre 2001, p.11.

49- Pervez Musharraf. *In the Line of Fir e: A Memoir*. New York, Free Press, 2006.

50- Peter Bergen. *The Osama Bin Laden I Know: An oral History* (New York: Free Press, 2006).89

51- Peter Bergen. Holy War: *Inside the Secret World of Osama bin Laden*. New York, Simon and Schuster, 2001).

52- Peter Bergen. *Manhunt*. Crown Publishers, New York, 2012.

53- Rahimullah Yusufzai. *Face to face with Osama.* The Guardian, 26 September 2001.

54- Richard Clarke. *Against All Enenmies.* 2004

55- Richard Myers. *Eyes on the Horizon: Serving on the Front Lines of National Security.* New York, Random House, 1996.

56- Robert O'Neill. *The Operator.* Simon & Schuster, Inc. New York, 2018.

57- Steve Coll. *Ghost Wars.* Penguin Books, 2004.

58- W. Flory. *Vers une nouvelle conception du prisonnier de guerre.* RGDIP, 1954.

59- Wansa Mastor. *La Prison de Guantanamo : Réflexions Juridiques sur une Zone de "Non-Droit."* CNRS Éditions, Paris, 2008.

L'AUTEUR

Juge de carrière, enseignant, écrivain, Jean Sénat Fleury a grandi en Haïti, à Saint-Marc. Il a été tour à tour formateur à l'Académie Nationale de Police (1995-1996) et directeur des Études à l'École de la Magistrature de Pétion-Ville (2000-2004). Auteur de l'ouvrage sur le *Procès des Timbres*, et de trois autres ouvrages importants tels que *Jean-Jacques Dessalines : Paroles d'outre-tombe*, *Toussaint Louverture : Le Procès de la Traite des Noirs*, et *Adolf Hitler : Jugé par Contumace à Nuremberg*, M. Fleury a immigré aux États-Unis (Boston) en 2007. Il obtint une maîtrise en administration publique et une autre en sciences politiques à l'Université Suffolk. Il devint en 2014 directeur du Caribbean Arts Gallery et d'une organisation de bienfaisance appelée Art-For-Change. Son ouvrage, *Le Procès d'Oussama Ben Laden,* est un récit avec des faits historiques certes, mais rédigé dans un style romanesque. Ce livre est un ouvrage d'information et de formation ; un livre de référence qui doit être lu comme un outil éducatif sur les attentats du 11 septembre 2001, tout en permettant de mieux appréhender la pensée et la philosophie du chef d'Al-Qaïda. Par le jeu de la fiction, l'auteur se cache derrière le procureur de New York pour présenter les éléments de l'accusation et demander au tribunal de condamner Ben Laden, l'un des plus grands terroristes que la planète ait connu.

CPSIA information can be obtained
at www.ICGtesting.com
Printed in the USA
BVHW031006260219
541200BV00004B/48/P